동화의 숲을 거닐다

## 동화의 숲을 거닐다 황선열 아동문학 평론집

초판 1쇄 펴낸날 2009년 11월 2일

**지은이** 황선열
**펴낸이** 강수걸
**펴낸곳** 산지니
**등록** 2005년 2월 7일 제14-49호
**주소** 부산광역시 연제구 거제1동 1493-2 효정빌딩 601호
**전화** 051-504-7070 | **팩스** 051-507-7543
sanzini@sanzinibook.com
www.sanzinibook.com

ISBN 978-89-92235-75-4 03810

값 15,000원

\* 이 도서의 국립중앙도서관 출판시도서목록(CIP)은
  e-CIP 홈페이지(http://www.nl.go.kr/cip.php)에서
  이용하실 수 있습니다.(CIP 제어번호 : CIP 2009003176)

# 동화의 숲을 거닐다

황선열 아동문학 평론집

산지니

머리말

# 아동문학의 길 트기와 길 잇기

　문학의 위기 시대에 아동문학은 무엇인가. 아동문학은 그나마 문학의 희망을 말할 수 있는 곳이 아닐까. 아이들이 스스로 책을 읽든지, 그렇지 않으면 어른들의 강요 때문에 읽든지 간에 책 읽는 아이가 책 읽는 어른들보다는 훨씬 많다는 것은 사실일 것이다. 그러나 아이들에게 책을 많이 읽으라고 강요는 하면서도 어떤 책을 읽어야 하는지, 어떤 선택해야 하는지에 대해서는 말해주지 않는다. 아동문학 시장에 쏟아지는 그 많은 책들을 아이들은 어떻게 선택하고, 어떻게 읽어내는 것이 바람직할까.
　아이들에게 무작정 책을 읽으라고 강요하던 시대를 넘어서 아이들이 자율적으로 책을 선택하고 읽을 시대가 다가오고 있는 것이다. 아이들에게 얼마나 많은 양의 책을 읽힐 것인가라는 문제가 아니라, 어떤 책을 어떻게 읽힐 것인가라는 문제를 고민할 단계에 이르게 된 것이다. 이는 아동문학이 양과 질에 있어서 팽창함에 따라서 책 선택의 어려움도 한층 가중되고 있다는 말이기도 하다. 아이들이 책을 읽을 때, 혹은 어른들이 아이들의 책을 선택할 때, 작가와 독자의 입장에서 상호 소통을 하면서 책을 읽을 때가 되었다.

지금 이 자리의 아동문학 비평은 아이들을 위한 책이 어떤 책인지를 탐색하고, 그 책을 통해서 아이들과 소통하는 자리에 존재해야 한다. 비평의 본질인 작품의 해석과 비판을 넘어서, 어떤 책에는 어떤 의미가 있는지, 어떤 책에는 어떤 문제가 있는지를 하나하나 짚으면서 살펴야 한다. 그러기 위해서는 아동문학 작품에 대한 철저한 분석이 필요하다. 아동문학 작품의 분석을 통해서 작가와 독자가 소통하는 길, 그것이 아동문학 비평의 몫이라 할 수 있다.

어설프게 아동문학에 발을 들여놓은 지도 벌써 수년이 흘렀다. 첫 번째 아동문학평론집은 작품 하나하나를 분석하고, 그 작품을 재미있게 읽어내는 방법을 제시하려고 했다. 그래서 첫 번째 아동문학평론집은 작품을 따져서 읽는 데 주력했다. 문학은 작품을 떠나서 말할 수 없고, 비평은 그 작품과 독자를 떠나서 말할 수 없었기 때문이다. 두 번째 아동문학평론집은 아동과 청소년의 경계를 주로 다루었다. 그러는 사이에 아동문학은 많은 변화를 겪었다. 아동문학은 작가층이 두터워지기도 했지만, 작품을 읽는 고급 독자층도 많이 늘어났다. 뿐만 아니라 아동문학을 학술 차원에서 연구하는 풍토도 조성되고 있으며, 이와 더불어 아동문학 비평도 더욱 활발해지고 있다. 아동문학 비평의 활발한 움직임에도 불구하고 아동문학에서 비평의 자리는 그다지 견고하지 못하다. 그것은 독자들이 복잡하고 어려운 비평보다는 언론과 매체에서 접할 수 있는 리뷰에 쉽게 끌려가기 때문이다.

그런 점에서 아동문학 비평은 복잡하고 난해한 이론 비평보다는 아이들의 눈높이에 맞은 새로운 현장 비평 방식을 선택할 필요가 있을 것이다.

　아동문학 비평을 시작하면서 가장 고민한 것이 비평의 눈높이였다. 그래서 더러는 쉬운 일화를 소개하여 책을 쉽게 접할 수 있게 하면서 그 책을 따져 읽을 수 있는 방법이 무엇인지를 고민하기도 했다. 작품의 줄거리를 따져보고, 작품 내용의 진위를 따져보고, 그 사건에 놓인 등장인물의 처지를 따져보는 작업도 했다. 아이들의 눈높이에서 작품을 분석해보니 어른들이 상상하기 힘든 기발한 생각들이 쏟아져 나왔다. 아동문학 비평은 '아이들을 위한 비평' 이 비평의 본질이라고 생각한다. 어른들의 논리로는 이해하기 힘들겠지만 아이들의 논리로써는 이해할 수 있는 비평. 아동문학 비평은 '아이들을 위한 비평' 이어야 한다. 아이들의 눈높이로, 아이들의 심리로 세상을 보고 판단하게 해야 할 것이다. 그런 점에서 아동문학 비평은 '아이들의 시선으로 작품을 바라본 비평' 이어야 한다.

　아동문학 비평은 아이들을 위해서 존재해야 하기도 하지만, 그 아이들에게 책을 선택하게 하는 어른들에게도 유익해야 한다. 아동문학 비평이 일반 문학 비평과는 다른 차원에서 접근해야 하는 까닭은 아이들과 어른들의 눈높이를 동시에 수용할 수 있는 중간자의 시선이 있어야 하기 때문이다. 아동문학 비평은 작가와 독자를 놓고 서로 길을 틔워주고 서로 길을 이어주는 두 가지 문제를 해결해야 하는 것이다. 이번 평론집이 그 문제를 완전히 해결해줄 수는 없겠지만, 이 평론집을 통해서 그 가능성을 찾아보았으면 한다. 이 책의 제목을 굳이 '동화의 숲을 거닐다' 라고 한 것도 이런 이유 때문이다. 동화의 숲에서 아동문학의 새로운 길을 찾아가는 데 작은 길잡이가 되었으면 한다.

제1부는 하나의 작품을 집중적으로 분석한 글을 실었다. 많은 작품을 에둘러 살피는 것은 독자들에게 아동문학의 안목을 넓히는 데 유용한 방법이지만, 한 작품을 놓고 깊이 탐색하는 것은 작품을 깊이 읽는 데 유용한 방법이다. 한 작품을 깊이 읽어내는 비평 방법을 통해서 아이들과 어른들이 작품으로 소통하고, 어떤 작품을 어떻게 맛깔스럽게 읽을 것인지를 생각해보는 계기가 되었으면 한다. 아동문학 비평은 문학 작품 하나하나를 읽어나가는 데 나름대로의 지침과 분석 방법을 제시해주어야 한다는 측면에서 작품의 개별 분석이 무엇보다 중요하다. 책을 읽은 독자들마다 생각의 방향이 다를 수 있으며, 그 장단점을 보는 시선도 다를 수 있다. 이러한 차이를 통해서 독자들은 동화를 읽는 안목이 길러질 것이다. 여기에 실린 작품 분석 방법을 통해서 아이들은 수용자의 관점에서 작품을 분석하는 예리한 눈을 기를 수 있을 것이다.

2부는 과거의 아동문학과 현재의 아동문학을 통시적으로 살펴본 글들을 모았다. 여기에 실린 글들은 대부분 아동문학의 특수한 주제를 중심으로 과거 아동문학과 현재 아동문학의 모습을 비교한 글들이다. 아동문학의 현재 상황을 밝힌 글들은 한 시대의 아동문학을 살펴보는 데 유용하지만, 아동문학의 통시적 흐름을 살펴보기에는 부족한 점이 많다. 아동문학을 통시적으로 고찰하는 것은 아동문학의 과거와 현재, 나아가 미래의 나아살 길까지도 점검하는 계기가 될 수 있을 것이다. 이러한 논지에서 2부는 동화의 흐름을 살필 수 있는 글들과 아동문학의 현주소, 아이들의 책 읽기에 대한 제안을 실었다.

제3부는 아동문학 작품에 대한 촌평을 모은 것이다. 사실 작품의 좋은 점을 말하기에 바빴지만 그 작품을 놓고 다시 생각해보는 계기를 마련할 수 있을 것이다. 촌평은 작품을 어떻게 읽을 것인지를 생각하는 것이 아니라, 어떤 작품인지를 미리 살펴보는 글이다. 촌평은 작품의 공과를 따지는 것이 아니라 책을 읽고 작품의 장단점을 스크랩하는 것이다. 작가들은 좋은 작품의 줄거리가 떠오르거나 좋은 시상이 떠오르면 메모하는 습관이 있다. 책을 읽는 독자들이나 비평가들은 책을 읽고 나면 그 책의 인상을 간단히 써두는 습관이 필요하다. 촌평은 책 읽기의 한 방법을 모색하는 길이기도 하다.

지금 이 자리의 아동문학 비평은 아동문학을 탐색하고 소통하는 자리에 있어야 할 것이다. 영상물과 컴퓨터의 현란한 화면에 눈이 먼 아이들에게 책 읽기의 진정성을 제시하는 것은 어렵고도 힘든 작업이다. 그렇다고 아이들을 무작정 시대의 흐름에 내팽개칠 수도 없는 노릇이다. 아이들에게 주어진 현실이 물질만능주의로 치닫게 된 것은 시대적 흐름 탓도 있지만, 그렇다고 무작정 시대의 흐름으로 방관할 수도 없는 노릇이다. 물질의 유혹과 영상물의 유혹에 갇혀 있는 아이들에게 책을 읽히기 위해서는 우선 어른들이 먼저 좋은 책을 선택하고, 그 책을 통해서 아이들과 소통하려는 자세를 가져야 할 것이다.

이번 평론집이 아동문학의 현장에서 실제 작품을 놓고 아이들과 어른들이 소통하고, 이를 통해서 아동문학의 본질이 무엇인지를 탐색하는 데 작은 보탬이 되었으면 한다. 더불어 다양한 책 읽기와 다양한 분석 방법을 통해서 아이들이 상상력의 재미와 책이 주는 소중한 체험들을 함께했으면 한다. 이 평론집이 아동문학의 길 트기와 길 잇기에 도움이 된다면 더 바랄 것이 없겠다.

  어렵고 힘든 출판 여건 속에서도 아동문학평론집을 내주신 산지니 출판사 사장님께 감사드린다. 문장 하나하나 다시 읽고 꼼꼼하게 교정해주신 권경옥 님께도 감사드린다. 한 권의 책을 묶어내기까지 바깥일을 하는 데 힘이 되어준 아내에게도 고마운 말을 전한다. 여러 방면에서 힘이 되어준 분들이 있어서 또 한 권의 아동문학평론집을 세상에 내보낸다. 모두에게 감사할 뿐이다.

2009년 늦가을, 갈현서재에서
지은이 황선열

차례

4　　머리말 아동문학의 길 트기와 길 잇기

## 제1부＿아동문학의 현장

014　작지만 큰 꿈이 있는 아이들 – 임정진 글, 이응기 그림 『나보다 작은 형』
021　작은 것이 아름답다 – 권정생 글, 정승각 그림 『강아지똥』
027　아이들의 생각을 구속하는 동화 – 김옥 글, 윤정주 그림 『축구생각』
039　현실과 상상의 혼동 – 김하늬 장편동화 『나의 아름다운 늪』
062　가족의 해체, 그 우울한 밑그림 – 배봉기 글, 박지영 그림 『실험가족』
082　의인동화, 그 한계와 새로운 가능성 – 배혜경 글, 김승연 그림 『착한 아이 사세요』
095　따뜻한 대화가 그리운 시대 – 부희령 글 『고양이 소녀』
101　아이들의 현실을 잘 살린 동화 – 이금이 글, 김재홍 그림 『금단현상』
108　성장기 아이들의 소중한 비밀을 잘 살린 동화 – 오미경 글, 최정인 그림 『교환 일기』
115　'꼬마 아줌마' 다님이 – 김원석 글, 이미정 그림 『대통령의 눈물』
121　가족, 사랑의 공동체 – 하나가타 미쓰루 장편동화 『용과 함께』
128　동화를 읽는 두 가지 시선 – 차오원쉬엔 글, 양태은 옮김, 첸지앙훙 그림 『바다소』
134　나무를 사랑할 줄 아는 아이들 – 구로야나기 테츠코 글, 김닌주 옮김 『창가의 토토』
141　환상의 세계에서 만나는 우리 역사 – 백은영 판타지 동화 『고양이 제국사』
146　할아버지와 할머니의 사랑을 아세요 – 이용포 동화집 『태진아 팬클럽 회장님』

151 자연에게 말 걸기 – 강정님 장편동화 『해님목장의 송이』

157 서사양식과 역사동화 – 이영서 글, 김동성 그림 『책과 노니는 집』

164 동화와 사건 전개의 문제 – 김려령 글, 신민재 그림 『요란요란 푸른아파트』

176 생명의 소중함을 일깨운 동화 – 김남중 글, 이형진 그림 『자존심』

## 제2부 ― 아동문학의 과거와 현재

186 근대 아동문학의 해양관

210 아동문학과 판타지

227 가족서사에서 사회서사로 – 이옥수의 작품세계

240 낮고 소외된 곳을 향한 사랑 – 강숙인의 작품세계

260 관계를 풀어가는 독특한 방식 – 문영숙의 작품세계

272 아동문학의 새로운 '판'을 꿈꾸며 – 2007년 아동문예지 겨울호 동화를 읽고

283 전환기, 아동문학 비평은 어디로 갈 것인가
　　　 – 원종찬 평론집 『동화와 어린이』와 김이구 평론집 『어린이문학을 보는 시각』

290 아이들과 함께 만들어가는 희망의 세상
　　　 – 제6회 푸른문학상 동화집 『지구를 떠나며』

299 아동문학 발전을 위한 제안

## 제3부 ─ 아동문학 촌평

308 아이들의 세계를 다양하게 반영한 동화
　　　─ 박상재 글, 연주 그림 『어른들만 사는 나라』

310 일그러진 가족, 아이들의 희망 ─ 최나미 글, 정문주 그림 『걱정쟁이 열세 살』

312 그림으로 여는 신비로운 세상 ─ 바바라 레이드 지음, 나희덕 옮김 『터널 밖으로』

314 차이의 가치를 인정하는 법
　　　─ 마띠유 드 로비에 외 지음, 김태희 옮김 『나는 나답게 너는 너답게』

316 1등보다 소중한 사람들의 관계 ─ 엘렌 비날 지음, 김예령 옮김 『아주 소중한 2등』

318 풍부한 상상력이 던지는 아이들의 세상
　　　─ 아나 마리아 슈아 지음, 조영실 옮김 『세상에서 나가는 문』

320 재미있는 상상력, 그리고 맑음 ─ 유리 슐레비츠 지음, 양녕자 옮김 『월요일 아침에』

323 일기 쓰기 싫어하는 아이들이 꼭 읽어야 할 책
　　　─ 스테파노 보르딜리오니 지음, 이승수 옮김 『일기장에게 쓴 편지』

325 우리 소리와 어울린 아름다운 삶 ─ 이경재 『판소리와 놀자』

327 톡톡 튀는 시어의 질감, 동심의 세계 ─ 김미희 동시집 『달님도 인터넷 해요』


329 찾아보기

제1부

# 아동문학의 현장

# 작지만 큰 꿈이 있는 아이들

– 임정진 글, 이응기 그림 『나보다 작은 형』

　10여 년 전 고등학교 교사로 발령을 받고 난 후 처음으로 담임을 맡았을 때 우리 반에 심재홍이라는 아이가 있었다. 입학하는 날, 형을 따라온 초등학생인 줄 알았는데, 그 아이가 우리 반에 앉아 있을 줄이야. 깜짝 놀라기도 했지만 한편으로는 궁금하기도 했다. 재홍이는 우리 반 아이들 중에서 유독 키가 작아서 제일 먼저 다른 사람의 시선을 끌었다. 그런데 재홍이는 아이들이 학교를 잘못 찾아오지 않았느냐고 놀려도 그저 웃기만 할 뿐 개의치 않았다. 오히려 볼이 약간 상기되는가 하더니, 살짝 웃으면서 말하는 사람을 겸연쩍게 했다. 재홍이는 1학년 전체 아이들 중에서 유독 눈길이 가는 아이였다. 그렇게 관심이 많이 가고 마음이 아팠던 아이였지만, 어떤 아이들보다도 건강하고 밝은 모습으로 학교생활을 했다. 가난한 목수집 외아들로 태어나 갸름한 외모에 왜소한 체구를 가졌지만 목소리는 단단했다. 처음에는 왜소증 환자가 아닌가 하고 의심할 정도였는데, 차츰 체구가 작은 것 외에는 별다른 신체장애가 없는 아이라는 걸 알게 되었다. 재홍이는 학교생활을 함께하면서 정이 많이 갔던 아이였다. 기껏 넉넉하게 보아준다고 해도 중학교 1학년 정도에서 성장이 멈춰버린 듯한 아이이긴 했지만, 늘 밝은 웃음으로 학교생활을 했고, 누구보다도 열심히 공부를 했던 아이였다.

　1학기가 훌쩍 지나서야 그 아이가 왜 그렇게 성장하지 못했는지를 알게 되었다. 바로 재홍이를 늘 배가 아파 고생하게 만든 소화기관의 문제 때문이었다. 그런데 그걸 치료할 정도로 풍족한 형편이 아니라 차일피일 미루고 있다는 것이었다. 재홍이는 그렇게 힘들고 고통스러우면서도 밝은 웃음을 잃지 않았고, 키가 큰 아이들과도 서슴없이 지냈으며, 우리 반에서 누구보다 소중한 아이였다. 그렇게 1학기가 지나고 여름방학이 되었을 무렵, 그때까지 내내 힘들어했던 소화기관에 큰 문제가 생겨 입원을 하게 되고, 더 이상 성장촉진제 투여를 미룰 수가 없어서 수술 후 장기간 치료를 받기로 했다. 그래서 재홍이는 수술 후 1년을 휴학하게 되었다.

　우리 반 아이들의 관심을 받았던 재홍이가 가고 난 빈자리는 쓸쓸했다. 이듬해 재홍이가 복학을 한 후 복도를 지날 때 가끔 만나곤 했지만, 졸업을 할 무렵까지도 마음이 쓰였던 것이 사실이다. 결국 재홍이는 다른 아이들보다 한 학년 늦게 고등학교를 졸업했다. 그렇게 학교를 졸업하고 대학에 들어간 후에는 한동안 소식이 끊어졌다. 그러던 어느 날, 재홍이로부터 연락이 왔다. 그때 재홍이는 대학에 다니고 있을 무렵이었는데, 다른 청년들만큼 튼실하지는 못했지만, 맨 처음 고등학교 1학년 때 만났던 왜소한 모습과는 다른 청년으로 성장해 있었다. 그날은 만나서 가볍게 소주도 한잔 기울일 정도로 건강이 좋아 보였다. 학창시절에 그렇게 작아서 고민이었던 아이가 건강한 청년으로 성장해 있었던 것이다.

그 후로 또 한동안 소식이 없던 재홍이가 봄이 한창 무르익을 어느 해 5월, 메일 한 통을 보내왔다.

선생님 안녕하십니까?
심재홍입니다. 그동안 잘 계셨는지요.
선생님을 뵌 지 벌써 많은 시간이 지나간 뒤에야 이렇게 연락을 드려서 죄송합니다. 더 좋은 모습으로 뵙고 싶어서 많은 시간을 보내며 노력했지만, 욕심만큼 되지가 않았습니다. 이제 선생님께서도 마흔을 훌쩍 넘기시고 쉰에 가까이 가셨죠. 머리엔 하얀 머리카락들이 예전부터 있었다는 듯이 자리를 잡아가고 있을 것 같아요.
저는 올해 대학교 컴퓨터공학과를 졸업했습니다. 예전에 선생님께서 최고가 되라고 말씀하신 걸 기억하실지 모르겠습니다. 그 말씀에 따르려 노력한 결과 단대 수석으로 졸업할 수 있었습니다. 건강이 좋지 못해서 그리 뛰어나진 못해도 다른 이들 이상 나아가려 노력했습니다. 지금은 제가 졸업한 대학교 전자 계산소 직원으로 일하고 있습니다. 더 건강한 모습으로 선생님을 찾아뵈려고 한 시간들이 벌써 수년의 시간이 지나게 되었네요. 항상 선생님 잊지 않고 지내고 있습니다. 선생님 건강하세요. 다음에 꼭 찾아뵙겠습니다. 만났을 때 너무 살 빠졌다고 야단치지 마세요. 선생님 사랑합니다. 그리고 가슴 깊이 존경합니다.

2003년 5월 15일
제자 심재홍 올림

이 메일을 읽었을 때, 내 기억 속에 남아 있던 작은 재홍이는 이미 아득히 먼 곳으로 성큼 건너가고 없었다. 재홍이는 너무도 큰 청년으로 성장해 있었던 것이다. 힘들고 고독했던 작은 아이가 몸도 마음도 훌쩍 자란 큰 아이가 되어 있었다. 아이들은 나이를 먹으면서 정신도 신체도 건강해지는 것이다.

임정진의 『나보다 작은 형』에는 가슴이 따뜻한 이야기 다섯 편이 실려 있다. 이 책에 실린 다섯 편의 동화를 읽으면서 재홍이가 생각났던 것은 이 동화에 나오는 주인공들이 작고 여린 아이들이라는 사실 때문이었다. 그들이 펼치는 이야기는 각기 독특하면서도 재미가 있었다.
「빙빙 돌아라, 별 풍차」는 외국나라의 이름을 달고 풍차를 돌리던 아저씨가 별자리 이름을 단 풍차로 바꾸어서 아이들에게 별의 꿈을 심어준다는 이야기이다. 아이들이 모두 밤하늘의 별자리를 하나씩 품고 살았으면 하는 소망이 잘 표현된 동화이다. 힘이 세었으면 하는 경재는 페가수스자리별을, 엄마별을 찾고 있는 민철이는 큰곰자리별을, 예뻐졌으면 하는 여자아이는 비너스별을 갖는다. 탐험하기를 좋아하는 풍차아저씨는 마젤란성운이라는 별자리를 갖는다. 별 풍차처럼, 어른이나 아이나 모두 각자의 별을 가지고 살아가면 언젠가는 아름다운 세계가 될 것이다.

「내 친구 왕만두」는 중국 친구 왕필석의 이야기이다. 왕만두는 왕필석의 별명이다. 동네 아이들은 모두 중국 친구 왕만두처럼 별명을 하나씩 갖고 해파리, 메밀묵, 딱풀, 트럭방구라는 별명을 부른다. 이들이 운동장에서 함께 어울려 놀면서 친구의 소중한 가치를 알아간다는 짤막한 동화이다. 아이들의 소탈한 놀이는 국경과 인종을 초월하는 것이고, 아이들은 놀이를 통하여 진정한 친구의 의미를 깨닫는 것이다.

「땡땡이, 줄줄이, 쌕쌕이」는 양말 이야기이다. 땡땡이는 빨래하는 도중 짝을 잃어버린 양말이고, 줄줄이는 빨래 건조대에 있다가 바람에 날려서 짝을 잃어버린 양말이며, 쌕쌕이는 영문도 모르고 짝을 잃어버린 양말이다. 이들은 답답한 서랍 속에 갇혀 있다가 어느 날 서랍을 나와서, 줄줄이는 트리 장식으로, 땡땡이는 어릿광대의 양말로, 쌕쌕이는 다리를 잃은 장애인의 양말로 쓰인다는 이야기이다. 한 짝을 잃어버린 양말은 쓸모가 없는 존재이다. 그러나 이 양말 이야기를 읽으면, 이 세상에 소외되거나 버려야 할 것은 아무것도 없다는 것을 알게 된다.

「양들의 패션쇼」는 양가죽으로 옷을 만드는 무스탕 박이 양을 수입하면서 양들과 정이 들고, 결국 양가죽으로 만드는 옷을 버리고, 양모로 짠 옷을 만든다는 이야기이다. 양들의 우두머리 램보와 무스탕 박이 친해지면서 결국 양들의 입장을 이해하는 재미있는 이야기이다. 양을 죽여서 그 가죽으로 무스탕을 해 입는 인간의 잔혹성이 풍자적으로 잘 드러나 있다.

이들 네 편이 모두 재미있는 동화이긴 하지만 그중에 유독 눈길이 가는 것은 표제로 삼고 있는 「나보다 작은 형」이라는 작품이다. 「나보다 작은 형」은 동생보다도 키가 작은 형에 대한 이야기이다. 집에 놀러 온 동식이가 형이 키가 작다고 놀리는 것을 보고, 동생 민기는 동식이와 싸우고 만다. 형은 로봇, 로켓, 열기구, 개구리, 공룡 등 무엇이든 잘 만든다. 동생 민기에게는 믿음직하고 너그러운 형이다. 그러나 형은 키가 작고 몸이 아프다. 학교에도 가지 않고, 집에 앉아 밖을 내다보며 지나가는 사람들을 구경하거나 하늘에 떠 있는 구름을 구경한다. 형이 병원에 가서 검사를 받고 돌아오는 날, 누워 있는 형에게 색종이를 주면서 민기는 형과 함께 색종이로 개구리랑, 강아지랑, 백합꽃을 만들기도 한다. 어느 날, 형은 병원에 입원을 하고, 병원비 때문에 민기는 더 작은 집으로 이사를 가게 된다. 형은 중환자실에 들어가고, 민기는 보호자 대기실에 있는 엄마에게 수학수행평가에서 100점을 받았다고 자랑한다. 엄마는 민기를 꼭 껴안고 오래 머리를 쓰다듬는다. "나는 점점 커 가는데, 나보다 작은 형은 내 마음속에서 커 간다"라고 하면서 이야기는 끝맺는다.

이 이야기는 형이 어떤 난치병을 앓고 있는지 말하지 않았다는 것, 그리고 이야기의 결말을 상징적으로 처리함으로써 완결성을 거두지 못하고 있다는 것이 아쉬움으로 남는다. 이와 더불어 키가 작은 형이 잘 참고 있다는 것이 대단한 것인지, 아니면 믿음직한 모습이 대단한 것인지에 대해서도 말하지 않고, 대부분의 사건 정황을 뜬구름 잡듯이 이어가고 있다는 것도 아쉽다. 작지만 대단한 형의 모습은 민기의 진술로부터 어느 정도 짐작할 수 있지만, 나보다 키가 작은 형이 다른 아이들과 어떻게 다른 아이이며, 또한 얼마나 소중한 아이인지에 대해서는 구체적으로 언급하지 않고 있다. 그러나 이러한 한계점에도 불구하고 이 이야기는 아이들에게 많은 감동을 줄 것이다. 왜냐하면 이 이야기의 바탕에는 동생과 형이 서로를 생각하는 마음과 가족들의 사랑이 따뜻하게 자리 잡고 있기 때문이다. 이 이야기에서 말하고 있는 작지만 믿음직한 형을 통해서 아이들은 가족이 무엇인지에 대해서 많이 생각하게 될 것이다.

「나보다 작은 형」을 읽으면서 누구보다도 키가 작았던 재홍이가 생각났다. 그러나 그것은 슬픈 기억이 아니라 세월의 더께를 더해가면서 그가 자꾸만 커져가고 있다는 만족감 같은 것이었다. 작았던 것은 기억 속에 남아 있는 외모일 뿐이고, 이미 그 아이의 삶은 한껏 큰 희망으로 부풀어 있었다. 유난히 작았던 재홍이를 생각하면 아직도 이 땅 어딘가 어두운 곳에서 옹송그리고 있을 소외된 아이들이 떠오른다. 키는 작았지만 큰 꿈을 가졌던 재홍이처럼 그 아이들이 모두 희망의 싹을 하나씩 가지고 살았으면 한다. "작은 것이 아름답다"는 평범한 진리가 통하는 그런 아름다운 세상이 왔으면 좋겠다. 작지만 큰 꿈이 있는 아이들은 우리의 희망이다.

# 작은 것이 아름답다
― 권정생 글, 정승각 그림 『강아지똥』

시골에서 소먹이를 하면서 자란 어른들은 대개 경험했던 일이다. 소를 풀어놓고 아이들끼리 몰려서 재미있는 놀이를 한다. 그중 하나가 쇠똥구리를 잡는 일이다. 소가 똥을 누고 난 뒤 하루나 이틀 정도 지나 약간 말라갈 즈음이면 쇠똥구리가 쇠똥에 구멍을 내고 들어가 쇠똥 아래 흙을 파내 그 안에 집을 짓는다. 쇠똥 주위에 흙을 파놓은 흔적이 있고 쇠똥에 작은 구멍이 나 있으면 어김없이 쇠똥구리가 있다. 쇠똥을 들어내고 쇠똥구리가 파놓은 구멍을 향해 아이들이 모여 오줌을 누면 구멍 아래에 있던 쇠똥구리는 짠 오줌 세례에 기겁을 하고 밖으로 기어 나온다. 코뿔소처럼 생긴 뿔쇠똥구리를 잡는 날에는 신바람이 났다. 처음 쇠똥을 보았을 때는 불쾌한 기분이었지만 쇠똥구리가 그 안에 있다는 사실을 알고부터 쇠똥은 더 이상 불쾌한 배설물이 아니었다.

권정생의 『강아지똥』은 어린 시절 쇠똥에 대한 추억을 떠오르게 하는 아름다운 동화였다. 강아지똥은 내가 찾아다니던 쇠똥구리가 사는 쇠똥처럼, 아름다운 민들레의 거름이 되는 소중한 존재였다. 『강아지똥』에서 강아지똥은 참새가 더러운 똥이라고 내팽개치고, 지나가는 소달구지 아저씨도 거들떠보지 않는 존재였다. 보랏빛, 흰빛 감자꽃을 피우던 흙덩이도 소달구지 아저씨가 소중하게 안아서 제자리에 돌아갔는데, 강아지똥만 그 자리에 남아 혼자서 겨울을 난다. 이듬해 봄, 어미 닭이 병아리 열두 마리를 몰고 가 강아지똥을 먹으려 할 때도 찌꺼기만 남아 있는 쓸모없는 똥이었다. 세상의 어떤 것들로부터 버려진 강아지똥은 보슬보슬 봄비가 내리는 날 민들레를 만난다. 민들레는 강아지똥에게 하늘에 별만큼 고운 꽃을 피우는 것은 하늘이 비를 내려주고 햇볕을 주기 때문이라고 한다. 그리고 강아지똥이 거름이 되어야 꽃봉우리를 틔울 수 있다고 한다. 강아지똥은 흡족한 마음으로 민들레를 끌어안고 민들레의 몸속에 빨려 들어간다. 길가에 뿌리를 내린 민들레와 강아지똥이 만나서 민들레는 별만큼이나 아름다운 꽃을 틔운다.

아이들과 함께 권정생의 『강아지똥』을 읽으면서 물씬 풍겨나는 쇠똥 냄새를 느꼈다. 아이들은 다른 감동으로 읽었을 터이지만, 어른이 된 나는 쇠똥구리를 잡기 위해 쇠똥을 뒤지던 추억이 떠올랐다. 그날 읽은 『강아지똥』은 내게 쇠똥처럼 풋풋한 삶의 의미를 생각하게 했다. 그 책을 읽고 난 뒤 아이들과 함께 소를 몰고 다니던 공동묘지 부근의 산에 올라갔다. 노을이 내리는 그곳을 아이들과 함께 올라가면서 쇠똥구리를 잡던 그때를 생각했다. 공동묘지 쪽으로 난 길가의 마른풀을 밟으면서, 푸른 꿈을 안고 살았던 어린 시절 쇠똥구리를 잡던 추억이 새록새록 돋아났다. 쇠똥을 찾아다니던 그때를 떠올리면서 하찮은 쇠똥이 주는 아름다운 미덕을 생각해보았다.

쇠똥은 여름 볕에 말라붙어 있다가 비가 내리는 장마철이면 가루 가루가 되어 풀 속으로 스며들었고, 단단한 풀뿌리를 만들었다. 그 쇠똥이 스며들어 만들어낸 풀은 잘근잘근 씹으면 구수한 여물 냄새가 났다. 쇠똥을 먹고 자란 풀은 비바람에도 부드럽게 자신을 맡길 줄 아는 소처럼 우직한 너그러움을 가지고 있었다. 쇠똥은 스스로를 땅속에 묻으면서 풀을 일으켜 세우고 있었다. 쇠똥은 쇠똥구리에게는 일용의 양식이었다. 쇠똥구리는 쇠똥을 동그랗게 만들어서 땅으로 운반하여 땅속에 있는 그들의 어린 가족들을 먹여 살린다. 쇠똥구리는 버려진 쇠똥 속에서 그들의 삶을 꾸리고 있었다. 쇠똥구리에게 쇠똥은 가장 소중한 것이었다. 들판의 한 곳에 버려진 소의 배설물에 불과한 쇠똥은 쇠똥구리에게 자신의 몸을 맡긴 채, 말없이 흙으로 돌아가는 것이다.

사람들도 태어나 마지막까지 자신의 일을 충실히 하고 사라지는 존재가 되어야 할 것이다. 쇠똥은 버려진 채 쇠똥구리에게, 풀뿌리에게 자기의 몸을 맡기고 흔적 없이 사라지는 것처럼, 어쩌면 사람이 살아가는 일이란, 이 땅에 던져진 채 각자의 몫을 살다가 아무것도 가지지 않고 사라지는 마지막 배설물에 불과한 존재인지도 모른다.

우리는 살아가는 동안에 버려진 많은 것들을 만난다. 태어나면서부터 어쩔 수 없이 지체장애자가 된 아이, 살아가면서 불행한 일을 당해서 불구가 된 아이, 부모로부터 버림을 받은 아이 등 수없이 많은 버려진 아이들과 만나게 된다. 그러나 이 아이들도 세상 사람들과 함께 살아가는 운명을 갖고 태어났고, 그들의 운명에 따라서 살아가는 존재들이다. 그들은 모두 이 땅에서 함께 각자의 몫에 따라 살아가는 아이들이다. 이 땅은 버려진 아이들, 평범한 아이들, 특별한 아이들이 함께 살아가고 있는 공간이다. 사람들로부터 버림을 받은 아이들, 어른들로부터 억압받는 아이들, 소외된 모든 아이들이 이 땅에서 함께 살아가고 있다. 그리고 그들은 모두 각자의 운명에 따라 살아가고 있다.

강아지똥은 냄새나고 보기에 흉한 배설물이다. 그렇게 보기 흉한 강아지똥도 식물에게는 소중한 거름이 된다. 쇠똥도 소가 버리고 간 배설물일 뿐이다. 그 배설물에는 쇠똥을 말끔하게 청소하는 쇠똥구리가 살고 있다. 그러나 최근 환경오염으로 쇠똥구리는 멸종 위기에 처했고, 이제 이 땅에서는 찾아볼 수 없는 희귀한 생물이 되고 말았다. 쇠똥구리는 끊임없이 쇠똥을 땅 밑으로 운반하면서 쇠똥 주위에 모여드는 파리를 쫓아내고, 쇠똥을 땅속으로 운반하면서 그 구멍의 벽에는 쇠똥을 바른다. 쇠똥구리는 쇠똥을 조각조각 분해해서 흙을 기름지게 하는 들판의 마지막 환경지킴이였다. 쇠똥구리가 사라지고 있다. 쇠똥 아래에서 끝없이 흙을 파고 쇠똥을 굴리고 있을 쇠똥구리 가족은 어디에 갔을까. 길가에 듬성듬성 보이던 쇠똥이 사라지고, 쇠똥 밑에서 그들의 삶을 꾸려나가던 쇠똥구리마저 사라지고 있다.

쇠똥구리는 쇠똥을 먹고사는 작은 생물에 불과하지만, 그들에게 주어진 일이란 자연의 질서 속에서 얼마나 소중한 가치를 갖고 있는지 모른다. 하찮게 생각하던 쇠똥이 사라지면서 쇠똥구리가 살 수 있는 터전이 사라지고 말았다. 흔한 것이 귀한 것이 되는 세상이다. 들판과 낮은 구릉마다 흔하게 볼 수 있던 쇠똥이 사라지고, 아이들 놀잇감으로 잡아도 늘 풍족하기만 하던 쇠똥구리는 이제 희귀한 생물이 되었다. 가장 하찮은 것 속에 가장 소중한 것이 있다는 것을 절감한다. 늘 곁에 있어 소중한 줄 모르다가 갑자기 그 사람이 없어지고 나면 그 빈 자리가 더욱 크게 보이는 법이다. 개똥도 약에 쓰려면 없다는 너무도 평범한 속담처럼, 요즘은 가장 흔한 것이 가장 귀한 것이 되어가고 있다. 늘 곁에 있어서 고마움을 모르던 어머니가 우리에게 얼마나 소중한 존재인지를 알기까지는 많은 시간이 필요하듯이 자연이 우리에게 얼마나 소중한 것인지를 깨닫는 데도 많은 시간이 필요할 것이다. 사람들의 어머니는 우리가 살아가고 있는 대자연이다. 늘 풍요로운 가슴으로 사람들을 감싸줄 것 같은 자연이 훼손되고, 그 빈자리가 점점 커지고 있다. 조금만 자연스럽게 세상을 보면, 사람들의 이기심도 사라질 것이고, 더불어 사는 아름다운 공간을 만들 수 있을 것이다. 자연이 주는 풍요로움은 모든 것을 자연스럽게 하는 데서 진정한 가치를 발견할 수 있을 것이다.

강아지똥을 읽으면서 하찮은 것이 얼마나 소중한 존재인가를 배운다. 강아지똥이 민들레의 꽃봉오리를 더욱 노랗게 피워내듯이, 사람들도 너불어 하나가 될 때 지상에서 가장 아름다운 꽃봉오리를 만들어낼 것이다. 쇠똥에는 쇠똥구리가 살고 있다. 쇠똥구리 가족이 들판에서 열심히 쇠똥을 굴리며 살아가는 모습이 보고 싶다. 여름의 뙤약볕에서 농부가 땀 흘리며 일하는 동안에 쉼 없이 쇠똥을 굴리고 있는 쇠똥구리의 부지런함을 배우고 싶다. 강아지똥에서 아름다운 민들레가 꽃을 피우듯이 쇠똥에는 쇠똥구리가 살고 있다. 대자연의 질서 속에 살아가는 모든 것에는 진정 하찮은 존재란 있을 수 없다.

# 아이들의 생각을 구속하는 동화

— 김옥 글, 윤정주 그림 『축구생각』

## 1.

아이들이 자신의 생각대로 무엇을 할 수 있다는 것은 신명나는 일이다. 그 일을 못하게 제재를 가하고 어른들의 사고 속에 묶여 있도록 강요하는 것은 어른들의 폭력이다. 어른들은 아이들에게 "안 돼요"라고 제재를 하면서 어른들처럼 되도록 강요하는 일이 많다.

그만큼 어른들은 아이들의 세계를 제약하고 구속한다. 성적으로 아이들을 주눅 들게 하고, 무슨 일이든지 제재를 가하려고 하는 것이 어른들의 생각이다. 아이들의 창의력과 자유로운 생각을 강조하면서도 교육의 현장에 돌아왔을 때에는 완전히 달라지고 만다.

유태인들은 아이들이 어느 정도 자신의 생각으로 옳고 그름을 판단할 나이가 될 때까지 다른 집을 방문하지 않는다고 한다. 그것은 그 사람들을 위해서가 아니라 아이들에게 "안돼요"라는 말을 덜하기 위해서이다. 아이들에게 자유로운 사고와 창의적인 생각을 유도하는 것은 아이들 스스로 판단할 수 있게 하기 위해서이다. 그런데 아이들의 현실은 그렇지 못하다. 아이들이 접근하면 문제가 되는 것들이 너무나 많다.

김옥의 동화 『축구생각』은 아이들을 구속하는 어른들의 세계를 비판하고, 이분법으로 생각하는 아이들의 세계를 다양한 스펙트럼으로 바라볼 수 있게 한다. 축구를 잘하는 아이와 못하는 아이, 공부를 잘하는 아이와 못하는 아이로 나누는 또래 집단의 문제를 진지하게 생각하게 한다. 이분법의 논리에 빠져드는 일이 아이들에게만 있는 것은 아니다. 더 심각한 문제는 어른들의 사고에 있다. 이 동화는 어른들의 생각 속으로 아이들을 몰아가는 문제점을 비판하면서도 결국 아이들의 생각을 구속하고 있다. 아이들과 함께 생활하면서 아이들과 부닥치는 가장 심각한 문제는 아이들을 어른들의 사고 틀 속으로 몰아가는 것이다.

## 2.

이 동화는 안대용이라는 축구를 좋아하는 평범한 아이의 이야기이다. 월드컵 4강 신화에 힘입은 것도 있지만, 요즘 아이들은 축구를 지나치게 좋아하는 것 같다. 축구를 좋아하는 평범한 아이들의 이야기를 동화로 끌어들이는 것은 아이들에게 공감대를 갖게 한다. 남의 얘기나 현실과 동떨어진 이야기가 아니라 바로 자신의 이야기라는 생각이 들때, 그 동화는 아이들에게 빠르게 흡인될 것이다. 성적을 올리면 축구를 허용하겠다는 선생님과 대용이 엄마도 평범한 일상에서 만나게 되는 인물들이라는 점에서 이 동화는 현실을 충실하게 반영하고 있다.

또한, 유영진이 「관계 맺기의 상상력」(《창비어린이》 2004년 겨울호)에서 지적하고 있듯이, 이 동화는 "축구라는 일원적 매개에서 맺어지는 우열의 세상(축구를 잘함-우/못함-열)이 아닌 기호(嗜好)가 허용되는 다양성의 세상을 발견"하려고 한다는 점에서 호감이 간다. 이 동화는 아이들의 심리와 어른들의 심리를 적확하게 드러내고 있으면서도 아이들에게 새로운 놀이의 기쁨을 깨닫게 해준다는 점에서 일정한 성과를 보인다고 할 수 있다.

그런데 이 동화의 문제는 작가의 의도가 지나치게 강조되면서 사건의 논리성과 인물 설정에 문제점을 보이고 말았다는 데 있다. 우선 눈에 띄는 것은 시간의 문제이다. 이 동화의 시간 배경은 6월 말쯤에서부터 7월 학기말 시험이 끝나고 7월 8일까지의 시간이다. 이 짧은 며칠간의 이야기를 꾸려가면서 날짜에 혼동을 불러일으키고 있는 부분이 있다.

      200× 7월 7일 목요일
      …중략…
      나는 나쁜 병에 걸렸나 보다. 왜 자꾸 축구 생각만 날까?(56쪽)
      그리고 드디어 시험 날인 7월 1일 화요일, 날씨는 맑음이었어요.(71쪽)

이 두 부분을 볼 때, 앞의 일기 부분은 잘못되었다는 사실을 금방 알 수 있다. 일기의 사건이 일어나는 시간은 7월 1일 학기말 시험을 치기 전의 일이다. 앞의 일기 부분은 대용이가 수학 시험에서 50점을 받고 중학교 운동장에서 축구를 하고 늦게 집에 돌아온 날의 일을 쓴 것이다. 사진으로 되어 있는 것으로 미루어 볼 때 편집자의 잘못이라고도 할 수 있지만, 이 사진의 일기 내용은 사건 전개와 관련을 맺고 있어서 작가의 잘못이라고 할 수 있다. 몇 년인지 제시하지 않은 것은 이해할 수 있지만, 7월 7일 목요일은 분명 잘못된 것이다. 일기를 쓴 날은 6월 말쯤으로 하는 것이 옳다.

다음은 인물과 관련된 문제점이다. 담임선생님은 어른들의 구속을 상징하는 인물이다. 담임선생님은 여선생님이라고 짐작할 수 있는데, 선생님이 축구를 좋아하지 않는다는 이유로 4학년 1반 아이들은 체육 시간에 축구를 하지 못한다. 이것은 축구를 너무 좋아하는 대용이보다도 축구를 못하게 하는 선생님에게 더 심각한 문제가 있다는 사실을 알게 한다. 이뿐만 아니다. 대용이가 축구공으로 선풍기 날개를 부러뜨리자 반 아이들에게 대용이와 축구하는 아이에게 벌을 준다고 한다. 개인의 잘못을 단체의 잘못으로 몰고 가는 것도 문제이지만, 더 심각한 문제는 담임선생님이 대용이를 왕따 학생으로 만드는 장본인이라는 점이다.

> 이제 나는 먼지가 되었어요. 축구를 못하게 된 애들이랑 먼지처럼 구석으로만 몰려다녔으니까요.(58쪽)

담임선생님이 대용이에게 축구를 못하게 하자 대용이는 '먼지처럼 구석'으로 몰려다니는 비극적인 존재가 되고 말았다. 축구에 너무 빠져 있는 대용이에게도 문제가 있지만, 그 일을 무작정 못하게 막고 있는 선생님도 문제가 있다고 할 수 있다. 선생님은 스스로의 기준으로 아이들을 가르치고 선생님의 말에 따를 것을 강요하고 있다. 이러한 아집과 편견에 사로잡힌 선생님 때문에 대용이는 축구를 하지 못하고, 구령대에 혼자 앉아 축구 구경이나 하는 아이가 되고 마는 것이다.

담임선생님은 아이들을 노련하게 이끌어가는 것처럼 생각하지만, 실제로는 그렇지 않다. 시험 치는 날, 시험 감독을 하는 척하면서 채점을 하고 있다. 이 노련함이 무관심으로 나타나면서 아이들에게 부정을 조장하고 있다. 채점이 그렇게 바쁜 일인지 모르겠지만, 시험 감독은 해야 할 것이다. 아이들에게 엄포를 주는 노련함을 보이지만, 아이들은 이미 선생님이 보지 않으면서 본 것처럼 한다는 비밀을 알고 있다. 아이들의 눈에 감독을 하는 선생님은 '하나도 안 무서운 종이호랑이'에 불과한 것이다. 이런 모순과 더불어 선생님은 말도 안 되는 논리로 아이들을 설득하고 그렇게 따르도록 강요한다.

"2반이랑 축구 시합해요. 네? 선생님은 그늘에서 응원만 하면 되잖아요."

"아니지, 사랑하는 내 제자들이 힘들게 뛰는데 어찌 나만 편히 있을 수 있겠어?"

선생님은 흔들리지 않았어요.

"그래도 2반은 체육시간마다 선생님이랑 축구 한단 말예요."

"그 반 애들은 그때나 겨우 축구 하지만 너희들은 아침에 학교 오자마자 공 차고, 점심 먹고 차고, 학교 끝나자마자 남아서 또

공 차잖아. 이 축구파 놈들아."(10쪽)

 체육시간에 축구를 하게 해달라는 아이들과 실랑이는 벌이는 장면이다. 여선생님이라 축구를 못하기 때문에 아이들을 억지로 설득하고 있다. 축구를 못하게 하는 아이들을 설득하는 선생님의 말이 논리성을 잃고 말았다는 사실을 확인할 수 있다. 아이들과 함께하지 못하는 선생님의 문제는 덮어두고, '힘들게 뛰는' 아이들을 못마땅하게 생각하고 있다는 사실이 은연중 드러나고 있다. 2반과 1반은 학교생활을 할 때 같은 조건에서 공부하고 뛰어논다. 2반도 "아침에 학교 오자마자 공 차고, 점심 먹고, 학교 끝나자마자" 공을 찰 수가 있다. 그런데 1반만 그런 것처럼 몰고 가면서 체육시간에 축구를 하지 않으려고 한다. 담임선생님의 말은 설득력이 없으며 축구를 하지 못하게 억지를 부리고 있는 것이다. 이런 담임선생님을 내세운 것은 작가의 잘못 아닌가.
 이뿐만 아니다. 대용이가 수학 90점을 받았을 때는 관심을 보이다가, 축구 시합을 할 때는 2반에서 축구를 제일 잘하는 대용이가 빠졌는데도 관심을 기울이지 않는다. 인물의 일관성이 결여되어 있다. 대용이가 빠지는 것과 선수 배정에 대해서도 관여하지 않으며, 반 전체가 응원하려고 빨간 티셔츠를 입고 나오는데 아이들은 응원을 하다가 중간에 흩어져서 '떼어내기 놀이'를 한다. 2반과 축구 시합을 하는 동안, 그리고 대용이가 체육실에서 혼자서 우는 동안 선생님은 대용이를 찾지 않을 뿐만 아니라 아예 나타나지도 않는다. 그 중요한 사건의 결말 부분에 갑자기 선생님의 역할이 사라져버리는 까닭은 무엇일까.
 담임선생님은 성적에만 관심이 있고 축구에는 거부감이 있는 선생님이다. 그리고 걸핏하면 조건을 내걸고 축구를 못하게 강요한다. 담당하고 있는 반 아이들에게 체육시간에 철봉만 시키고, 학급 행사의 하나인 축구 시합을 하는 날에는 아이들과 함께 응원을 할 거라고 해 놓고는 그 약속을 지키지 않는다. 더군다나 축구 시합이 끝나고 나서는 축구를 한 아이들에게 먼저 아이스크림을 주는 것이 아니라 떼어내기 놀이를 한 아이에게 먼저 아이스크림을 준다. 함께 응원을 해야 하는 선생님이 먼저 규칙을 어겼고, 응원을 하지 않고 끼리끼리 떼어내기 놀이를 한 아이들에게는 오히려 아이스크림을 준다. 담임선생님은 무슨 기준으로 그렇게 했을까. 이것은 인물 설정의 문제가 아니라 작가의 문제이다. 작가는 떼어내기 놀이가 재미있는 놀이라는 것을 강조하려다가 사건과 인물의 일관성을 깜박 잊고 말았던 것이다.

이 동화를 읽은 아이들이 결말 부분을 놓고 너무 시시하다고 하는 까닭은, 작가는 떼어내기 놀이가 재미있다고 주장하고 싶은데 아이들의 생각은 다르다는 것을 말하는 것이다. 이 동화는 잘못된 어른들의 논리에 아이들을 억지로 짜 맞추려다가 아이들의 생각을 무시하고 말았다. 선생님의 강요에 짓눌리는 아이들의 일그러진 모습이 떠오른다. 아이들의 마음을 잘 이해해야 할 동화가 이래야 하는가. 이런 동화가 좋은 동화라고 할 수 있을까.

다른 인물의 설정에도 다소 문제가 있다. 우선, 대용이 엄마는 치과 병원의 간호사이다. 어느 정도 전문 직업을 갖고 있는 어른이면서 어른들의 일반적인 행태를 대표하는 인물이다. 대용이가 성적을 잘 받아 오면 축구화를 사주겠다고 협상을 하고, 전화로 일일이 아이들을 통제하는 엄마다. 대용이에게 집에서 텔레비전을 보는 동생에게 간식을 챙겨주라고 하는 맞벌이 엄마의 전형적 모습이다. 아이들과 함께하지 못하는 어른들의 무관심을 반영하는 인물이다. 대용이 엄마는 우리 시대

대다수 어른들의 모습일 것이다. 대용이 엄마의 영악한 거래 방식이 아이들에게 당연한 것처럼 받아들여져서는 안 될 것이다. 부모의 무관심 속에 일그러지는 아이들의 모습을 찾아야 하는데, 엄마의 거래 방식에 따르는 착한 대용이의 모습에서 잘못된 거래 방식을 제시하는 어른들의 문제가 덮이지 않을까 우려된다.

다음은 주인공 대용이의 문제이다. "안 돼요"라는 말을 이름으로 삼았다는 기발한 발상은 인정하지만(유영진, 앞의 글), 작가가 주인공 대용이를 자신이 하고 싶은 축구를 하지 못하는 아이, 나중에는 자포자기 하면서 승완이를 이해하는 아이로 만들어버리고 만다는 점에서 문제점이 있다. 보통의 아이라면 다음에 승완이에게 복수를 하려고 할 것이다. 그런데 대용이는 축구 시합이 끝날 때쯤이면 자신을 위로하고 승완이의 심정을 헤아리는 아이가 된다. 창고에 숨어서 울고 자신의 잘못을 인정하면서 그것을 밝히지 못하는 용기 없는 아이이다. 결국에는 떼어내기 놀이도 재미있다고 스스로 위안할 줄 아는 아이이다. 이 아이가 주인공이어야 한다는 것은 슬픈 일이다. 대용이는 어른들의 강요에 억지로 화해하는 슬픈 아이의 전형을 보여준다. 이 동화는 비극적인 주인공을 내세운 것일까. 아니면 작가는 어른들의 강요로 화해할 줄 아는 착한 아이, 너그럽고 스스로 위안할 줄 아는 순종적인 아이를 원하는 것일까.

대용이를 끊임없이 괴롭히는 홍승완이라는 아이는 정말 심각한 아이이다. 공부를 잘하는 아이들은 교만하다는 것을 은연중 반영하고 있다. 이것은 작가의 편견이 그대로 개입된 인물 설정이다.

"승완이가 잽싸게 교실 밖으로 달려 나갔어요. 틀림없이 선생

님을 부르러 간 걸 거예요." (25쪽)

"만약에 오늘 선수 안 시켜 주면 저번 시험 볼 때 내 수학 시험
지 훔쳐본 것 선생님이랑 애들한테 다 이른다." (96쪽)

점심도 먹는 둥 마는 둥 하고 운동장으로 나갈 때였어요. 어느
새 뒤따라온 승완이가 조르듯 말했어요.

"대용이 너 대신 내가 들어간다고 주호한테 얘기 좀 해 주면
안 될까? 잘할 자신이 있는데. 응? 부탁 좀 할게." (100쪽)

나는 금방이라도 울음이 터질 것 같아 뒤돌아 나왔어요. 계속
나만 바라보고 있는 승완이에게 뛰어가 말했어요.

"됐어. 네가 선수로 들어가. 나는 빠질게."

그러자 승완이는 깜짝 놀라는 표정으로 말했어요.

"그럼, 너는 안 뛰는 거야?"

"네가 들어오면 하나는 빠져야지, 어떻게 열둘이 뛰냐?"

그러자 승완이는 "내가 잘할 수 있을까? 으아, 떨린다." 하더니
선수들 속으로 신나게 뛰어 들어갔어요.

'치사한 자식, 나쁜 놈.' (103쪽)

인용한 부분은 승완이가 학교생활을 하는 모습을 묘사한 부분을 골
라본 것이다. 여기에서 승완이는 고자질을 잘하고 교만하기 이를 데
없는 아이임을 알 수 있다. 올백을 받는 아이가 정말 축구를 좋아하는
대용이를 곯려주려고 그 긴박한 순간에 대용이 대신에 자신이 축구 시
합에 참가하려고 한다. 초등학교 4학년의 교만함이 이 정도라면 어른
을 뺨치는 생각이다. 정말 이런 아이가 있을까 하는 의아심이 들 정도
이다. 승완이는 공부를 잘하는 아이이면서 다른 사람을 골탕 먹이고,

교만과 협박, 그리고 자만심에 가득 찬 아이이다. 승완이는 시험지를 베껴 썼다는 사실을 진즉에 알면서도 이 기회를 노리고 있었는지 모른다. 그래서 아이들 몰래 아버지와 축구 연습을 하고 있었다. 가장 긴박한 순간에 대용이를 협박해서 대용이를 빼고 축구 시합에 참가하는 영악한 아이이다. 정상적인 상황이라면, 두 시간 동안 축구를 하면서 전반은 승완이가 뛰고 후반은 대용이가 뛸 수도 있을 것이다. 1반 아이들이 지고 있는 상황인데도 '축구파' 아이들은 대용이를 찾지 않는다. 응원석의 다른 자리에서 '떼어내기 놀이'를 하고 있는 대용이는 '축구파' 아이들에게도 무시당한다.

승완이의 교만함이 절정에 달하는 장면인 마지막 부분(103쪽 인용 부분)을 살펴보면 승완이는 남을 생각할 줄 모르고 자신만 생각하는 아이임을 알 수 있다. 이 아이의 교만함에 대용이는 어두운 창고에서 울어야 하는 아이가 되고 만다. 대용이가 승완이의 시험지를 보고 쓴 것은 잘못된 일이다. 그러나 이 잘못을 중요한 축구 시합에서 대용이를 위협하는 수단으로 삼는 것은 더 심각한 문제이다. 잘못된 일을 악용하는 승완이야말로 보통 아이들의 생각을 훌쩍 뛰어넘어서 있다. 이 동화는 같은 또래에 있는 승완이의 생각이 어른들보다 더 교만하다는 사실에 문제가 있다. 이 때문에 승완이의 성격은 현실감을 잃고 있으며, 작가는 공부 잘하는 아이에게 거부감을 갖고 있지나 않나 하는 생각이 들 정도다. 초등학교 4학년인 승완이의 생각을 잘못 반영한 결과이다.

**3.**

아이들을 어른들의 생각으로 몰아가는 문제점을 지적한 동화이면서도 정작 이 동화는 축구보다 더 재미있는 놀이가 떼어내기 놀이인 것처럼 위장하고 있다. 축구를 좋아하는 아이가 그렇게 쉽게 떼어내기 놀이에 몰입할 수도 없다. 이 동화에는 궁극적으로 '축구 생각'으로 자신의 학교생활을 엉망으로 만들어버리는 대용이를 통해서 아이들을 어른들의 생각에 따르게 하려는 영악한 장치가 있다. 축구에 대한 재미만큼이나 떼어내기 놀이에도 색다른 재미가 있다는 것을 강조하고 있지만, 거기에는 어른들의 시선으로 볼 때 재미있는 다른 놀이가 있다고 말하려는 작가의 의도가 숨어 있다.

축구도 컴퓨터 게임처럼 지나치게 하면 생길 수 있는 문제를 지적하면 될 일이다. 아이들은 그들의 놀이를 좋아할 자유가 있다. 새장에 갇힌 아이들이 그 속에서 자유 아닌 자유를 누리게 만드는 세상이 되었다. 아이들에게 진정한 자유를 주어야 한다. 어른들의 강요에 어설프게 화해하게 하는 아이가 되어서는 안 될 것이다. 새장에 갇힌 새처럼 사는 아이가 아니라 그 새장 안을 떠나서 자유롭게 생각하는 아이들이 많았으면 한다.

이 동화는 아이들에게 놀이의 다양성을 제공하고 이분법적 사고에서 벗어나 다양한 세상을 발견하게 한다. 그런데 문제는 이 과정에서 무리한 사건이 개입되었다는 데 있다. "결말 부분의 완벽한 화해"(유영진)에 따르는 문제만이 아니다. 작가가 의도하는 아이들은 어른들과 화해하는 것이 가장 바람직하다는 것을 요구한다는 데 있다. 의문을 제기하는 "안 돼요"를 가르치는 것이 아니라, 어른들의 말에 따르는

"돼요"가 되는 아이들을 바라고 있다. 아이들을 가르치고 있는 작가가 쓴 동화에서 아이들이 어른들이 의도하는 바대로 되었으면 하는 바람이 들어 있다는 점이 못마땅하다. 아이들의 세상을 존중해주는 태도가 필요할 것이다.

축구를 너무 좋아하는 아이들이 어른들이 제시하는 숙제와 무관하게 축구를 하는 그런 교육의 기반이 다져져야 할 것이다. 이 땅에 진정한 교육은 누가 만들어가는 것일까. 어른들의 생각 속으로 아이들을 몰아가는 교육과 틀에 짜인 교육 속에 아이들을 편입시키려는 교육이 횡행하고 있다. 그 교육의 폭력에 모든 어른들은 묵시적인 동조자로 함께하고 있다. 이 책을 읽으면서 교육에 몸담고 있는 나 자신을 반성해본다. 이 땅은 진정 아이들이 마음껏 활개 치는 세상이 되어가고 있는가. 어른들의 강요로 날개를 꺾는 아이들이 너무 많다. 이 질식할 것 같은 죽은 교육에서 벗어나는 아이들이 더 많은 세상이 되었으면 한다.

# 현실과 상상의 혼동
— 김하늬 장편동화 『나의 아름다운 늪』

## 1.

김하늬의 동화 『나의 아름다운 늪』을 읽고 분석하는 동안에 계절을 넘겨 가을호 《시와 동화》(2005)를 읽었다. 여기에 낯익은 김하늬의 동화가 실려 있었다. 김하늬의 동화 「무지개다리를 타고 온 소년」은 탈북 소년 용수의 이야기이다.

용수의 아버지는 장티푸스로 돌아가시고, 어머니와 두 동생은 굶어 죽었다. 용수는 북한을 탈출하여 4년여 동안 만주에서 숨어 살다가 공안에 잡힐 위기에 처한다. 이때 평양냉면 전문점 일송정 아주머니 집으로 피하게 되고, 아주머니는 용수를 숨겨주면서 위기를 넘긴다. 이를 계기로 용수는 냉면집 아주머니와 함께 살아간다. 용수는 아주머니의 배려로 내년 봄 학교에 가는 부푼 꿈을 갖고, 아주머니가 놓아준 무지개다리를 타고 남쪽으로 가는 꿈을 꾼다.

이 동화는 2004년 8월 제1회 황금펜아동문학상을 수상한 작품이다. 탈북 소년이 어려움을 헤치고 살아가는 이야기가 아이들에게 잔잔한 감동을 불러일으키는 작품이다. 문장의 구사 능력이나 토속어 사용은 다른 동화에서 찾아볼 수 없는 좋은 점이다. 그러나 이 동화를 자세히 살펴보면 몇 가지 문제점을 발견할 수 있다. 우선 토속어의 문제이다. 이 동화의 사투리는 시종일관 평양 사투리를 사용하고 있다. 용수가 평양 출신이라는 말이기도 하고, 아주머니도 평양 출신이라는 말이기도 하다. 세 곳만 인용해보자.

(1) "날래 들어와 아궁이에 불부터 좀 넣어라. 인차(이제) 손님들도 들이닥칠 터인데 구들장이 뜨끈해야디."(《시와 동화》 2005년 가을호, 361쪽)

(2) "리용수라 합네다. 함흥에서 왔습네다."(366쪽)

(3) "봄이 오면 우선 시내에 있는 조선족 소학교라도 다니라마. 가서 우리 민족의 역사도 배우고 중국어도 날래날래 익혀 두어야디."(370쪽)

(1)과 (3)은 아주머니의 말이고 (2)는 용수의 말이다. 아주머니는 선조 때부터 만주에 이주하여 살았던 조선족 출신이다. 아주머니의 선조는 100년 전 이곳에 이주했고, 할아버지는 독립운동을 하다가 돌아가셨다. 몸은 비록 중국에 있지만, 조선인으로서 긍지와 자부심을 갖고 살아가려고 한다.(369쪽) 주인공 용수는 함흥 출신이라고 한다. 그런데 문제는 두 사람 다 평양 사투리를 사용하고 있다는 점이다. 함흥은 평양 지역의 사투리와는 다르고, 더군다나 평양냉면 전문점 아주머니는 만주 연변 지역의 토박이다. 그런데 어떻게 둘 다 평양 사투리를 사용할 수 있을까. 북한 지역의 사투리에 대해서 정확히 알지 못하기 때문에 북한의 표준어인 평양 방언를 중심으로 한 모양인데, 조금만 더 살펴보면 그 진위를 알 수 있을 것이다. 이미 언어학에서 북한 지역의 방언은 많은 연구가 이루어져 있다. 함흥은 함경도 지방에 속하는 동북방언(함남·함북)인데, 이 분야는 김태균의 『함북방언사전』(경기대출판부, 1986) 중의 부록에 나오는 문장을 참조하면 될 것이고, 평안도 사투리는 김이협의 『평북방언사전』(한국정신문화연구원, 1990)을 참조하면 될 것이다.

1966년 이후 북한은 김일성 교시에 따라 문화어를 사용하고 있으며, 이에 따라 평양 지역 방언을 의도적으로 사용하는지는 모르겠지만, 용수와 아주머니가 동시에 평양 사투리를 사용한다는 점은 의문의 여지가 있다. 사투리 문제는 이 동화의 장점이면서 동시에 허점이기도 하다. 이 동화가 사투리를 동화 속으로 끌어들인 점은 높이 살 만하지만, 그 정확성과 현실성의 문제에 접근하면 그리 설득력이 없다. 이 동화에서 평양냉면집 아주머니는 연변지역의 사투리를 사용해야 한다. 어설프게 사투리를 살리기보다 차라리 표준어를 사용하는 것은 어떨까?

이 동화의 다른 문제점은 용수가 조선족 학교에 가는 것이다. 용수는 공안 당국의 감시를 받고 있는 상황이다. 문선이의 『딱친구 강만기』를 보면 북한을 탈출한 민기의 가족은 조선족 동포의 집에 숨어 살면서 갖은 곤욕을 치르고 정상적인 생활을 하지 못하는데, 용수는 어떻게 내년에 학교에 갈 수 있는 무지개 꿈을 꿀 수 있는 것일까.

또한 인물 설정에도 문제가 있다. 북한을 탈출하여 만주에 정착한 소년 용수는 나이가 몇일까. 북한에서 어머니와 동생을 잃고 만주로 탈출을 한다. 북한을 탈출할 때 그 정도의 용기와 지혜가 필요할 나이였을 것이고, 그로부터 4년이 흐른 뒤이다. 주인공 용수의 나이는 몇 살일까.

이처럼 이 동화는 탈북 소년의 이야기를 소재로 한 현실 동화임에도 불구하고 현실성이 결여되어 있다. 아주머니가 제시한 용수의 꿈은 무지개의 꿈이고, 그것은 결국 환상과 상상에 불과하다. 현실에 바탕을 둔 동화는 좀 더 현실에 충실한 동화가 되어야 한다. 현실주의 동화에서 나타난 '도식적인 인물형상화의 문제'(《창비어린이》 2주년 기념 심포지엄)만큼이나 심각한 것은 주어진 현실 자체를 왜곡하는 것이다. 동화작가가 현실을 제대로 볼 수 있어야 현실을 진실하게 드러낼 수 있다. 그만큼 동화작가의 시선은 중요하다.

## 2.

김하늬의 장편동화 『나의 아름다운 늪』은 자연과 더불어 살아가는 순행의 질서를 '보여준다. 봄으로부터 이어지는 계절의 순행이 인간의 삶의 문제와 결부되어 있으며, 그 순행의 질서 속에서 인간 존재는 명멸해간다. 아이들은 성장을 하면서 삶과 죽음의 문제가 모두 자연의 질서 속에 있다는 것을 깨닫는다.

프라이(N. Frye)가 말하는, 문학에 나타난 사계절의 상징성에 빗대지 않더라도, 문학에서 자연을 소재로 한 작품은 자연의 순환 논리를 무시할 수 없으며, 그 과정을 문학으로 형상화하는 것은 당연한 일이다. 김문홍이 지적하듯이, 이 동화에는 '사계절의 변화 속에 성장통'을 겪는 아이의 이야기가 아름답게 그려지고 있다는 점에 공감한다. 강샘은 아버지의 불행을 체험하면서 봄으로부터 겨울이 지나는 동안에 그 현실을 자연스럽게 받아들이고, 그 과정을 의연하게 이겨낸다. 보통의 아이라면 견디기 힘든 상황이지만, 강샘은 자연의 순환과정이라는 지극히 당연한 사실로 받아들인다. 아이들은 어떠한 어려움에 놓이더라도 굳건하게 그 삶의 무게를 극복하는 지혜를 배워야 할 것이다. 이 동화는 성장 과정에 놓인 아이들에게 현실의 고통을 슬기롭게 이겨내는 방법을 보여주고 있다.

더불어 이 동화의 장점이라 할 수 있는 것은 동화의 세계처럼 아름다운 우포늪의 풍경을 작가 특유의 시적 문체로 묘사하고 있다는 것이다. 같은 지역을 배경으로 한 손호경의 동화 『우포늪에는 공룡 똥구멍이 있다』가 재기발랄한 아이들의 상상을 천진난만하게 묘사하고 있다면, 이 동화는 시적인 아름다운 문체로 맑은 동심의 세계를 그리고 있어서 돋보인다.

해마다 예쁜 보리색 꽃을 피워 올리는 가시연을 비롯해 줄, 마름, 창포, 버들붕어, 물방개, 장구애비, 수리부엉이, 송장헤엄치게(이름만 무시무시하지 사실은 쪼그만 곤충에 불과하다), 물땡

땡이, 까치살모사 같은 온갖 종류의 동식물들이 한데 어울려 생활하고 있다.(24쪽)

우포늪의 한 정경인데, 그곳에 서식하는 곤충과 동식물을 나열하면서 생물들이 함께 살아가는 아름다운 모습을 보여주고 있다. 이들에 대한 관찰은 우포늪의 신비한 공간으로 이어진다.

또한, 이 동화는 현실의 고통을 극복하는 대안으로 우포늪이라는 자연공간을 제시하면서 아이들에게 힘과 용기를 주고 있다. 어떤 어려운 상황에서도 스스로 극복할 수 있는 성장기 아이들에게 모범을 보이는 작품이다. 전체 11개의 사건이 연결되어 있으면서 봄의 생성에서 겨울의 소멸까지의 과정이 강샘의 아버지의 삶과 죽음으로 자연스럽게 이어지고 있다.

어느 날 갑자기 의식을 잃고 쓰러진 샘이 아버지는 '식물인간'이 되었다는 판정을 받는다. 그때부터 샘이의 집안 사정은 힘들어지고, 샘이 가족은 뿔뿔이 흩어진다. 오빠 면이는 고모 집으로, 샘이는 우포늪에서 혼자 사시는 할머니 집으로, 엄마는 아빠 곁에서 병간호를 하게 된다. 우포늪에 내려온 샘이는 방학이면 서울에 올라가고 개학을 하면 시골학교로 내려온다. 샘이는 자연스럽게 우포늪 주위의 생명들과 친숙해진다. 샘이는 우포늪에 중생대 백악기의 공룡이 알을 놓고 갔다는 엉뚱한 상상을 한다. 그 알이 깨어나기를 기다린다.

그 알은 병원에 식물인간으로 누워 있는 아버지가 깨어나는 소망이기도 하다. 샘이는 우포늪에 사는 동안에 순진한 남자 친구 순홍이와 생명의 소중함을 일깨워주는 늪지기 아저씨를 만난다. 이들은 샘이의 가장 친한 친구들이다. 여름방학 때 서울에 올라간 샘이는 늪지기 아저씨 공정후의 충고대로 의식이 없는 아버지에게 마음으로 전하고 싶은 말을 건네보지만, 아무런 대답을 듣지 못한다. 겨울방학을 앞둔 어느 날 샘이는 자신을 애타게 부르는 아버지의 목소리를 듣는다. 겨울방학을 하자마자 서울로 간 샘이는 마침내 아버지와 마음의 대화를 나눈다. 샘이는 아버지의 죽음을 인정하고, 우포늪에 아버지의 유해를 뿌린다. 우포늪은 강샘이 어려웠던 현실을 이겨내는 마음의 고향이었다. 샘이는 길잡이별처럼 남아 있는 우포늪의 추억을 안고 꿋꿋하게 살아갈 것을 다짐한다.

이 동화는 11개의 사건으로 구성되어 있는데, 전체 시간은 약 2년 정도이다. 서술의 중심에 있는 시간은 봄부터 겨울까지이다. 전체 11개의 사건을 시간 순서대로 정리해본다.

**봄**

우포늪의 봄 : 샘이가 서울에서 겨울방학을 보내고 우포로 내려온다.

늪의 비밀 : 우포늪에 살기 시작한 샘이는 오래전부터 두려움의 대상으로 있던 우포늪에 공룡이 잠들어 있다고 믿는다.

이상한 늪지기 아저씨 : 샘이 소목마을로 내려오기 3년 전에 이곳에 정착한 늪지기 아저씨를 만난다.

누가 황소개구리를 해치웠을까 : 샘이는 우포에 서식하던 황소개구리가 사라진 것을 알고 아기공룡 용용이가 알에서 깨어나 잡아먹었다고 생각한다.

모든 생명은 소중하다 : 샘이는 늪지기 아저씨에게 자연은 순리대로 돌아간다는 평범한 진리를 배운다.

**여름**

가시연잎 같은 사람 : 가시연잎을 보고는 생명의 쉼터가 될 수 있는 사람이 되기를 다짐한다.

아빠와의 만남 : 샘이는 여름방학이라 늪지기 아저씨가 말한 것처럼 마음으로 아버지와 대화를 하려고 하지만 실패한다.

**가을**

알을 발견하다 : 여름방학이 끝나고 내려와 우포늪을 청소하면서 남생이 알을 발견한다.

거름이 되라 하네 : 늪지기 아저씨가 우포늪을 살리기 위한 시화전을 연다.

**겨울**

마지막 대화 : 겨울방학 무렵 아버지를 꿈속에서 만나고, 급히 서울에 올라간다. 이때 샘이는 아버지와 마음으로 대화한다.

우포늪에 뜬 별 : 몸의 일부를 기증하고 남은 아버지의 유해를 우포늪에 보낸다.

우선, 전체 시간 전개 중에서 무리가 있는 부분부터 살펴보자. '늪의 비밀'에서 초등학교 5학년이 우포늪에 공룡 알이 있으며 언젠가는 깨어날 거라고 상상하는 부분은 지나친 억측이다. 그리고 할머니가 우렁이 잡는 시기는 봄부터 여름까지인데, 시기적으로 적절하지 않다. 할머니는 서 마지기 논을 갖고 있으며, 보리와 벼 이모작을 한다. 할머니 혼자서 하는 일은 아닌 듯한데, 그러면 누가 다 하는 것일까. 동네 사람들이 도와준다고 해도 무리이지만, 한창 논농사로 바쁜 시기에 할머니는 우렁이를 잡아서 내다 파는 부업까지 한다. 우포늪 주매마을에서 시집살이를 했던 필자의 어머니는 논농사 철이면 밥을 해다 나르는 일만 해도 벅찼다고 한다. 실제로 우포늪에서 조개를 잡거나 우렁이 잡는 일은 남정네들이 농사일 틈틈이 소일거리로 삼았던 일이다.

## 3.

이 동화에 나타난 다른 문제점을 살펴보자. 우선 서술자의 시간이 문제이다. 언제부터 이야기를 시작하고 있는지 분명하지 않기 때문에 샘이의 현재 나이와 아버지가 쓰러지는 중요한 시기에 혼동이 일어난다.

> 아빠가 병원에 누워 계신 작년에도 그랬고 재작년 가을에도 그랬다.(14쪽)
> 소목 마을에 살기 시작한 지 겨우 1년밖에 안 됐는데 우리 동네라니, 좀 우습다.(20쪽)
> 아빠가 그 말할 수 없이 가슴 아픈 사고를 당하신 지 어느덧 1년 반. (…중략…) 그것이 벌써 1년 전의 일이다.(32~33쪽)
> 순홍이와 난 한 학년이 올라 5학년이 되었지만 여전히 단짝이었다.(55쪽)
> 그 후로 1년이나 지나 버렸는데 어디서 나의 노랑무늬 열대어를 되찾는단 말인가?(65쪽)

샘이가 우포늪에 살기 시작한 때는 언제일까. 아버지가 병원에 입원한 때가 작년이고, 순홍이와 나는 한 학년이 올라 5학년이 되었다고 하니, 샘이는 4학년 때 우포늪의 할머니 댁으로 온다. 샘이 아버지가 쓰러진 시기가 언제인지 모호하다. 겨우 1년이라는 말도 있고 어느덧 1년 반이라는 말도 있으며, 노랑무늬 열대어를 잃어버린 지 1년이 지났다고 한다. 도대체 샘이의 아버지는 언제 쓰러져서 병원에 간 것일까.

서울에서 시골 학교로 전학 오는 시기는 작년 가을 무렵이다. 그래야 현재 시점으로 1년 반이 된다. 그렇다면 강샘의 아버지는 3학년 가을에 불의의 사고로 식물인간이 되는 것이다. 샘이는 3학년 가을에 우포로 전학을 오고, 서술시점인 현재 5학년이 된다. 이야기의 중심이 5학년 봄부터 겨울까지라고 하면 현재 시점부터 1년 반은 3학년 가을이다. 샘이의 나이가 열 살 무렵의 일이다.

> 긴 장마와 또 한 번의 여름 방학을 보내면서 나는 마침내 인정했다. 아빠가 많이 아프다는 걸. 나와는 다른 세상에 있다는 걸.(119쪽)

또 한 번의 여름방학을 보냈다는 것은 4학년 여름방학과 5학년 여름방학을 말한다. 샘이는 3학년 가을에 전학을 와서 우포에서 지금까지 세 번의 방학을 보낸 것이다. 이 시간이 지나고 나서야 비로소 샘이는 아버지의 불행을 인정하게 된다. 샘이는 3학년과 4학년 때 이미 아버지의 불행과 죽음을 인정하고 있는 것은 아닐까. 3학년 때는 그렇다고 하더라도, 4학년 때는 어느 정도 알 나이일 것이다. 작가가 서술의 시점을 정확하게 하지 않음으로써 스스로 의도적 오류에 빠지고 말았다고 할 수 있다. 샘이 아버지가 쓰러지는 정확한 시기를 밝혀두고 샘이가 우포늪에 내려오는 시기도 명시해두었다면 독자들은 한결 이해하기 쉽고 작가 스스로도 시기를 혼동하지 않을 것이다. 이 동화에서는 사건이 진행되는 시간을 세밀하게 분석을 해본 뒤에야 겨우 샘이의 정황을 파악할 수 있다.

다음은 생물의 관찰이 잘못된 부분이다. 생물의 관찰이 잘못되어 있으면 많은 아이들이 그대로 믿어버릴 수 있을 것이다. 작가가 서술하려는 대상을 치밀하게 살펴보아야 한다는 것은 근대 자연주의 기법에서 강조한 점이기도 하다. 사물의 치밀한 묘사만이 소설의 정도(正道)라는 자연주의에 따르면 어설픈 관찰은 용납되지 않는 것이다.

> 새끼 자라가 한 마리 살고 있더라. 유리조각에 발을 찔려서 흘리는 걸 델꼬 왔더라.(74쪽)

새끼 자라의 모양을 보았는지 모르겠지만 새끼 자라가 유리조각에 발을 찔릴 수는 없다. 듣도 보도 못한 생물 관찰이다. 성숙한 자라의 크기가 어른 손바닥만 한 크기이고, 새끼 자라는 그보다 훨씬 작다. 더군다나 새끼 자라의 발이라니. 그 새끼 자라가 유리조각에 발이 찔려서 피를 흘리고 있었다는 것은 올바른 관찰이 아니다. 아이들에게 잘못된 생물 관찰을 그대로 전달할 경우에 어떤 현상이 일어날 것인가. 논의는 다르지만, 염상섭의 「표본실의 청개구리」에 나오는 개구리 해부장면이 연상된다. 개구리는 변온동물이므로 해부를 해도 김이 모락모락 나지 않는데도 불구하고 작가는 그 장면을 눈에 본 것처럼 선명하게 묘사하고 있다. 이 부분을 놓고 자연주의 작품의 치밀한 묘사방법의 전형을 보인다고 추켜세운 이도 있다. 그냥 웃고 넘어갈 수 없는 우리 문학사의 단면이라 할 것이다.

"흠, 이건 황소개구리 올챙이가 아니라 가물치 새끼인 것 같구나. 그런데 왜 올챙이를 건져내고 있는 거지?"
"에이, 황소개구리 올챙이인 줄 알았는데…… 속았다!" (86쪽)

개구리의 새끼를 올챙이라 하는 것이지, 가물치의 새끼는 올챙이라 하지 않는다. 가물치 새끼는 치어(穉魚)라고 하든지 아니면 '어린 가물치' 정도로 할 수 있을 것이다. 인용한 부분에서 아이들이 건져내고 있는 것은 올챙이가 아니고 어린 가물치들이다. 그렇다면 늪지기 아저씨의 말은 옳지 않다. 늪지기 아저씨는 "그런데 왜 올챙이를 건져내고 있는 거지?"라고 말할 것이 아니라, "그런데 왜 어린 가물치를 건져내고 있는 거지?"라고 해야 한다.

그리고 늪지기 아저씨는 황소개구리를 잡아먹는 외래종 파랑볼우럭과 큰입우럭도 몰아내려고 하는 것은 잘못되었다고 한다. 우리의 생태질서가 또 다른 외래종에게 맡겨지고 있는 상황인데도 자연의 순리대로 맡기고 있다. 이것은 자연의 질서를 지나치게 믿다 보니 생긴 방관적 태도가 아닐까 생각한다. 아이들에게 우리 생태계의 문제를 정확히 인식하게 하는 것이 필요하다. 자연이 스스로 그 질서를 찾아갈 것이라는 말은 무책임한 작가의 태도이다. 다음 상황은 더 세심한 배려가 필요한 부분이다.

"자 여기에 싸라."
나는 그제야 눈치를 채고 알을 옷에 쌌다.

"나중에 지 혼자서도 빠져 나올 수 있구로 너무 꽁꽁 싸지는 마라."

그 말이 맞다 싶어서 나는 또 그렇게 했다. 그리고 순홍이가 파 놓은 구덩이에 조심스럽게 놓았다.(129쪽)

폭우에 휩쓸려 나온 남생이 알을 순홍이가 벗어놓은 속옷으로 감싸고 땅에 묻는 장면이다. 속옷으로 꽁꽁 쌀 필요도 없을뿐더러 알을 싸 놓으면 부화한 남생이는 그곳을 빠져나오지 못하고 십중팔구는 그 속에서 죽고 말 것이다. 남생이 알은 여름 더위에 지열로 부화하는 것이지 속옷으로 감싸둔다고 부화하는 것은 아니다. 순홍이가 생명을 소중하게 여긴다는 것을 강조하다 보니 엉뚱한 상황이 일어나고 말았다. 그런데 이렇게 속옷으로 감싸놓은 곳에서 남생이가 부화하여 그곳을 빠져나간 광경을 목격한다. 이 상황은 진실일까. 이 상황의 진실성에 문제를 제기하다 보니 남생이가 알에서 깨어나는 시기에도 의문이 생긴다. 남생이는 6~8월경 알을 낳고 약 두 달 뒤에 새끼가 부화한다. 남생이는 천연기념물로 지정된 보호종이고, 2005년에 인공부화에 성공했다.(《동아일보》 2005년 9월 6일자) 남생이에 대한 좀 더 정확한 지식이 필요한 것 아닐까.

그런 어느 날 오후, 순홍이와 나는 보았다. 언덕배기에 묻어둔 우리의 알이 부화한 것을. 알 안에 들어 있던 생명이 빠져 나간 것을!(132쪽)

앞에서 말한 것처럼 남생이 알은 부화하는 과정이 매우 까다롭다.

산란이 임박한 남생이는 뒷발로 땅을 판 뒤 알을 낳는다. 알을 낳은 뒤 흙으로 둥지를 덮는 것은 천적으로부터 알을 지키기 위한 남생이의 본능이다. 남생이의 알은 아래와 위를 구분하고, 위쪽을 표시해서 바르게 놓아야 하며, 물이 잘 빠지는 곳에 두어야 한다. 밑에 모래를 깔고 모래 위에 알을 살짝 올려놓아야 한다. 남생이 알처럼 부화하기 힘든 것을 속옷으로 감싸고 땅에 묻어서 부화시킨다는 것은 잘못된 상황 설정이다.

**4.**

다음은 이 동화의 여러 부분에서 드러나는 잘못된 비유나 잘못된 표현들을 들어보기로 한다. 먼저 어휘를 잘못 골라 쓴 부분이다.

> 순홍이가 핀잔을 주더니 문득 무엇을 생각했는지 웃옷을 벗었다. 그러곤 뒤돌아서서 안에 입던 하얀 메리야스까지 벗어 젖혔다.(128쪽)

이 부분에서 '메리야스'는 바로 앞부분의 웃옷에 맞서는 속옷으로 표현하는 것이 가장 좋을 것이다. 메리야스(knit)는 '씨실 또는 날실 1계열의 실에 의해서 형성된 루프(loop, 코)가 연철되어서 만들어진 제품을 통칭' 하는 말이다. 굳이 외래어를 쓰지 않아도 뜻이 통하고, 더군다나 웃옷과 가장 잘 어울리는 속옷이라는 표현이 있음에도 불구하고 메리야스라고 하는 것은 옳지 않다. 어린이를 위한 동화를 쓰면서 우리말을 살려 쓰는 것은 매우 중요한 문제인데, 다른 부분은 아름답게 잘 표현하고 있으면서도 이 부분은 뜬금없는 낱말을 쓰면서 문장을 해치고 있다. 바로 이 낱말은 아랫부분에 이어지고 있어서 더 흠이다.

순홍이는 순식간에 다시 웃옷을 걸치더니 메리야스를 내게 건네 주었다.(128쪽)

다음은 인물의 상황이 잘못된 경우이다. 인물의 상황은 소설의 구성에서 중요한 역할을 한다. 그것은 인과성과 사건의 긴장성을 갖게 하며, 사건에 진실성을 부여하기도 한다. 그렇다면 인물의 상황은 현실성을 가져야 하고, 어디까지나 독자들에게 설득력이 있어야 할 것이다.

늪을 보고 나선 밤마다 늪에 빨려 들어가는 꿈을 꾸며 이불에 오줌을 쌌다.(23쪽)

이때 샘이는 예닐곱 살 무렵이다. 늪이 무섭고 두려웠다는 흥미로운 사실을 말하고 있지만 이 부분에서는 인물의 상황이 제대로 서술되지 못하고 있다. 샘이는 오줌을 오랫동안 가리지 못했던 모양인데, 이 부분이 과장되어 있다. 예닐곱 살에는 간혹 자다가 오줌을 누기도 하지만, "그때 얻어 온 소금만으로도 할머니는 겨울 김장을 넉넉하게 할 수 있었다"(23쪽)는 표현은 너무 과장되어 있다는 느낌이다.

잡아 와야 할 황소개구리는 점점 늘어 가는데 방법은 없고, 나는 잔뜩 겁이 나서 한동안 뜸했던 오줌까지 싸고 말았다.(71쪽)

이때 샘이는 초등학교 3학년이고 전학을 오는 시기를 염두에 둘 때 가을 무렵이다. 이 나이까지 정말 오줌을 쌌을까. 물론 샘이는 예닐곱까지 오줌을 싼 것으로 나와 있긴 하지만, 황소개구리를 잡아오라는 숙제 때문에 오줌을 쌀 만큼 소심한 성격인가. 그러면서도 샘이는 반 아이들 앞에 나서서 발표도 잘하고 붙임성 있는 성격으로 묘사되고 있다. 인물의 구체성이 결여되어 있다. 이는 인물의 성격을 제대로 잡지 못한 결과이다.

> 아빠가 병원에 누워 계신 작년에도 그랬고 재작년 가을에도 그랬다. 면이 오빠와 나, 엄마가 아빠 병실에서 눈물로 호수를 만들고 있는 사이, 할머니는 벼 이파리에 붙은 진드기며 참새 떼를 쫓아 이 마을에서 가장 먼저 추수를 했다.(14~15쪽)

정말 농사를 지어본 사람인가? 의문이 제기된다. 벼 이파리에 붙은 진드기는 무엇이고, 가을에 참새 떼를 쫓아내는 장면은 이해한다고 쳐도 할머니 혼자서 추수를 하고 거두는 것은 쉽게 이해하기 힘든 부분이다. 할머니는 서 마지기 논농사를 짓는데 논농사는 밭농사와 달리 장정의 힘이 필요하다. 그것은 농사를 지어본 사람이면 잘 알 것이다. 할머니는 밭농사와 논농사 이모작을 하고, 틈이 나는 대로 우렁이를 잡아서 내다 팔아 용돈을 번다. 논농사 하나도 힘에 부칠 터인데 할머니는 이 모든 일을 해낸다. 가능한 일일까.
  뿐만 아니라, 이미 「무지개다리를 타고 온 소년」에서도 지적했지만, 사투리를 적절히 구사하고 있지 못하다.

"아이고 쌔미야! 넘어진다니께!" (12쪽)

이 대화 부분은 서부경남 지역의 사투리가 아니다. 오히려 호남 지역의 사투리에 가깝다. 우포 지역은 서부경남 지역인 창녕 지방의 사투리를 쓰고 있는데, 바쁠 때 나오는 말은 바로 윗부분에 나오는 '쌔미야, 조심혀라. 넘어질라!' (12쪽)가 더 적절하다. 다른 부분에서는 좋은 사투리 표현이 나온다.

"뭐라카노? 다 큰 녀석이 남사스럽구로." (32쪽)

이 부분과 앞부분을 대조해보면 그 차이를 금방 알 수 있을 것이다. 사투리는 정확하게 잘 쓰면 아름다운 문체가 살아나지만, 잘못 쓰면 작품의 질을 떨어뜨릴 수 있다.
다음은 우포늪 지역을 혼동한 부분이다.

대단한 쓰레기더미였다. 자잘한 플라스틱이나 스티로폼, 비닐봉지에서부터 찌그러진 깡통, 바가지, 옷 등 온갖 잡동사니들이 늪을 꽉 메우고 둥둥 떠다녔다.
(…중략…)
"부산 쪽에서도 물난리가 났더니만 거기서부터 떠내려 왔겄제. 그나저나 우리 물괴기랑 우렁이가 다 죽었네!" (123쪽)

이 무슨 말인가? 우포늪은 낙동강에서 조금 떨어진 곳에 있으며, 위도상으로 볼 때 부산보다 상류에 있다. 우포늪은 경상남도 창녕군의

네 개 면을 에워싸고 있으며, 좌표는 북위 35°33 동경 128°25에 위치한다. 우포늪은 대구에서 흘러내린 낙동강이 곡면을 이루면서 만들어낸 늪지이다. 낙동강 물이 범람하면서 가끔 우포늪의 수위가 넘치는 일이 있지만, 부산의 쓰레기더미가 우포늪까지 흘러들어갈 수는 없다. 상류에서 흘러내린 쓰레기더미가 밀려들 수는 있지만, 낙동강의 최하류인 부산의 쓰레기더미가 그곳까지 거슬러 올라간다는 것은 상식 밖의 말이다. 이 말을 등장인물 목포댁의 실수라 치고 지나갈 수 있기는 하지만, 동화에 등장인물의 진술이 잘못되었으면 다른 등장인물을 통해서 그 잘못을 바로잡아야 성실한 작가의 태도라 할 수 있다. 대충 얼버무리고 지나가는 등장인물의 말이라고 해도 지나치지 않아야 하는 것이 성실한 작가의 태도이고, 이를 짚어낼 수 있는 독자가 현명한 독자이다.

다음은 뜬금없는 대화의 한 부분이다. 이것은 대화의 인과성이 결여된 것을 말하고, 따라서 소설의 전체 구성을 해치는 결과를 가져온다.

"오랜만에 늪 한 바퀴 돌아보자니까, 으응? 너 또 숨겨 놓은 애인 생각했구나? 그렇지?"(42쪽)

샘이가 순홍이에게 아기공룡 용용이 얘기를 처음 했을 때를 떠올리며 늪가에서 생각에 잠겨 있을 때 늪지기 아저씨가 샘이에게 다가오면서 하는 말이다. 이 부분에 문제가 되는 것은 '너 또 숨겨 놓은 애인 생각했구나?' 라는 말이다. 초등학교 5학년 여자아이에게 하는 말이 어른들에게 하는 말이 되고 말았다. 그 다음 장면에서 샘이가 순홍이를 좋아하는 것을 아저씨가 알고 하는 말이라고 짐작되는데, 사실 이 부분의 대화는 뜬금없는 대화이다. 초등학교 5학년이라는 사실을 염두에 두지 않았거나, 그 정도의 나이라고 생각하기에 무리가 있는 부분이 더러 있다.

마을 사람들이 쑥덕거리는 것처럼 아저씨는 정말 머리가 이상한 사람 아닐까? 아니면 내 공룡 알을 찾기 위해 정부에서 파견된 스파이?(46쪽)

여기서도 앞부분은 초등학교 5학년 아이의 생각이라 할 수 있지만, 뒷부분은 상황이 다르다. 우포늪에 공룡이 살 거라는 상상을 하는 것이 지나쳐서 현실의 상황에까지 이어지고 있는 것이다. 그러다 보니 '정부에서 파견된 스파이?' 라는 이상한 상상을 하게 된다. 초등학교 5학년이면 산타클로스 존재의 허위를 깨달을 수 있는 나이이다. 우포늪에 공룡이 산다는 재미있는 상상을 할 수는 있지만, 그것을 현실과 연계시키는 것은 비현실적이다. 이런 현실과 상상의 혼동은 늪지기 아저씨에 대한 의문을 제기하는 부분에서도 나타난다.

나는 혹시나 아저씨의 흙집에 이쁜 우렁각시가 살고 있는 것은 아닐까, 생각해 오고 있다.(48쪽)

도저히 초등학교 5학년 여자아이의 상상으로 보기 어려운 착각이다. 우포늪이 동화 속의 세계처럼 환상적이라 해도 실제 그곳에서 일어나는 모든 현실을 동화 속의 상상으로 몰아가는 것은 옳은 일이 아니다. 현실과 상상을 제대로 구분하면서 그 속에서 일어날 수 있는 일들을 팽팽한 긴장으로 끌고 가는 것이 필요하다. 동화 속의 세계를 현실로 착각하든가, 비현실성이 그대로 노출된다면, 이는 문제가 아닐 수 없다. 늪지기 아저씨가 혼자서 환경운동을 하는 사람이거나 우포늪에 사는 또 다른 까닭을 상상해보는 것이 현실에 가깝다. 초등학교 5학년 여자아이라는 사실을 염두에 두고 생각의 꼬리를 이어가야 한다.

그렇다면 혹시, 아저씨는 우렁각시 때문에 괴로운 것이 아닐까? 아저씨가 돈을 벌어 오지 않는다고 우렁각시가 구박하는 것이 아닐까?(51쪽)

이쯤 되고 보면 문제는 심각해진다. 돈을 벌어 오지 않는다고 우렁각시가 구박한다는 것은 분명 현실과 상상을 혼동한 부분이다. 상상이 지나치게 현실에 닿아 있음으로 혼동을 하고 있는 것이다. 이 부분에서 샘이는 정신착란 증세를 보이는 아이이지, 정상적인 생각을 하는 초등학교 5학년 아이가 아니다. 좀 더 어린 시절에 동화 속의 세계를 상상하는 것은 가능한 일이지만, 아버지의 죽음을 앞에 둔 아이의 현실과는 사뭇 다르다.

다음은 잘못된 비유가 나타난 부분이다. 진부하거나 잘못된 비유는 그 의미를 정확하게 전달할 수 없을 뿐만 아니라 작품의 질을 떨어뜨리는 원인이 되기도 한다.

늪 앞에 서면 꼭 갓 태어난 아기개미가 된 느낌이 들었다.(21쪽)

갓 태어난 아기개미의 느낌이란 어떤 것일까. 늪의 거대함에 비해 왜소한 자신을 표현하려고 하는 것인데, 개미 정도로만 표현해도 좋을 것이다. 샘이가 어린애라고 아기개미라고 비유한 모양인데, 굳이 그렇게 해야 할 까닭이 없다.

이와 더불어 잘못된 비유나 진부한 비유도 거슬리는 부분이다.

새침한 표정으로 자리에 와 앉으니 순홍이 얼굴은 까치가 먹다 남긴 홍시처럼 붉게 달아오르고 있었다.(61쪽)

샘이가 순홍이를 좋아한다는 것을 반 아이들에게 말하고 자리에 앉고 난 뒤의 일이다. 순홍이 얼굴이 '까치가 먹다 남긴 홍시처럼 붉게 달아오른다' 고 하는데, 어떤 것일까. 까치가 먹다 남긴 홍시라는 표현이 색다르다고 받아들일 수는 있지만, 오히려 이 비유는 '먹다 남긴 홍시 속처럼 붉다' 고 해야 더 정확하고, 그러지 않으면 그냥 '잘 익은 홍시처럼 붉다' 고 하는 것이 더 좋은 표현이다. 이런 잘못된 비유는 속담을 잘못 사용한 표현에서도 나온다.

후회를 해 보지만 이미 엎질러진 코코아고 오렌지 주스다.(40쪽)

엎질러진 물이라는 속담을 아이들의 입장에서 표현해본 것인데, 어색하기만 하다. 어색한 속담은 차라리 그대로 살리는 것이 더욱 좋을 것이다. '쏘아 놓은 살이요, 엎지른 물이다' 라는 속담의 원형을 잘 살려서 아이늘에게 전달하는 것도 우리 속담의 의미에 내재된 뜻을 파악하는 일이 될 것이고, 조상들의 슬기를 배울 수 있는 계기가 되기도 할 것이다. 속담을 아이들에게 바르게 전달하는 것도 작가의 몫일 것이다.

## 5.

　우포늪이라는 자연 공간은 많은 작가들에게 문학의 소재가 되고 있다. 우포라는 자연은 그 순수성이 동심에 닿아 있고, 이를 소재로 한 동화는 그만큼 순수한 감동을 준다. 자연은 어른들의 세계에서 볼 때 개발과 노동과 삶의 터전일 수 있지만, 아이들의 세계에서 볼 때는 가장 훌륭한 스승이고 동화(同化)의 대상이다. 자연만큼 겸허한 것도 없지만 자연만큼 위대한 것도 없다. 자연은 인간과 더불어 살아가야 하는 최초이자 최후의 공간이다. 그 자연과 더불어 사색하고 꿈꾸는 아이야말로 가장 행복한 아이일 것이다. 자연의 순행 질서 속에서 사람들과 부대끼면서 살아가는 것이 가장 아름다운 삶일 것이다. 그런 자연의 공간이 내내 아쉬운 것도 이 때문이다.
　그러나 요즘의 아이들은 산업화와 자본주의 사회가 도래하면서 아이들이 누려야 할 가장 기본적 삶의 여건을 빼앗기고 있다. 동화에서 자연을 소재로 다루는 작품이 많아야 하는 까닭이 여기에 있다. 자연 속에서 아이들은 더불어 살아가는 지혜를 배울 것이다. 자연과 인간은 영원히 공존해야 하는 대상이다. 이 동화의 장점은 자연과 더불어 살아가면서 삶의 고통을 자연스럽게 극복한다는 데 있다.
　이렇게 순수한 자연을 소재로 한 동화가 그 자연을 잘못 드러내고 있다면 작가는 심각한 반성을 해야 할 것이다. 동화는 아이들이 읽지만, 잘못된 지식을 전해주어서도 안 되고 잘못된 판단을 심어주어서도 안 될 것이다. 어른들의 소설보다도 동화작가가 스스로에게 더 철저하고도 정확해야 하는 이유는, 아이들은 어른들의 가르침에 따라 성장하기 때문이다. 동화작가는 때론 아이들의 시선으로 세상을 바라보기도 해야 하고, 더러는 아이들의 환상을 쫓아보기도 해야 하며, 아이들의 고통을 함께하는 시간도 필요하다. 이 시대 동화작가의 일들이 많다는 것을 자각해야 할 것이다. 그런 점에서 동화작가는 나날이 바쁘고 치열한 삶을 살아야 할 것이다.

《시와 동화》(2005년 가을호)에 실린 권정생의 동화「엄마하고 수진이의 일곱 살」을 곱살스럽게 읽었다. 이 동화는 어른과 아이들의 심정을 동시에 드러내는 방법이 탁월하다. 그것은 아이들의 마음과 어른들의 마음을 동시에 꿰뚫어 보려는 작가의 진지한 태도에서 비롯하기 때문이다. 세상 어디에 내놓아도 동화작가일 뿐인 권정생의 동화를 곱씹어 읽으면서 오늘의 동화작가들은 그 시선을 어디에 두어야 하는지를 곰곰이 생각해보았으면 한다.

# 가족의 해체, 그 우울한 밑그림

– 배봉기 글, 박지영 그림 『실험가족』

## 1. 동화의 위기

장 폴 사르트르와 시몬 드 보부아르의 계약결혼은 자본주의 시대 결혼의 실험형태를 보인 하나의 사례였다. 사르트르와 보부아르는 사르트르와 마리의 관계, 보부아르와 미국인 작가 넬슨 올그런의 관계를 서로 알고 있으면서도 아무런 간섭을 하지 않았다. 가족이 계약으로 성립될 수 있다는 것은 자본주의 사회의 소산이다. 리프킨의 말처럼, 물질이 지배하는 사회에서 모든 관계는 접속이라는 계약관계로 성립될 수 있다. 문화도 상품일 뿐이고, 인간도 하나의 상품일 뿐이다. 그것은 결국 가족 관계의 해체를 불러왔다.

현대사회의 물질 자본주의가 어른들의 세계를 지배하고 있다. 자본의 논리가 판을 치는 세상에서 그나마도 물들지 않는 것이 있다면 그건 바로 동심의 세계일 것이다. 그런데 최근의 동화는 어른의 세계가 그대로 반영되곤 하는 경향이 있다. 그만큼 어른들의 사고나 행동양식이 아이들의 세계에 많은 영향을 주고 있다는 말이다. 동화에서는 종종 이런 상황을 이겨내는 방법을 제시하기도 한다. 어른들의 잦은 이사로 친구를 잃는 이야기라든지, 어른들의 폭력에 맞서는 아이들의 이야기들은 어른들의 삶이 아이들의 삶에 직접 영향을 끼친다는 사실을 잘 말해주고 있다. 어른들의 삶이 무너지면서 아이들의 세계도 더 이상 안전지대가 되지 못하고 있는 것이다.

## 2. 위험한 발상

배봉기의 동화 『실험가족』은 어른들의 재혼을 둘러싼 아이들의 갈등과 화해를 다루고 있다. 재혼은 어른들의 문제이면서 동시에 아이들의 문제이다. 그러나 그 발단은 어른들이 만들어낸 것이다. 불의의 사고로 어쩔 수 없이 부모를 잃어버리는 경우도 있지만, 그보다는 어른들의 잘못된 선택 때문에 일어나는 경우가 훨씬 많다. 나날이 증가하는 이혼은 아이들의 문제 때문이라기보다는 어른들이 동기를 유발한 것이다. 어른들이 만들어낸 잘못된 상황에 아이들은 영문도 모른 채 적응해나가야 한다. 이혼율이 증가하는 시대이니만큼 이런 동화가 한 편쯤 필요할지도 모른다. 그런데도 이 동화를 읽고 난 뒤의 생각은 그리 달갑지 않다. 그것은 부모의 이혼과 재혼으로 발생하는 가족의 해체를 아이의 힘으로 극복해야 한다는 사실 때문이다. 더 나아가 이 동화처럼 가족이 해체되고 있는 시대에 아이들에게만 그 환경에 적응하라는 것처럼 들려서 더 우울해진다. 동화 『실험가족』은 이러한 위험한 발상에서 출발한다.

이 동화는 초등학교 6학년 박영수와 유민호의 가족 이야기이다. 이 동화의 전체 시간은 5학년 겨울방학 때부터 6학년 여름방학 때까지이다. 초등학교 5학년 겨울방학 무렵 민호 가족은 영수네 아파트 부근으로 이사를 온다. 이곳으로 와서 민호 아빠는 대학 시절 같은 연극반에서 활동을 했던 영수 엄마를 만난다. 민호 아빠는 철학박사이고, 대학에 출강하면서 간혹 번역 일과 논문을 쓰기도 한다. 영수 엄마는 출판 관련 일을 한다. 이 두 가족은 각각 불우한 처지에 놓여 있다. 민호는 엄마가 없고 영수는 아빠가 없다. 서로 상황이 다르고, 부모가 헤어져야만 했던 환경도 다르다. 민호 엄마는 고등학교 역사 선생님이었다. 민호가 1학년 때부터 자주 앓았는데, 2학년 2학기 때 위암 판정으로 받고 3학년 봄에 죽었다. 영수 아빠는 영수가 네 살 때 로스앤젤레스 지사에서 파견근무를 했는데, 그곳에서 다른 여자를 만나 재혼을 한다. 2년간 파견 근무를 끝내고 돌아와 영수 엄마와 이혼을 하면서 영수 엄마는 혼자서 영수를 키운다.

민호 아빠와 영수 엄마는 각자의 가족에게 최대한의 배려를 해주면서 재혼을 하려고 한다. 처음에는 서로서로 번갈아가며 차를 마시는 시간을 갖기로 한다. 아이들과 서로 친밀하게 지내기를 바란다. 그러던 중 두 가족은 서해안 작은 해수욕장으로 여행을 간다. 그곳은 민호 아빠와 영수 엄마의 대학 시절 추억이 남아 있는 곳이다. 그곳에서 민호네 가족과 영수네 가족은 서로 합치기로 한다. 그리고 서로 뜻이 맞는지 확인하기 위해서 약 3개월간 함께 살아보기로 한다. 두 아이들은 마지못해 약속을 한다.

그러나 두 가족이 서로 합쳐서 사는 동안 영수와 민호는 사사건건 부닥치는 일이 많아진다. 약 3주일이 흐른 뒤 영수는 동철이와 태식이를 시켜서 민호를 때리게 한다. 이 사건으로 약속은 깨지고, 두 가족은 다시 원래대로 돌아간다. 민호가 영수의 집을 떠나고 난 뒤 영수는 억지로 약속을 깨뜨린 일을 후회한다. 영수는 민호에게 사과를 하고, 민호도 영수네 가족에게 미안하게 생각한다. 영수와 민호는 서로 친해지고, 영수 엄마의 생일파티를 준비하게 된다. 이 일을 계기로 다시 번갈아가며 차를 마시고, 여름방학을 이용하여 동해안으로 여행을 떠나기로 한다. 처음부터 다시 실험가족을 해보기로 한다.

도대체 실험가족이란 무엇일까. 이 동화의 제목에서 오는 부담감은 가족의 개념에 대한 혼란을 불러일으킨다. 가족관계가 이제 실험의 대상이 되고 있는 동화가 있다니. 의아심과 함께 조바심이 생겨서 빠르게 읽었다. 아니나 다를까 이 동화를 읽고 나서 감동보다는 이성적 비판이 앞선다. 가족은 실험의 대상이 아니라는 생각이 들었다. 가족은 살아보고 말고 할 대상이 아니라는 것이다. 부부는 사회의 관습으로 맺어지는 것이지만 가족이라는 말은 혈연관계로 맺어진 불가분의 관계이다. 부부는 계약과 실험이 가능한지 모르겠지만 가족은 실험의 대상이 될 수 없다. 부부라는 계약관계가 아이를 갖게 되면서 필연관계로 바뀌는 것이다.

　필연관계에 있는 가족의 개념이 실험의 대상이 되고 있다. 그만큼 세상이 각박하게 바뀌어가고 있다는 말이다. 이혼과 재혼을 둘러싼 어른들의 갈등이 결국 아이들의 세계에까지 영향을 미친 것이다. 각기 다른 환경에서 다른 조건으로 가족관계가 무너진 두 가족이 만나면서 문제가 발생하지만, 이 만남에는 여전히 문제가 따를 수밖에 없다. 그 문제를 실험해본 것이다. 그러나 이 가족의 만남에서 문제가 되는 것은 어른들이 아니라 아이들이라는 사실이다. 두 아이의 이해가 필요하다는 말을 전제하면서 행해지는 실험가족의 형태는 어른들의 문제를 아이들이 함께 풀어가야 한다는 어른들의 욕망이 표출된 것이다. 어른들의 재혼 문제를 아이들과 함께 풀어가려는 작가의 태도를 성실하다고 받아들여야 할 것인가, 안일하다고 받아들여야 할 것인가. 이 동화의 혼란은 여기서부터 시작한다. 이혼과 재혼의 환경에 놓인 아이들에게 민호와 영수처럼 화해하고 가족으로 편승하기를 바라는 어른들의 욕망이 이 동화에 개입되어 있는 것은 아닐까.

　가족은 인간관계의 출발이면서 도착점이다. 가족이 해체되고 무너지더라도 그 혈연관계는 어쩔 수 없는 노릇이다. 그러나 '실험가족'이라는 말은 다시 따져보면 '실험해보는 가족'이라는 말이다. 가족은 인류의 역사가 시작되는 최초의 단위이고, 공동체를 형성하는 근본 단위이다. 서구 자본주의가 이 땅에 도래하면서 모든 사고의 유형이 합리와 이해타산의 관계로 바뀌었다고 해도 가족관계는 그렇지 않아야 할 것이다. 그러나 아무리 그렇지 않아야 한다고 부정해도 세상은 그쪽으로 향하고 있지 않은가. 그러니까 아이들이 이런 동화를 읽어서 세상에 적응해나가야 한다는 복선이 이 동화에는 깔려 있다.

　이 동화가 위험한 것은 바로 여기에 있다. 가족은 정신과 물질, 혹은 혈연으로 묶여 있는데, 이것을 실험한다는 것은 있을 수 없는 일이다. 아무리 이성이 지배하고 합리적인 사고가 지배하는 시대를 살아가더라도 인간이 영위하는 기본적인 가치는 있는 법이다. 가족의 문제는 서로 솔직하게 그 경위를 말하면서 풀어가는 것이 가장 중요할 것이다.

　이 동화는 아이들을 충분히 배려하고 있음에도 불구하고 어른들이 그들의 솔직한 심정을 숨기고 있기 때문에 문제가 있다. 영수 엄마와 민호 아빠는 서로 사랑을 고백하고, 두 가족이 무난하게 합칠 수 있는 시간과 인내를 가져야 할 것이다. 아이들이 친해지기를 바라는 마음에서 억지로 합쳐서 실험해보는 행위야말로 아이들의 인격을 무시하는 태도가 아닐 수 없다. 이혼과 결별의 사유가 뚜렷하고 이미 아이들도 어느 정도 이해하고 있는 상황에서 굳이 어른들의 사랑을 감출 필요가 있을까. 이 동화가 못마땅한 점은 아이들에게 어른들의 위선을 보인다는 것이다.

　영수와 민호의 사귐을 전제로 하기 전에 어른들이 아이들에게 충분히 이해할 수 있도록 해야 한다. 그것은 어른들이 아이들을 위해 할 수 있는 최소한의 배려이다. 그런 점에서 이 동화는 어른들 위주로 판단한 동화이지 아이들 위주로 쓴 동화가 아니다. 어른들이 만든 상황에서 어떻게 어른들이 아이들에게 이해해 달라는 말을 할 수 있는가. 아빠가 힘드니까 이해해 달라, 엄마가 바쁘니까 이해해 달라고 하는 것이 어른들의 기준이듯이, 재혼하는 부부가 어른들끼리는 서로 사랑하고 친하지만 너희들의 이해가 필요하다고 말하는 것은 어른들이 아이들에게 본질을 숨기는 일이다. 동화의 본질은 아이든 어른이든 솔직하고 순박한 마음을 담아내는 데 있다. 어른의 위선이 아이들의 진정한 마음을 이용한다면 그것은 바람직한 동화가 아닐 것이다.

각기 다른 성격의 아이들이 한 가족으로 산다는 것은 아이들에게 엄청난 충격이고, 그것을 현실로 받아들인다는 것은 너무도 힘든 상황일 것이다. 그런데도 이 동화는 영수와 민호의 화해, 그리고 영수의 급격한 성격 변화에서 어정쩡한 가족의 화해를 이끌어낸다. 이는 논리성이 결여되어 있다. 적어도 민호와 영수가 화해할 수 있는 근거는 부모의 정당한 방법에서 기인한다. 왜 이혼을 했으며 왜 엄마가 없는 상황에서 엄마가 필요한지에 대한 문제를 작품 속에서뿐만 아니라 이 작품을 읽는 독자들에게도 설득할 수 있어야 한다. 그런데 이 동화는 그런 설득력이 없다.

이 동화는 어른들의 욕망을 감추면서 아이들을 구속하는 동화이다. 아이들이 실험가족이라는 제목에서 갖는 호기심에 유혹되지 않기를 바란다. 앞에서 말했듯이, 가족은 실험의 대상도 아니고 실험적으로 살아야 할 이유도 없다. 재혼의 상황에 놓인 가족 구성원이 가족으로서 최선을 다하는 길은 이해와 사랑뿐이다. 재혼하는 부모들의 사랑을 아이들에게 보여주고, 그 사랑이 서로 다른 환경의 아이들에게 미쳐야 할 것이다. 이혼율이 높아가는 시대에 아이들의 양보를 요구하는 것은 아이들에게 또 다른 멍에를 씌우는 행위가 아닌지 곰곰이 생각해볼 일이다. 어른들의 잘못으로 이루어진 일을 아이들에게 전가하는 행위는 하지 말아야 할 것이다. 가족의 문제를 다룬 동화를 읽으면서 우리는 우울한 현대 사회의 밑그림을 목도한다.

## 3. 몇 가지 문제

(1) 욕망과 구속

이 동화는 재혼을 성취시키기 위한 어른들의 욕망과 이를 위해서 아이들에게 가해지는 구속이 바탕에 깔려 있다. 아이들을 이해하려는 어른들의 노력이 있긴 하지만, 기실은 그 노력과는 다르게 아이들을 구속하는 심리적 정황이 있다.

> "아빠는 분명 민호에게 약속할 수 있다. 민호가 정말 원하지 않으면 어떤 일도 하지 않을 거라는 것을 말이다. 그러니까 민호도 아빠에게 약속해 주면 좋겠다. 앞으로 아빠와 이 문제를 더 이야기하고, 아빠의 마음을 이해하려는 노력을 하겠다는 것을 말이야. 그럴 수 있겠지?"(30쪽)

이 부분은 합의와 사랑과 이해에 의해 이루어지는 것이 아니라 아빠의 설득으로 이루어진다. 아빠는 새엄마를 사랑하지만 민호가 싫어한다면 하지 않을 거라고 한다. 새로 이루는 가정은 어떤 가정일까? 민호가 더 중요하고 새 식구는 중요하지 않다는 말인가. 사랑하는 마음으로 맺어지려면 적어도 민호에게 새엄마에 대한 사랑의 의미를 전달하고, 그 사랑 때문에 우리는 가족이 되었으면 좋겠다고 설득하는 편이 나을 것이다. 아직은 사랑에 대해서 잘 모르는 민호에게 말하기가 곤란하다면, 좀 더 멀리 내다보고 언젠가는 이해해줄 것이라는 전제를 두는 것도 좋다.

그러나 이 부분에서는 그런 배려가 없다. 너희가 반대하면 부모의 사랑은 아랑곳 않겠다는 것이다. 부모가 지나친 자기 본위의 사랑만을 강조하다가 아이의 선택을 무시하는 것도 옳은 일이 아니지만, 아이가 싫어한다면 물러서겠다는 행위도 어쩐지 솔직한 표현은 아닌 것 같다. 부모는 진정 사랑하는데, 아이가 이해할 수 있는 방법은 없을까. 이 동화는 아이들이 서로 친해질 수 있는 계기를 만들어주는 것이 필요하다고 하면서 아이들에게 선택권을 주는데, 이 선택의 문제는 아이들을 오히려 구속하는 행위가 된다. '실험가족'은 이 문제를 곰곰이 생각해야 한다.

> 몇 시간이 지난 지금도 그런 느낌은 변함이 없다. 그리고 아빠의 말에 찬성하고 싶은 마음이 전혀 들지 않는다.
> 민호는 처음 이 문제를 생각했을 때의 마음으로 돌아간 기분이 들었다. 생각하기만 해도 무조건 싫고, 화가 나고, 견딜 수 없는 기분.(35쪽)
> 내키진 않았지만 반대할 뚜렷한 이유가 없었다. 영수는 고개를 끄덕였다. 아저씨는 이번에는 민호에게 물었고, 그 녀석도 고개를 끄덕였다.(50쪽)

이것이 솔직한 아이들의 생각일 것이다. 아이들과 솔직한 대화를 나누고 아이들의 마음을 잘 이해해준다는 민호 아빠의 입장인데도 민호는 전혀 찬성하고 싶은 마음이 들지 않는다. 이 마음은 쉽사리 바뀔 수 있는 마음이 아니다. 마음속에 자리 잡은 어머니에 대한 인상은 사라지지 않을 것이다. 어쩌면 이것은 영원히 풀 수 없는 문제일지도 모른다. 그렇다면 부모들이 재혼한다는 사실은 아이들에게 해결할 수 없는 정신적 공백을 안겨줄 것이다. 여기에는 실험의 대상이 개입할 여지가 없다. 진정으로 사랑해주고 이해해줄 수 있는 사랑만이 필요할 뿐이다. 이 공백은 짧은 시간 안에 이루어질 수 있는 것이 아니다. 이 이야기의 시간적 흐름인 봄부터 여름까지 몇 달 만에 민호와 영수의 관계, 민호와 영수 엄마, 영수와 민호 아빠의 관계가 메워지지는 않을 것이다. 이 때문에 작가는 차를 마시는 상황 설정과 3개월간 함께 살아보는 엉뚱한 상황을 설정하였다. 그러나 이것은 어디까지나 어른들이 자신들의 욕망을 실현시키기 위한 행동일 뿐이다.

식사 후에 거실에서 차를 마시고 과일을 먹을 때였다. 아저씨가 한 가지 제안을 하겠다면서 말했다.
(…중략…)
"그래서 말인데. 우리 이렇게 하면 어떨까. 우선 서로 친해지기 위해서 저녁마다 잠깐씩 만나 차 마시는 시간을 갖는 거야. 식사를 준비하려면 부담되니까 간단히 차를 마시는 정도로 하는 거지. 돌아가면서 저녁 식사 후 알맞은 시간에 서로 방문하면 좋을 것 같아." (49쪽)

이 제안은 어른들이 자신들의 생각을 아이들에게 관철시키기 위한 행동이다. 서로 친해지기 위해서 억지로 차 마시는 시간을 만들 것이 아니라 시간이 지닐 때까지 기다리는 것이 어른다운 행동일 것이다. 이런 상황 설정보다는 집안의 무슨 일이 있을 때 가끔씩 만나면서 서로 얼굴을 익히고, 서로의 관계를 서서히 알게 하는 것이 나을 것이다.

그동안을 견디어내는 어른들의 성숙한 사랑법도 아이들에게 보여주어야 할 것이다. 실험가족의 형태를 시도해보는 것이 기발하기는 하지만 정상적인 상황은 아니다. 정상적이지 않은 상황을 놓고 아이들에게 이해를 구하는 것은 바람직한 태도가 아닐 것이다.

아이들에게 정상적인 어른들의 사랑을 보여주고 솔직하게 표현함으로써 새로운 가족 구성원을 이해하는 계기를 마련해야 할 것이다. 재혼에서 오는 가족의 이질감을 슬기롭게 극복하는 것은 새로운 가족끼리 친하게 지내는 것만이 능사가 아니다. 그 바탕에는 서로에 대한 존경과 사랑이 전제되어야 한다. 동화『실험가족』에서 그렇게 했는데 우리도 그렇게 해보자는 식의 기발한 생각이 과연 재혼 가족의 현실에 맞는 것일까.

기왕에 '실험가족'이 되려면 한 집이 다른 집에 들어가서 불편한지 불편하지 않은지 실험할 것이 아니라, 어른들이 서로의 사랑을 부드럽게 아이들에게 전달하고, 그 사랑을 통해서 새롭게 만나는 가족에 대한 신뢰와 존경으로 이어가도록 해야 한다. 민호 아빠와 영수 엄마는 대학을 졸업하고 14년 만에 만났고, 만난 지 불과 몇 개월 만에 가족 구성원을 형성하려고 한다. 두 사람은 대학의 추억을 공유하고 처지가 비슷하기 때문에 서로 위안을 얻기 위해서 급격히 가까운 사이로 변했다고 할 수도 있다. 그렇다면 영수 엄마와 민호 아빠는 홀로 지낸 세월만큼 새로 만나는 아이들과도 적당한 거리를 두고 서로를 이해할 수 있는 계기를 주어야 한다.

정식으로 재혼을 하지 않은 상태인데도 3개월만 함께 살아보겠다는 제안은 설득력이 없고 이웃의 비난만 받을 뿐이다. 이 때문에 실험가족은 결국 실패하고 만다. 그것은 아이들도 눈치 챌 정도로 계획된 행동이다.

> 엄마의 말이 맞다는 생각이 들었지만, 마음 한 구석에는 싫다는 생각이 떠나지 않았다. 그러나 무턱대고 싫다고 할 수도 없었다. 그건 어린애들이나 부리는 어리광이었다.(57쪽)
> 이미 엄마하고는 이야기가 된 것 같았다. 영수도 그 정도는 눈치로 짐작할 수 있다.(50쪽)

이렇게 아이들은 착하다. 어른들이 온갖 제안으로 그들의 솔직한 심정을 숨기면서 아이들을 친하게 하려고 하지만, 영수와 민호는 그런 어른들의 입장을 이해하려고 한다. 작가는 이런 아이를 바랐던 모양이다. 영수가 어릴 때부터 혼자가 된 엄마는 고압적이다. 그런데도 영수는 그런 엄마의 심정을 이해한다. 아이들에게 놀림을 받지 않기 위해 혼자서 살아가는 법을 배우고, 혼자 살고 있는 엄마의 심정을 헤아릴 줄 아는 아이이다. 이 점은 민호도 마찬가지이다. 그렇다면 민호 아빠와 영수 엄마는 더 이상 숨길 필요가 없다. 그동안 혼자 살았는데 이제 사랑하는 사람이 생겼고 재혼을 해야겠다고 말해야 한다. 재혼의 필요성을 아이들에게 설득하는 것이 바람직한 어른의 태도이지, 본질을 숨기면서 아이들에게 눈치를 보게 하고 무리한 약속을 하는 것은 결코 어른답지 못한 행동이다. 실험가족이라는 재미있는 상황을 설정하긴 했지만, 그것은 여러 가지 무리한 상황 설정으로 몰아가는 단초를 제공할 뿐이다.

(2) 무리한 상황설정

"그리고 너만 아는 일이니까 입 꼭 다물고 있어. 나중에 정식으로 한 가족이 될 때 시골 부모님에게도 알리고 그럴 거야."(60쪽)

이것은 무리한 설정이다. 이 어색한 관계를 만드는 것은 아이들을 실험하는 상황이다. 어른들은 이미 준비가 되었는데 아이들이 잘 적응하지 못할 것 같으니까 함께 있는 시간을 만들어보는 것이다. 그래서 재혼한다는 것도 3개월 뒤로 미루고 일단 가족으로 편승시켜보려는 것이다. 이웃의 눈총과 아이들의 소문 따위는 상관없이 실행에 옮기는 무리한 상황 설정은 결국 아이들을 곤경에 빠뜨리고 만다. 민호는 아이들에게 따돌림을 받고, 결국 상황을 이겨내지 못하고 원래 살던 집에 혼자 있다가 오기도 한다. 이렇게 무리한 상황은 이사한 집에서도 드러난다.

이모가 쓰던 방을 오늘부터 민호 그 녀석이 쓰게 된다. 영수는 그대로 방을 쓰고 엄마도 그대로 안방에서 자기로 했다. 아저씨는 거실에서 소파로도 쓸 수 있는 침대에서 자기로 했다.(62쪽)

특히 이 부분은 어색하기 이를 데 없다. 아빠가 민호와 같은 방을 쓰고, 영수는 엄마와 함께 안방을 사용하는 것은 어떨까. 민호 아빠가 잠은 거실 소파에서 자지만, 공부는 안방 책상에서 한다. 안방은 엄마가 자는 방이기도 하지만, '아저씨와 엄마의 공동 공부방'(86쪽)이기도 한 것이다. 이 모든 상황은 제대로, 그리고 솔직하게 설정되어 있지 않다.

"그냥 해 본 소리야. 그러니까 신경 쓰지 말라니까. 오늘은 이 숙달된 요리사가 생태찌개를 해 놓을 테니까 퇴근하면 곧바로 오라고."(90쪽)

민호 아빠가 영수 엄마와 나누는 대화이다. 영수 엄마는 민호 아빠가 아침을 제대로 먹지 않아서 걱정을 한다. 저녁에 족발을 사오라는 부탁을 하자 영수 엄마는 거리가 멀어서 사 오지 못할 것 같다는 얘기를 하는데, 민호 아빠는 저녁에 생태찌개를 해놓겠다고 한다. 이 부분은 3개월간 부부관계를 실험하는 두 사람의 대화치고는 일정한 관계성을 넘어선 것 같은 인상을 준다. 정말 이 두 사람은 솔직한 실험관계에 있는 부부인가? 이와 같은 어른들의 솔직하지 못한 행동이 아이들을 혼란에 빠뜨린다.

선생님은 아직 민호네 일을 모르지만, 소문이 쫙 퍼져서 아이들은 다 안다.(78쪽)
며칠 전 비디오 가게에 갔을 때였다. 가게의 뚱보 아저씨가 영수를 보고 히죽히죽 웃었다. 그 표정이 정말 기분 나빴다. 틀림없이 민호네랑 사는 것 때문에 그럴 것이다.(92~93쪽)

가정일인데 어떻게 아이들에게 소문이 쫙 퍼질 수 있을까. 영수와 민호가 얘기하지는 않았을 터이고, 실제로 소문이 났다면 최근 민호의 행동을 의아스럽게 생각하고 있는 선생님도 알 수 있을 것이다. 이 부분은 무리한 상황 설정이다. 영수네의 사정을 동네 사람들도 모두 알고 있고, 그 소문이 학교 아이들에게까지 퍼져 있는 상황에서 두 아이는 얼마나 혼란스러울까. 그러나 이런 상황에 놓여 있음에도 불구하고 두 아이는 약속을 지키기 위해 노력한다.

엄마와 단 둘이 살 때는 아무 걱정도 없이 좋았다. 괜히 함께 살겠다고 약속을 해서 고생이라는 생각이 든다.(94~95쪽)

어른들의 반 강요로 시작된 실험가족의 유형은 아이들의 자유로운 선택을 막는다. 약속을 지키기 위해 노력하는 두 아이와는 대조적으로 어른들은 무난하게 적응을 한다. 실험가족은 아이들을 위한 것이 아니라 어른들이 마음대로 조작한 것이다.

"얼굴을 때리면 표시가 날 텐데. 혼을 내 줘도 표시가 안 나게 해야지. 그래야 안 때렸다고 잡아뗄 수 있지."(98쪽)

영수가 태식이와 동철이에게 부탁을 해서 민호를 때리게 하는 장면이다. 그런데 이 아이들의 대화가 심상찮다. 표시 안 나게 때리는 방법까지도 알고 있고, 책임은 영수가 지겠다고 하면서 행동에 옮긴다. 영수가 약속을 깨뜨리기 위해 쓰는 방법치고는 너무 교묘하기도 하지만, 표시 나지 않게 때리는 부분에서도 상황 설정은 잘못되고 말았다.
다음 장면에서 두 아이는 테니스장 부근에서 민호를 만나 부탁한 일을 하게 되는데, 민호의 말이 채 끝나기도 전에 주먹으로 민호의 코를 때린다. 다음 동작에서 아이들은 민호의 눈 주위를 때린다. 이 동화의 그림에는 처음부터 끝까지 민호가 안경을 쓴 모습으로 나온다. 동화의 내용에서는 민호가 안경을 끼고 있다는 말이 서술되어 있지 않지만, 그림에서는 안경을 낀 모습이다. 그렇다면 이 부분은 잘못되었다. 안경을 낀 민호의 코를 때리고 눈 주위를 때린다는 것은 상황에 어긋나는 부분이다.

그리고 이어지는 장면에서 민호는 이번 일을 곰곰이 생각하는데, 이 일이 영수가 약속을 깨뜨리기 위한 행동임을 간파한다. 민호가 생각이 깊은 아이라는 사실이 이 동화에서 여러 차례 강조되고 있기는 하지만, 민호가 영수의 돌발적인 행동에 대해서 약속을 깨뜨리기 위한 것이라고 생각하는 부분은 민호의 침착성을 지나치게 과장한 상황이라고 할 수 있다. 그리고 민호는 한참을 생각하다가, 이 일을 알리는 것은 잘하는 일이 아니라는 판단을 내린다.

> 그러나, 한참 더 생각하고 민호는 고개를 저었다. 그건 민호가 가장 싫어하는 일이었다. 바로 '고자질' 말이다.(107쪽)

민호의 영특함이 잘 나타나는 부분이다. 영수가 약속을 깨뜨리기 위한 것임을 알면서 끝내 말하지 않는 것은 약속을 깨뜨리려는 영수의 생각에 따르지 않으려는 것이 아니라, '고자질' 하는 것이 나쁘기 때문에 실행에 옮기지 않는 것이다. 민호도 영수가 싫고 실험가족으로 사는 것이 싫었다면, 영수의 일을 말함으로써 약속이 깨지게 해야 한다. 그런데 이 일은 엉뚱하게도 세탁소 아줌마를 통해서 알려진다. 결국 영수의 입에서 사실이 밝혀지고, 두 집은 원래대로 돌아간다. 이 사건이 일어난 다음에도 여전히 무리한 상황은 이어지고 있다.

영수가 씩 웃으며 일어났다.

"사과를 하고 나니까 속이 다 시원하다. 그 애들도 사과시킬 게."(132쪽)

영수가 다른 아이들을 시켜서 민호를 때리게 한 사건 때문에 약속은 깨지고 민호는 그 전의 집으로 돌아간다. 부모들이 아이들을 위해 용단을 내릴 수 있다는 점은 본받을 만한 일이다. 그런데 원래대로 돌아가고 난 뒤에 영수는 집이 텅 비어 있다는 생각에 사로잡힌다. 더군다나 영수는 엄마가 민호네와 함께 살 때처럼 활기에 넘치지 않고 기운이 없다는 사실을 알게 된다.

이 때문에 영수는 스스로 반성하게 되고, 민호에게 약속을 깨뜨린 점과 민호를 때린 일에 대해서 사과를 한다. 그런데 영수가 민호에게 사과를 하는 것은 이해가 되지만, 때린 아이들이 사과하는 것은 어색하다. 민호는 그 아이들이 한 행동에 대해서, 영수가 시켜서 한 일이기 때문에 사과할 일이 아니라고 한다. 그런데도 영수는 다음날 두 아이를 데리고 나와 사과를 하게 한다. 영수의 사과로 민호는 모든 일이 풀렸다고 생각하는데, 막상 때린 아이들을 만날 때는 아직 감정의 여운이 남아 있다.

① 처음 그 아이들을 발견했을 때 민호는 순간 화가 났다. 맞을 때가 생각났기 때문이다. 민호는 천천히 걸어갔다.(134쪽)
② 민호는 고개를 끄덕였다. 사실 그저께 영수와 이 자리에서 이야기한 것으로 그 일은 끝났다고 생각했다. 그리고 이 아이들이 그런 것은 영수 때문이다. 영수와 잘 말했으면 된 것이다.(137쪽)

①과 ②는 동일한 장면이다. 영수가 민호를 때린 아이들에게 사과를 시킬 거라고 한 뒤에 일어난 일이다. ①의 상황에서 민호는 화가 났다고 한다. 그런데 잠시 후 그저께 이야기한 것으로 끝났다고 생각한다. 이미 민호는 다른 아이들의 사과를 받으려고 생각하지도 않았고, 영수한테 사과 받은 것으로 끝났다고 생각했다. 그런데 ①의 상황에서 다시 민호가 화가 났다고 하는 것이 논리적으로 맞는 말인지 모르겠다.

(3) 시점의 혼동

이 동화의 시점은 전지적 작가 시점이다. 그런데 군데군데 1인칭 시점을 함께 사용함으로써 지적하는 대상 인물의 혼란을 초래하고 있다. 전지적 시점이 객관적 거리감과 인물의 심리상황을 적절히 묘사할 수 있다면, 1인칭 주인공 시점은 인물의 심리에 초점을 맞추어 기술하는 데 용이하다. 통일된 시점의 단조로움을 피하고 아이들의 심리에 근접하려는 작가의 의도에도 불구하고 이 동화의 시점은 자못 혼란을 불러일으킨다.

① 민호는 옆에 앉은 영수를 돌아보았다. 그 아이는 창 밖에 시선을 둔 채 꼼짝도 않고 앉아 있었다./ 아빠가 아줌마의 말을 받았다.(54쪽)
② 더 기분 좋은 것은 어른들인 것 같았다./ 엄마는 백사장 앞에서 두 팔을 활짝 벌리며 '와아아—' 소리치며 솜사탕 같은 웃음을 날려 보냈다.(55쪽)

비슷한 지면에 나오는 부분을 인용하였다. ①은 민호의 시점에서 말하고 있기 때문에 '아빠가 아줌마의 말을 받았다'고 말하고 있다. 반면에 ②는 영수의 시점에서 말하고 있기 때문에 '엄마는 백사장'에서와 같이 말하고 있다. 전체 시점을 전지적으로 진술하고 있으면서도 각각 영수와 민호의 시점이 뒤섞여 있어서 서술상의 혼란을 초래하고 있다. 물론 여기에는 영수의 심리 상황과 민호의 심리 상황에 근접하려는 작가의 의도가 있다고 할 수 있지만, 정작 동화를 읽는 아이들에게는 매우 곤혹스러운 서술 방식이다.

### 4. 가족의 소중함

"그래, 무슨 말인지 알겠다. 같은 마음이었으면 책임도 같이 져야지. 아무튼 그 일로 너희들 마음의 키가 쑥 커진 것 같아 기쁘구나."(152쪽)

작가가 아이들에게 원하는 말은 바로 이것이다. 어른들의 힘듦을 알고, 가족이라는 말의 의미를 새롭게 인식하는 아이들의 행동을 원하는 것이다. 어떤 일을 계기로 아이들이 성장하는 모습을 지켜보는 것은 흥미로운 일이다. 실험가족의 유형을 통하여 아이들이 가족이란 무엇이며 어떠해야 하는가를 체험했다는 것은 이 동화가 전하는 주제의식이 잘 전달되었다고 할 수 있다.

가족이 해체되는 시대에 살고 있는 현재의 상황에서 가족의 진정성을 일깨우는 것은 가치 있는 일이다. 어른들이 아이들 중심으로 생각하고 아이들의 의견을 최대한 존경해주는 태도는 이혼과 재혼을 하면서 아이들은 내팽개치는 사람들에게 경종을 울린다. 더군다나 이 동화는 어른들보다 더 이해심이 있고 순박한 마음으로 세상을 보는 아이들에게 어른들의 이혼과 재혼이 주는 충격을 실감나게 표현하고 있어서 호감이 간다. 가족이 갖추어야 할 기본 덕목이 이해와 사랑이라면, 이 동화는 가족 구성원이 가져야 할 기본 덕목을 충실하게, 그리고 모범적으로 그리고 있다. 어른들의 감정에 앞서 아이들을 생각하는 배려도 본받을 만한 일이다.

　어려운 상황을 견디고 아이들에게 스스로 선택권을 줌으로써 그만큼 성장할 수 있는 계기를 마련해준다는 것은 이 시대 어른들이 해야 할 중요한 몫이다. 더러는 어른들의 강요로 구속당하는 이 시대의 아이들이 설 곳이 어디인지를 생각하고 고민하면서 더 이상의 실험가족이 나오지 않기를 희망한다. 가족의 해체 시대를 살면서 우리는 우울한 그림을 그리지 말아야 할 것이다. 이 동화를 통하여 가족의 소중함을 깨달았으면 한다.

# 의인동화, 그 한계와 새로운 가능성

– 배혜경 글, 김승연 그림 『착한 아이 사세요』

**1.**

동심의 표현이라는 기본에 충실하면서 아이들의 세계를 드러낼 수 있다면 그보다 더 좋은 동화는 없을 것이다. 동화가 아이들의 이야기이니 그저 옛날이야기를 들려주거나 아이들을 훈육하는 내용, 현실과 환상을 적당히 얼버무린 것이 아닐까 생각하면 오해이다.

동화가 어른들의 회고 취미로 '우리 어릴 때는 이랬지' 정도로 머무른다면 옛날이야기와 무엇이 다르겠는가. 아동문학이라는 장르가 엄연히 하나의 양식으로 존재한다면, 동화의 틀과 동화의 전달 방식도 하나의 양식이 있는 것이다. 근대 동화가 아이들에게 교훈을 준다든가 동심을 자극하는 내용이 주류를 이루었다면, 현대 동화는 교훈주의와 동심천사주의를 극복하는 데 있다.

아동문학이 현대라는 시대성과 아이들의 다양한 감수성을 통합적으로 보여주기 위해서는 아이들의 시선으로 아이들의 이야기를 담아내는 것이 필요하다. 아이들의 시선으로 동화를 쓰고, 아이들의 마음을 그대로 읽어내고, 아이들의 현실을 적확하게 표현한다면 그보다 더 좋은 동화는 없을 것이다. 그런데 현실적으로 이 모든 것을 소화할 수 있는 작품은 그리 흔하지 않다.

현대 아동문학이 의인동화의 상투성을 벗어나고, 옛날이야기 정도의 교훈성만이라도 벗어나는 것이 그나마 도식주의를 벗어나는 길이 아닐까 생각한다. 현대의 동화는 동심을 자극하는 소재나 동심이 천심일 것이라는 보편주의를 벗어나 새롭고 다양한 아이들의 모습을 담아내려는 작가의 시선이 필요하다. 최근에 출간된 여러 동화를 읽으면서 시대는 현대인데도 불구하고 동화작가의 시선은 여전히 근대의 시선에 머물러 있는 것 같아서 안타까운 적이 한두 번이 아니었다.

인터넷 세대를 살아가는 아이들, 자기표현이 강한 아이들, 교육이라는 집단 폭력에 희생되는 아이들이 함께 살아가는 이 시대는 아이들이 진정 읽어야 할 동화가 무엇인가를 진지하게 고민할 때이다. 동화가 도식주의 전달방식에서 벗어나 새로운 패러다임으로 전환할 때라고 생각한다.

## 2.

　배혜경의 동화집 『착한 아이 사세요』를 읽으면서 우리 시대 동화작가는 할 일이 참 많다는 느낌이 들었다. 다양한 이야기를 어떻게 전달할 것인가의 문제도 고민해야 하고, 아이들에게 교훈을 주는 이야기를 어떻게 표현해야 할 것인가의 문제도 염두에 두어야 한다.
　이 문제를 등한시하다 보면 '그 나물에 그 밥'이라는 획일성에 빠지기 쉽다. 뻔한 이야기와 늘 말하는 교훈적 덕목은 아이들에게 식상한 주제일 뿐이다. 동화는 부모의 잔소리와 진배없는 이야기가 되어서도 안 되지만, 억지로 짜 맞춘 이야기라는 느낌을 주어서도 안 된다. 이를 염두에 두어야 하니 동화작가가 할 일이 많다는 것은 당연한 말이다.
　이 동화집에는 모두 11편의 동화가 실려 있는데 이를 분류해보면, 옛날이야기를 재구성한 동화 「농부가 된 농부」, 「짧은 귀를 가진 토끼」, 사물에 빗댄 의인동화 「흙과 나무이야기」, 교훈을 주기 위한 우화 「임금님의 유언」, 공상적 요소를 가진 판타지 동화 「착한 아이 사세요」, 「연꽃목걸이」, 생활의 이야기를 그대로 담은 동화 「화가와 그림」, 「환경미화원이 된 산타」, 「단지부처」, 「은미의 선물」, 「허수기 우리 딸」로 나눌 수 있다.[1]
　전체 11편의 작품이 하나의 주제로 나타난 것도 아니고, 그 전달 방식도 다양하다. 그만큼 이 동화집에는 여러 가지 방식을 통해서 아이

---

[1] 동화의 내용 분류는 원종찬, 김이구의 분류에 따르기로 한다. 물론 이 문제는 좀 더 깊이 있는 연구가 있어야 하지만, 이 글에서는 동화의 주제별 분류를 준거로 다시 세분화해서 분류해보았다.

들의 이야기를 담아내려는 작가의 노력이 잘 나타나 있다. 그런데도 이들 작품을 읽은 느낌은 도대체 이 동화집이 아이들에게 전하는 메시지가 무엇일까라는 의문이었다. 동화의 주제와 양식이 다양하다는 것은 그만큼 산만하다는 뜻이기도 하다. 이 동화집은 교훈주의, 도식주의, 동심천사주의라는 근대적 주제에 머물러 있다는 느낌을 지울 수 없다.

「농부가 된 농부」는 어떤 농부가 자신의 모습이 싫어서 다른 모습으로 변신하여 살아가는 이야기이다. 농부는 갈매기, 물고기, 바람, 들판, 도토리나무로 변했다가 다시 농부로 돌아온다.

이 동화는 옛이야기를 모티브로 재창조한 동화이다.[2] 전체 골격은 「시집가는 쥐」와 구성 방식이 동일하다. 「시집가는 쥐」는 예쁜 딸을 힘센 존재에게 시집보내는 이야기인데, 아빠 쥐는 세상에서 가장 힘센 존재가 무엇인지를 묻는다. 가장 힘이 있어 보이는 햇님에게 물으니 햇님은 바람을 이기지 못한다고 하고, 바람에게 물으니 벽은 무너뜨릴 수 없다고 한다. 벽은 다시 쥐에는 약하다고 한다. 아빠 쥐는 쥐가 세상에서 가장 힘이 세다는 것을 깨닫는다.

「시집가는 쥐」와 비슷한 구성 방식의 옛이야기는 숱하게 많다. 「농부가 된 농부」와 「시집가는 쥐」는 귀환형(歸還形) 구성 방식[3]이라는

---

[2] 옛이야기의 전달 방식은 대개 '단순한 재서술의 방식, 옛이야기를 원화(原話)로 하여 원화의 어떤 특징은 그대로 보전하면서 재창조하는 방식, 옛이야기의 화소(話素)를 바탕으로 새로운 이야기를 창조하는 방식'의 세 가지 유형으로 꾸며진다.(김이구, 『어린이 문학을 보는 시각』, 창작과비평사, 2005, 212~213쪽)

[3] 귀환형(歸還形) 방식이 엄밀한 의미에서 학술적인 용어로 정착된 것은 아니다. 일부 연구자들이 임의로 사용하고 있으나 구성 방식의 특징을 끌어내는 데 효과적이라서 사용

공통점이 있다. 구성 방식의 모방과 내용의 유사성은 주제 전달의 방식이 도식주의에 빠져 있다는 말이다. 「농부가 된 농부」는 세상의 어떤 모습으로 바뀌더라도 본래의 자기 모습이 가장 중요하다는 교훈을 남기고 있는데, 이는 근대적 교훈주의 동화일 뿐이다.

옛이야기를 모방하여 재창조한 작품이 새로운 의미를 담을 수 없다면 그 동화는 뻔한 이야기에 적당한 포장을 한 것에 불과하다. 옛이야기를 재구성한 작품일수록 더 신중해야 하는 까닭이 여기에 있다. 옛이야기를 재구성한 동화는 도식주의 발상에서 벗어나야 할 것이다.

옛이야기를 재구성하는 동화는 그만큼 위험하다. 「농부가 된 농부」는 현대의 시각을 염두에 두고 재창조해야 한다. 이 동화는 원화를 재구성하면서 현대적 의미를 투사하지 못한 것이 흠이다. 옛이야기를 다시 들려주는 모방에만 머무르는 것은 안일한 동화작가의 태도이다.

「임금님의 유언」은 반짝 나라 임금님이 재물을 밝히고 백성을 착취하다가 결국 백성들의 원망이 담긴 비석만 남기고 죽는다는 이야기이다. 이 동화는 나쁜 일을 하면 죽어서도 벌을 받는다는 고전적 윤리덕목을 전달한다. 하지만 권선징악이라는 주제를 다루고 있어서 현대와는 거리가 먼 우화가 되고 말았다. 옛이야기의 구성에 걸맞은 등장인물(임금님, 석공)을 제시하면서 옛이야기처럼 꾸미고 있는데, 사실은

---

하기로 한다.(진홍남, 「해방기 '귀환형 소설' 연구」, 한국언어문학 32권, 1994) 귀환형 구성은 소설 배경이나 인물의 심리적 정황이 결말이 다시 발단 부분의 공간으로 돌아오는 이야기 구성 방식을 말한다. 설화의 모티프가 '출생–시련–시련의 극복–행복' 의 순환 구성 방식을 취하고 있다면, 동화에서 교훈적인 내용을 담는 작품일수록 순환 구성이나 귀환형 구성 방식을 많이 사용하고 있다. 이는 아동문학이 근대 소설이나 설화의 구성 방식을 답습하고 있다는 말에 다름 아니다. 처음에는 스스로를 거부하다가 결국에는 자신보다 더 소중한 존재가 없다는 자기반성의 교훈적 이야기는 순환 구성이나 귀환형 구성이 효과적일 것이다.

어른들이 살았던 옛날에는 나쁜 일을 한 임금님이 벌을 받았다고 하는 진부한 주제를 전달하는 데 머무르고 말았다.

이를 현대 사회의 정치를 풍자한 작품이라고 볼 수도 있지만, 민주적 질서를 아는 시대에 저학년들이라 해도 이를 현대 정치판을 풍자한 것이라고 보는 데는 무리가 따른다고 생각한다. '선물을 드리는 순서'(27쪽)와 같은 이중높임법도 말법에 따라서 써야 한다.

「화가와 거지」는 다른 작품의 분량에 견줄 때 상대적으로 매우 짧은 동화이다. 유명한 화가가 그림전시회를 하는 날 거지 아이가 와서 돈을 구걸하는데, 화가는 자신의 그림을 준다. 그러자 거지 아이는 그림보다는 먹을 것을 달라고 하면서 가버린다는 이야기다.

이 동화는 예술보다도 당장 먹을거리를 해결해주는 것이 옳다는 말을 하고 있는지, 돈을 밝히는 화가의 욕심을 비판한 것인지 애매하다. 거지 아이가 그림보다는 먹을 것이 더 중요하다고 하는 말에서 예술의 허위성을 고발한 것 같은데, 보다 분명한 주제가 드러나야 아이들이 읽어서 혼동을 일으키지 않을 것이다. 동화에서 지나친 상징은 경계해야 할 터이다.

「환경미화원이 된 산타」는 일자리를 잃고 살아가는 현대인을 풍자한 이야기이다. 실직자 김씨 아저씨는 크리스마스날 아이들에게 선물을 나누어줄 산타할아버지 모집에 응모한다. 여러 관문을 통과하고 16명을 뽑는 산타 시험에 합격하는데, 옷이 15벌뿐이라 같은 회사 직원에게 그 자리를 양보한다. 산타 시험에는 떨어졌지만, 산타 선발을 맡고 있는 직원의 소개로 다시 환경미화원이 된 김씨는 거리를 청소하면서 또 다른 행복을 느낀다.

이 동화는 현실을 소재로 한 동화인데도 비현실적인 일이 많아서 흠이다. 산타 시험에 무거운 물건을 들고 뛰는 장면은 그래도 이해해줄 만하지만, 냉동 창고에 오래 버티기 시합(62쪽)은 현실성이 없다. 손발이 얼어붙을 정도의 추위에도 견뎌내야 하는 시합은 죽음을 담보로 한 위험한 게임이다.

다음으로 김씨는 가까스로 산타 시험에 합격하는데도 옷이 15벌밖에 없어서 산타가 되지 못한다. 다른 사람이 양보할 수도 있고, 그동안 시합에 참가하면서 나온 성적을 기준으로 김씨가 탈락한다면 합리적인 방법일 터인데, 이런 방법은 없고 차례대로 줄을 서서 산타 옷을 받다가 김씨 차례가 되자 산타 옷이 없다고 해서 마음씨 착한 김씨는 그 자리를 양보하고 만다. 김씨는 마음씨가 너그러운 사람인가 멍청한 사람인가. 작가는 김씨를 통해서 남에게 양보할 줄 아는 마음씨와 거리를 청소하는 사람들의 직업에 귀천이 없다는 것을 말하려 하고 있지만, 아이들은 작가의 의도대로 착한 김씨로 보지 않을 수도 있을 것이다.

「단지부처」는 부처님의 얼굴을 조각해 달라는 친구의 말에 인자한 부처의 모습을 찾아다니다가 단지를 부처로 모시고 있는 절을 찾아 그 단지에서 부처의 모습을 발견한다는 내용이다.

이 동화에서 단지가 부처라는 인식은 불교적 사유체계를 필요로 한다. 작가는 단지가 세상의 쓸모없고 가치 없는 것들도 묵묵히 받아들인다는 점에서 부처의 품성을 읽어내고, 이것이 진정한 부처일 것이라고 말한다. 그러나 단지가 부처라는 인식을 받아들이기 위해서는 불교의 사유방식인 일체중생(一切衆生)이나, 개유불성(皆有佛性) 정도를 이해해야 할 것이다. 이 동화를 읽은 아이들은 '단지가 왜 부처지?' 라는 물음을 던지지 않을까.

「연꽃목걸이」는 불교의 보은 사상을 바탕으로 한 동화이다. 치매에 걸린 시어머니를 모시다가 어머니를 동생 집에 되돌려 보냈다는 죄책감에 시달리는 어떤 중년 부인의 이야기이다. 절에서 어떤 보살을 만나서 연꽃이 새겨진 염주를 건네받고 집에 돌아오는데, 꿈인지 환영인지 모르지만 어떤 노인이 자기 집에 들어와서는 자신을 괴롭힌다. 이 때문에 어머니를 다시 모셔오려고 한다.

이 동화에서는 현실과 환상을 혼동하는 부분이 있는데, 집으로 돌아온 뒤 빈 방에 있는데 어떤 사람이 찾아오는 장면이다. 이 장면은 꿈인가 환상인가. 연화보살을 만나는 체험도 꿈인가 환상인가 현실인가. 종교적 상상력과 가치는 심오하거나 아니면 편협할 수가 있다. 종교 체험은 현실을 바탕으로 한 것이며, 그 현실에서 진정한 종교 정신이 싹트는 것이다. 불교적 사유체계가 부족한 아이들은 이상한 할머니와 연화보살을 만나는 장면에서 의아심을 품을 것이다. 개인적으로는 이 동화를 읽으면서 보은 사상에 감동받았지만, 이것이 보편적 인식일 거라는 생각은 들지 않는다. 종교를 소재로 한 동화는 가끔씩 그 진정성에 의문이 제기된다.

「짧은 귀를 가진 토끼」에서는 여우의 침해를 막기 위해 토끼들이 독수리의 보호를 자청한다. 결국 토끼는 여우를 경계하지 않아도 되니 긴 귀가 거추장스러워지고, 귀를 짧게 사르는 일을 하고 만다.

이 동화는 동물 우화로, 자신의 처지에 만족하지 못하는 사람들에게 경계심을 가질 것을 당부하는 동화이다. 개구리 연못에 새 왕을 뽑다가 결국 황새가 왕이 되어 개구리를 먹어치운다는 옛이야기의 틀을 재구성했다. 현실 풍자를 위해 옛이야기를 재구성한 동화라는 점을 수긍하면서도 옛이야기의 현대적 창조에 충실하지 못했다는 점이 아쉽다.

이 동화가 의인동화로 현실성이 없는 것은 인정하지만, 토끼가 고기를 먹는다는 부분에 와서는 지나친 비약이 일어난 것 아닌가 하는 느낌이 든다.

「은미의 선물」은 결손 가정의 은미와 은주 이야기이다. 은미는 어머니가 재혼해 낳은 동생 은주를 미워한다. 은주가 태어나서 다섯 살이 될 때까지 은미는 한 번도 동생이라는 말을 해본 적이 없다. 은주는 은미의 마음과는 아랑곳없이 언니를 잘 따른다. 은주는 네 살 때 백혈병으로 입원하고, 병원에 입원해 있으면서 은미의 생일 선물로 그림을 선물한다. 은주는 병을 앓고 있는 동생이 준 선물에 감동하면서 동생 은주를 미워했던 날들을 후회한다. 생일을 챙겨주려는 아저씨에게도 '아빠'라는 말을 한다.

이 동화는 재혼한 가정의 아이들이 겪어야 하는 고통이 잔잔한 감동을 준다. 그런데 이 감동이 통속적이라는 데 문제가 있다. 현실적으로 일어날 수 있는 일이기는 하지만, 다섯 살 은미가 백혈병을 앓는다든가, 은미 엄마가 젊은 나이에 혼자 살아간다든가 하는 설정은 동심을 자극하려는 작가의 의도라는 느낌이 든다. 멜로드라마에서도 사랑하는 사람이 갑자기 불치병을 앓는 일은 너무 흔한 내용이 아니던가.

이 동화를 읽고 나서 왜 제목이 '은주의 선물'아니고 '은미의 선물'일까 의문이 생겼다. 은미의 생일날 병원에 입원해 있는 은주가 그림을 그려서 은미에게 선물을 주는 것이므로 '은주의 선물'로 하는 것이 옳지 않을까. 은미가 엄마와 재혼한 아저씨를 아빠라 부르지 않다가 마지막 장면에서 '아빠'라 부르는데, 작가는 이 말이 재혼한 엄마와 은주의 아빠, 동생 은주에게 주는 선물이라는 뜻으로 '은미의 선물'이라 했던 것 같다. 그러나 내가 생각하기에는 백혈병을 앓고 있는 은주가 생일날 언니 은미에게 예쁜 그림을 주는 장면이 사건의 절정 부분이고, 이 사건을 계기로 은미는 엄마, 재혼한 아저씨, 동생 은주를 이해하기 때문에 사건이 중심과 주제를 드러내는 '은주의 선물'로 하는 것이 옳다고 본다.

선물을 주는 주체가 은주이고, 그 선물을 받는 인물이 은미이다. 은미가 소유한 물건이라는 뜻이라면 '은미의 선물'이 맞는 말인데, 여기서는 소유의 뜻을 강조하는 것이 아니라 은주가 은미에게 주는 선물이라는 뜻을 강조하고 있다. 그렇다면 제목을 '은주의 선물'로 하는 것이 작품의 주제를 더 잘 드러내지 않을까 한다.

「흙과 나무의 이야기」는 흙이 나무를 기른다는 이야기이다. 흙에 떨어진 작은 씨앗이 우람한 나무로 자라고 그 나무가 결국에는 비바람에 쓰러진다. 쓰러진 나무는 결국 흙을 닮아가는 이야기다.

이 동화는 삶의 철학을 잘 보여준다. 이 동화집이 철학적 사유체계를 잘 드러낸다는 김문홍의 평가는 이런 점들을 두고 한 말이다. 처음 부분에 쓴 프롤로그는 '작은 것이 아름답다'는 진리를 깨우쳐준다. 흙은 모든 자연이 돌아가야 할 마지막 존재이다. 작은 씨앗이 흙에서 자라 나무가 되고 결국 비바람에 쓰러지기까지 흙은 묵묵히 자신을 자연에 맡긴다. 마지막 부분에서 나무가 '아름다운 건 높고 큰 게 아니라 낮고 작은 거로구나'(147쪽)라는 말은 강한 여운을 남긴다. 이 작품은 다른 작품에 견줄 때 완결된 작품이다.

「히수기 우리딸」은 정신지체 장애인 엄마와 함께 살아가는 초등학교 6학년 희숙이의 이야기이다. 희숙이 엄마는 정신연령이 겨우 일곱 살이다. 희숙이는 어릴 때부터 장애인 엄마를 돌보면서 살았고, 그런 엄마에게 한글과 숫자를 어느 정도 가르치기도 했다. 어느 날, 학교 앞에서 놀림을 받고 있는 엄마를 본 희숙이는 화가 나고, 다음날 아침 엄마가 계란찜을 해주는데도 먹지 않고 학교에 간다. 희숙이가 돈가스를 먹고 싶다고 쓴 메모지를 들고 돈가스를 사러 가던 엄마는 오토바이 사고를 당한다. 선생님과 함께 병원에 간 희숙이는 엄마가 손에 들고 있던 메모지와 엄마가 쓴 '히수기 우리 딸'이라는 글을 보고는 울음을 터트린다.

어릴 때 정신 장애를 앓고 있는 엄마를 버리고 떠난 아버지를 원망하지만, 희숙이는 그 엄마를 돌보면서 함께 살아간다. 맑은 동심을 가진 희숙이의 슬픔이 잔잔한 감동으로 다가온다. 그런데 문제는 과연 희숙이의 상황이 진실한 것일까라는 물음에 봉착하면 답이 없다는 점이다. 일곱 살 정도의 정신연령인 엄마가 비록 외할머니의 도움으로 희숙이를 그만큼 키웠다고 해도, 재작년 외할머니가 돌아가신 뒤로는 희숙이가 엄마를 돌보고 있다고 한다면 문제가 달라진다.

엄마의 정신 장애 상태가 현실적이지 못하다. 엄마는 하루 종일 누군가가 곁에서 돌보지 않으면 안 될 정도의 정신 장애로 보인다. 그런데 학교 앞에서 아이들에게 놀림을 당할 정도인데도 바깥을 돌아다니고, 희숙이는 선생님에게 가끔씩 용돈을 받으면서 생계를 유지하는 것처럼 보인다. 어느 것 하나 현실적으로 이해할 수 없는 일이다.

「착한 아이 사세요」는 버릇없는 아이들이 너무 많아서 말을 잘 듣는 착한 아이를 만드는 약을 개발하여 모든 아이를 착한 아이로 만든다는 이야기이다. 기발하고 재미있는 착상이 돋보이고, 가끔씩 말썽을 부리는 아이도 필요하다는 메시지를 전하고 있어서 호감도 간다. 현실을 바탕으로 하고 있으면서도 재미있는 상상이 돋보인다. 무작정 착하게만 사는 아이들을 원하는 어른들의 욕심을 비판하는 동화이다. 이 동화는 어른들을 위한 동화이다. 그런데 이 동화에서도 한 가지 짚고 넘어가야 할 문제는 아이들을 마음대로 조작하고 싶은 어른들의 욕망이 지나치게 표현되었다는 점이다. 정말 개구쟁이처럼 말을 듣지 않는 아이가 있다고 해서 '착한 아이'로 만드는 어른이 이 땅에 있을까. 아이들에게 어른들의 욕망을 지나치게 과장해서 보여주고 있다. 어른들은 자유롭게 자라는 아이들을 원한다. 마지막 장면에서 다시 원래의 모습으로 돌려보내고 싶은 것이 어른들이 원하는 아이들의 모습일 것이다.

부분적이지만, '애써 침착해지려 했지만, 불안함은 봄날의 새싹처럼 자꾸 고개를 내밀었습니다'(159쪽)와 같은 적절하지 못한 비유도 보인다. 여기서는 불안함이라는 부정적인 이미지가 있기 때문에 '흐린 날의 구름처럼'이라는 부정적인 비유가 적절하지 않을까 한다.

### 3.

옛이야기를 재구성할 때는 현대를 살아가는 아이의 시선에 초점을 두어야 하고, 현실과 환상을 넘어서는 이야기라 하더라도 현실을 바탕으로 해야 한다. 동화가 교훈과 윤리적 덕목만을 강조하면서 억지로 짜 맞추었다는 느낌을 주어서는 안 될 것이다.

현대 동화는 어른의 시선으로 아이들을 훈계해서도 안 되며, 어설프게 아이들의 시선인 것처럼 위장해서도 안 된다. 동화작가는 아이들의 시선으로 아이들의 이야기를 써야 한다. 무작정 아이들에게 교훈과 감동을 주려고 하기보다는 '그래, 이 이야기가 우리들의 이야기야'라는 감동을 느끼게 해야 한다. 이것이 아이들에게 감동을 주는 진정한 동화이다. 어른의 시선으로 아이들을 바라보던 동화를 넘어서 다양한 아이들의 목소리를 담아내는 동화가 필요한 시대가 되었다.

이 동화집은 다양한 아이들의 시선과 이야기들을 꾸려나가려는 작가의 시선에도 불구하고 여전히 교훈주의와 동심주의라는 근대성을 극복하지 못하고 있는 것이 흠이다. 어른들을 위한 아이들의 이야기라 하더라도 아이들의 시선으로 세상을 바라보아야 한다. 동심의 본질이 무엇이며, 아동문학은 어떠해야 하는가를 성찰하고, 아이들의 현실을 어떻게 드러내야 하는가를 고민해야 한다.

근대 동화가 주체와 객체의 통일을 지향했다면, 현대 동화는 주체와 객체가 따로 존재하는 해체의 시대에 있게 되었다. 동화보다도 더 재미있는 컴퓨터 게임을 즐기는 시대에 동심은 어떤 것일까. 동심을 드러내지 못하는 작품은 아이들이 외면한다. 아이들이 동화를 읽지 않는 까닭은 아이들의 다양한 삶의 방식과 기호를 충족시켜주기 못하기 때문이다.

동화는 풍년을 이루고 있는데, 그 책을 소비하는 것은 정작 아이들의 요구가 아니라 어른들의 강요로 이루어지는 일이 많다. 아이들이 스스로 책을 가까이 할 수 있도록 하기 위해서는 다양한 작가들이 다양한 아이들의 이야기를 충실하게 담아내야 한다. 아동문학의 현대성은 여기에 있다.

# 따뜻한 대화가 그리운 시대

– 부희령 글 『고양이 소녀』

---

## 1. 동화 속의 고양이

동화 속의 고양이는 어떤 모습으로 그려질까. 동화 속의 고양이는 영리한 수술사이기도 하고, 또한 신비로운 세계의 안내자이기도 하다. 샤를 페로의 동화 『장화신은 고양이』에서 장화 신은 고양이는 방앗간 집 아들을 임금님의 사위로 만드는 영리한 동물로 등장한다. 김우경의 『수일이와 수일이』에서 고양이는 쥐를 몰아내는 축사(逐邪) 역할도 한다. 선안나의 『고양이 마을의 신나는 학교』에서 고양이는 학교 공부에 진력이 난 견우를 신나는 고양이 학교로 안내하고, 공지희의 『영모가 사라졌다』에서 고양이 담이는 주인공 영모를 신비의 세계인 '라온제나'로 데려간다.

뿐만 아니라 동화 속의 고양이는 사람들에게 교훈을 주기도 하고, 모험과 도전 정신을 심어주기도 한다. 나오미 소세키의 『나는 고양이로소이다』에서 고양이는 인간 세상을 날카롭게 풍자한다. 최영철의 『사랑하게 되면 자유를 잃게 돼』에서 떠돌이 고양이는 사람들에게 진정한 사랑의 의미가 무엇인지를 일깨워준다. 김진경의 『고양이 학교』는 고양이의 모험을 통해서 세상살이의 지혜와 용기를 가르치기도 한다. 엘케 하이덴라이히의 『검은 고양이 네로』에서 고양이 네로는 새로운 세상에 대한 모험과 도전의 열정을 보여주기도 한다.

이처럼 동화 속의 고양이는 다양한 모습으로 그려지고 있는데, 이들 고양이를 통해서 사람살이의 새로운 모습을 보기도 하고 더러는 삶을 반성하며 더러는 새로운 모험 세계로 빠져들기도 한다. 동화 속에서 고양이는 사람들의 삶을 다양하게 투영한다.

## 2. 홀로 서는 아이들

부희령의 『고양이 소녀』에서 고양이는 민영이와 함께 세상을 홀로 살아간다는 것이 얼마나 힘들고 고단한 일인지를 일깨워준다. 도둑고양이 야옹이가 겪었던 일은 모든 고양이들이 겪어야 하는 홀로서기의 과정인데, 이 동화에서 고양이의 홀로서기는 고양이를 집으로 데려오는 민영이의 홀로서기와 유기적으로 연결되어 있다. 버림받은 고양이와 부모와 떨어져 살아야 하는 민영이의 관계를 통해서 아이들은 홀로서기의 의미를 깨달을 것이다.

고양이는 영물이라 집에 들이지 말라는 떠도는 이야기가 있는데, 이 동화도 고양이를 닮은 사람이 있다는 떠도는 이야기에서 착안하고 있다. 이 세상 어딘가에는 고양이를 닮은 사람이 있다는 생각. 이 막연한 생각이 이야기의 실마리가 된다.

주인공 야옹이는 여느 도둑고양이와 다른 점이 없는 평범한 고양이다. 그런데 야옹이는 민영이만 따른다. 야옹이와 민영이는 비슷한 처지에 놓여 있으며, 민영이는 비슷한 처지에 있는 야옹이를 팔아서 돈을 번다. 나중에 민영이는 자신의 행동이 잘못되었다는 사실을 깨닫는다. 민영이는 어릴 때 아버지를 잃고 엄마와 떨어져 할머니와 살아가는 결손 가정의 아이다. 야옹이도 엄마 고양이로부터 버림을 받고, 거리를 떠돌다가 형제들을 잃어버리고, 혼자서 세상을 살아가야 하는 외로운 고양이다. 야옹이는 또 다른 고양이에게 괴롭힘을 당하면서 세상 살아가는 법을 스스로 배운다.

야옹이는 처음부터 민영이를 고양이 사람이라고 생각하면서 민영을 따라가지만, 사실 민영이는 도둑고양이를 잡아서 애완고양이로 둔갑시켜 돈을 버는 일을 한다. 인터넷 동호회 사람들로부터 민영이가 고양이를 너무 많이 분양한다는 의심을 받게 되고, 결국 인터넷 동호회 사람들에게 도둑고양이를 판다는 사실이 밝혀지고 만다. 민영이는 이 일을 수습하기 위해서 떨어져 살아가고 있는 엄마를 만나고, 엄마를 만나면서 민영이는 자기를 버리고 다른 남자와 살 수밖에 없는 엄마의 처지를 이해하게 된다.

　이 동화의 서사구조는 독특하다. 야옹이와 민영이의 이야기는 각각 독립된 서사로 진행되고 있지만, 결국 하나의 얼개로 짜여 있다. 어미 고양이로부터 버림을 받고 혼자 세상을 헤쳐 나가야 하는 야옹이의 처지와 부모의 이혼으로 할머니와 살아야 하는 민영이의 처지는 서로 닮았다. 민영이는 자신과 닮은 고양이의 처지를 생각하면서 홀로서기의 의미를 깨닫는다.

　서사구조뿐만 아니라 대화방식도 돋보인다. 고양이의 말과 사람의 말이 따로따로 되어 있으면서도 고양이의 행동을 대화식으로 풀어냄으로써 마치 등장인물과 대화를 나누는 것처럼 장치되어 있다. 이러한 방식은 다른 동화에서도 찾을 수 있는 대화방식이지만, 여기에서는 이런 대화방식을 통해 고양이의 행동과 심리까지도 세밀하게 드러내고 있어서 더욱 돋보인다. 이 동화는 고양이의 행동과 등장인물의 대화가 자연스럽게 이어지면서 사람과 고양이를 하나의 소통구조로 묶어낸다.

### 3. 따뜻한 대화

　1920년대 상징주의 시인 황석우는 고양이를 소재로 한 편의 시를 발표했는데, 그 내용은 이렇다. 어느 날 낮잠을 자다가 파란 털의 고양이를 만난다. 그 고양이는 화자에게 나지막한 영혼의 소리를 들려준다.

　　　이 애, 너의

> 온갖 오뇌(懊惱), 운명을
> 나의 끓는 샘 같은
> 애(愛)에 살짝 삶아 주마.
> 만일에 네 마음이
> 우리들의 세계의
> 태양이 되기만 하면,
> 기독(基督)이 되기만 하면.
> ―황석우 「벽모(碧毛)의 묘(猫)」《폐허》 창간호, 1920. 7)

 인용한 부분은 파란 털을 가진 고양이가 화자에게 하는 말인데, 그것은 사람들의 마음이 고양이와 닮아서 사람들이 고양이의 태양과 기독(구원자)이 된다면 세상의 모든 운명과 고통으로부터 구원해주겠다는 것이다. 실제로 파란 털의 고양이는 없지만, 그 고양이는 화자의 의식 속에 살아 있는 고양이의 형상이다. 그래서 낮잠을 자는 동안 꿈결처럼 다가와서 귓속말로 속살거리는 것이다. 따뜻한 영혼의 소리로 말하고 있는 것이다. 파란 털의 고양이는 화자의 잠든 영혼을 깨우고 화자가 잃어버린 세계를 떠오르게 한다.
 부희령의 『고양이 소녀』에서 고양이는 사람들과 소통하는 동물이며, 동시에 민영이를 따르는 동물이다. 이 작품에서 고양이 소녀인 민영은 황석우의 시에 나오는 것처럼 고양이와 따뜻한 영혼의 대화를 나누는 인물이다. 고양이와 나누는 영혼의 대화는 지금 이 땅에 살아가는 모든 아이들에게 전하는 메시지이기도 하다.
 말벗을 잃어가는 아이들이 많다. 아이들은 홀로서는 법을 너무 일찍 배운다. 이혼하는 부모가 늘어나고 맞벌이 부부가 많아지다 보니 아이들은 부모와 대화를 나누는 시간이 줄어들고 혼자서 보내는 시간이 많아진다. 컴퓨터와 대화를 나누고, 채팅과 메일로 정보를 주고받으면서 스스로의 세계에 갇히고 있다. 얼굴을 맞대고 이야기를 하고, 손을 잡고 따뜻한 정을 나누는 아이들이 점차 줄어들고 있다. 단절의 벽이 점차 높아가는 시대에 아이들은 누구랑 대화를 나누어야 할까. 민영이를 비롯한 이 땅의 많은 아이들은 대화 상대를 잃어가고 있다.

부희령의 『고양이 소녀』는 대화 상대를 잃어가는 아이들에게 희망의 메시지를 준다. 이 책은 부모가 이혼하고 혼자 살아가야 하는 민영이와 같은 아이들에게 희망을 주는 일이 무엇인지를 고민하게 한다. 도둑고양이와 말벗이 되어야 하는 민영이의 현실이 우리 아이들의 현실이라면, 그 고양이의 자리 대신에 어른들이 있어야 할 것이다. 아이들이 어른들과 막힘없이 소통하는 세상이 되어야 할 것이다. 버려진 고양이처럼 홀로서기를 해야 하는 아이들의 현실을 따뜻하게 감싸는 어른들의 손길이 무엇보다 절실하게 요구된다. 아이들은 따뜻한 대화를 나눌 수 있는 어른들을 원하고 있을 것이다. 이 책은 그런 고민을 함께하게 한다.

# 아이들의 현실을 잘 살린 동화

— 이금이 글, 김재홍 그림 『금단현상』

**1.**

동화(童話)란 무엇인가. 당연한 말이지만, 동화란 아이들의 이야기이다. 동화는 아이들을 주인공으로 하고, 아이들의 시선으로 세상을 바라보며, 아이들의 마음으로 서술하는 것이다. 이렇게 뻔한 얘기를 꺼내는 것은 동화이면서도 아이들의 이야기에 충실하지 못한 동화가 허다하기 때문이다. 아이들의 상상일 것이라고 생각하면서 짐짓 허무맹랑한 이야기에 빠져버리거나, 아이들의 심리를 드러내는 것 같으면서도 어른의 시선에 머물러 있는 작품이 많다. 동화가 아이들의 시선으로 세상을 보지 못하고 아이들의 심리를 제대로 반영하지 못한다면 그것은 동화의 기본에 충실하지 못한 동화이다. 이원수는 '동화란 주인공이나 등장인물이 어른이거나 아이들이거나를 막론하고 아동의 심리를 바탕으로 해서 사건이 만들어지고 전개되며, 아동의 입장을 거점으로 하여 씌어야 하는 것'이라고 했다.

이금이 동화의 장점은 아이들의 생활을 너무도 적확하게 형상화하고 있다는 데 있다. 그 아이들은 행복한 아이들이 아니라 불우하면서도 어딘가 부족한 환경에 놓인 아이들이다. 그동안 발표된 작품만 살펴보더라도 이러한 정황은 충분히 짐작할 수 있다.『너도 하늘말나리야』,『유진과 유진』의 주인공들은 이혼한 아이들, 혹은 비정상적인 환경에 놓인 아이들이다. 모든 아이들이 그런 환경에 놓인 것은 아니지만, 작가는 아이들이 놓인 불우한 현실을 찾아내고, 그렇게 소외된 아이들에게 따뜻한 시선을 보내고 있다. 이금이의 동화는 현실에 뿌리를 두고 있으면서도 아이들의 현실을 잘 살리고 있다.『금단현상』에 실려 있는 다섯 편의 단편동화는 이금이의 동화가 추구하는 이런 작품 세계의 특징을 잘 보여준다.

## 2.

다섯 편의 동화는 모두 아이들의 주변을 둘러싼 이야기이다. 아이들이 좋아하는 일을 하지 못할 때 일어나는 일을 섬세하게 그린「금단현상」, 도시 변두리 아이들에 대한 따뜻한 사랑을 다룬 「꽃이 진 자리」, 가난하고 힘든 도시에서 우정이 싹트는 아이들을 다룬 「촌놈과 떡장수」, 사춘기 소녀의 미묘한 사랑을 다룬 「나의 마니또」, 신구 세대의 갈등을 통해서 새로운 가족관계의 모습을 그려본 「십자수」 등 아이들이 쉽게 접할 수 있는 현실을 모델로 하여 아이들의 입장에서 아이들의 심리를 진솔하게 그려낸 작품들이다.

「금단현상」은 습관적으로 하는 일을 끊었을 때 일어나는 현상을 다룬 작품이다. 아이들이 습관적으로 하는 일을 끊었을 때는 어떤 일이 일어날까. 괜히 머리가 아프고 우울하거나 허탈한 기분이 들지 않을까. 이 동화는 아이들이 습관적으로 쓰고 있는 인터넷을 끊었을 때 일어날 수 있는 금단현상을 꼼꼼하게 그리고 있다.
효은이는 오빠 때문에 인터넷을 쓰지 못하게 되자 현기의 메일을 받지 못하는 데 대한 불안감에 빠진다. 모든 일이 우울하고 허탈하다. 그런데 이 기분은 현기라고 생각하는 아이의 전화를 받으면서 밝고 명랑한 상태로 바뀐다. 그러나 이것도 잠시, 현기라고 생각했던 아이가 다른 아이라는 사실이 밝혀지자 이번에는 전화에 대한 금단현상이 생긴다. 아이들이 좋아하는 일을 하지 못할 때 일어날 수 있는 현상과 그 일을 하게 되었을 때 일어나는 현상을 잘 비교하고 있다. 이와 같이 이 동화는 아이들의 마음을 헤아리는 시선이 돋보인다. 아이들의 일상에서 흔히 일어날 수 있는 짧은 이야기 한 토막을 통해 아이들의 심리와 행동, 그리고 아이들의 말법을 촘촘하게 드러낸다. 현실주의 동화가 아이들의 심리와 상황을 반영하는 것이라면, 이 동화는 그런 점에서 단연 돋보이는 작품이다.

「꽃이 진 자리」는 도시 변두리에 사는 할머니와 초등학교 여자아이의 이야기이다. 주인공인 여자아이는 곧 재건축에 들어갈 아파트 단지 안의 공원에서 스웨터를 짜는 할머니와 우연히 만난다. 벚꽃이 피어 있는 나무 아래 긴 의자에 앉아서 스웨터를 짜던 할머니는 옷의 크기를 재보기 위해 나를 부른다. 처음에는 불퉁스럽게 다가가지만, 나중에는 그 할머니에게 끌려 말벗이 되어준다. 어느 날, 산책을 나갔다가 돌아온 아빠로부터 같은 아파트에 사는 노부부가 한날한시에 세상을 떠났다는 말을 듣게 된다. 처음에는 그 부부가 뜨개질을 하는 할머니 부부가 아닐 거라고 생각했지만, 나중에 그 할머니라는 사실을 알게 된다. 그리고 캐나다에 있는 손녀에게 주려고 만든다던 그 스웨터가 자신을 위한 것이라는 사실도 알게 된다.

이 동화는 부도가 나서 외국으로 이민한 손녀를 그리워하는 할머니의 애틋한 사연과 함께 뜨개질을 하던 할머니의 죽음이 잔잔한 감동을 불러일으킨다. 하얀 벚꽃 아래 뜨개질을 하는 할머니와 그 할머니 곁에서 얘기를 하는 아이의 모습이 선명하게 살아난다. 그러나 이 동화에서 할아버지가 오랫동안 지병을 앓다가 세상을 떠났다는 말은 어느 정도 설득력이 있지만, 멀쩡하던 할머니가 갑자기 세상을 떠났다는 말은 설득력이 없어 보인다.

「촌놈과 떡장수」는 시골에서 전학 온 아이가 도시에 사는 아이들과 마음을 열어가는 이야기이다. 나는 반에서 늘 촌놈이라고 놀리던 장수를 피시방에서 우연히 만나게 되고 이 일을 계기로 다음날 학교에서도 친하게 지내려고 다가가지만, 장수는 계속 자신을 따돌린다. 어느 날 촌놈이라고 놀리는 장수에게 너는 떡장수라고 맞받아치다가 결국 시비가 붙어 싸움을 하게 된다. 나중에 나는 장수가 내가 알고 있던 떡장

수 할머니의 손자라는 사실을 알게 된다. 떡을 좋아하는 내가 우연히 떡장수라고 불렀던 것이 장수를 불쾌하게 했다는 것을 깨닫고 장수에게 사과한다.

이 동화는 주인공이 전학 온 도시 학교에서 따돌림을 당하면서 비로소 시골에서 자신이 따돌렸던 광식이의 심정을 이해하는 부분이 감동을 불러일으킨다. 이 동화는 주인공이 자주 떡을 사먹었던 할머니가 장수의 할머니라는 사실이 밝혀지면서 이야기의 재미를 더한다. 뿐만 아니라 아이들의 우정을 섬세한 필치로 묘사함으로써 아이들이 당면한 문제를 아이들의 시선으로 풀어내려는 작가의 의도를 잘 살리고 있다.

「나의 마니또」는 학급에서 일어나는 에피소드를 다룬 이야기이다. 마니또는 학급에서 한 달 동안 수호천사 노릇을 해주는 아이들을 정해주고, 그 아이들을 위해 봉사하는 것을 말한다. 여자 주인공 오혜주는 기준이의 마니또가 되고, 혜주는 자신의 마니또가 누구인 줄 모르고 있다. 마니또를 정하고 난 뒤 쉬는 시간에 화장실에 가는 혜주에게 민우는, 머리가 풀어졌다는 말을 해준다. 혜주는 속으로 키 크고 잘 생기고 공부도 잘하는 민우가 자신의 마니또일 것이라고 생각한다. 혜주는 민우가 자신의 마니또라고 생각하면서부터 숙제도 더 열심히 하고, 선생님 말씀도 잘 듣는 착한 아이가 된다. 한 달 뒤 혜주는 민우가 자신의 마니또인 줄 알고 마니또가 바뀌기 전에 선물과 함께 고백하는 편지를 써서 책상서랍에 넣어두는데, 뒤늦게 마니또가 종철이라는 사실을 알고는 당황스러워한다.

이 동화는 아이들과 친하게 지내지 못하는 아이라도 새로운 시선으로 바라보면 좋은 관계로 거듭날 수 있다는 것을 보여준다. 아이들은 자신이 좋아하는 이성 친구가 생기면 생활 태도가 달라진다는 것을 간

파하는 작가의 시선이 탁월하다.

「십자수」는 가정의 역할 분담에 대해서 충돌하는 할머니와 어머니의 갈등을 통해서 진정한 가족관계가 어떠해야 하는가를 보여준다. 선재 할머니는 예고 없이 선재의 집에 찾아온다. 그때마다 선재 할머니와 어머니는 가치관이 다른 문제 때문에 다툰다. 그날도 할머니는 선재 아버지가 집안일을 하는 것을 못마땅하게 여기고, 선재 어머니는 남편도 가사를 도와야 한다고 주장한다. 이런 언쟁을 하다가 할머니는 그날 밤 당장 집으로 돌아가 버린다. 이 사건 때문에 엄마와 아빠가 다투고 집안은 냉전 상태가 되고 만다.

이 동화를 통해서 작가는 현대의 가정에서는 부부가 평등하게 가사 분담을 해야 하고, 그 속에 가족의 행복이 있다는 사실을 역설한다. 가족의 행복은 내 몫과 네 몫이 따로 존재하는 것이 아니라 가족 모두의 몫이라는 사실을 일깨운다. 이 동화에는 새로운 가족 질서에 대한 작가의 소망이 잘 드러나 있다. 그런데 이 동화의 문제점은 끝부분에서 십자수를 놓는 선재 아버지의 모습을 상상한다는 것과 신구 세대의 갈등은 언제 어디서나 일어나는 일이지만 신세대의 입장에서만 할머니의 관습을 비판하고 있다는 것이다. 과연 신세대 아버지가 십자수를 놓는 데까지 가야 진정한 아버지의 모습일까라는 의문과 함께 할머니와 어머니가 조화롭게 화합하는 것이 바람직한 전개 방식이 아닐까라는 아쉬움이 남는다.

### 3.

동화의 소재는 다양하다. 동화는 판타지의 세계를 다루기도 하고,

옛날이야기를 재구성하기도 하고, 모험과 역사 속의 이야기를 다루기도 한다. 그러나 어떤 이야기를 다루더라도 현재 아이들의 시선에서 다루어져야 한다. 옛날이야기가 현재의 아이들에게 어떻게 읽힐 것인가를 끊임없이 고민하는 까닭도 여기에 있다. 아이들에게 어떤 이야기를 들려주더라도 현실을 외면할 수 없는 까닭은 동화를 읽는 아이들이 현실에 뿌리를 두고 있기 때문이다. 이금이의 동화는 현실주의 동화가 갖추어야 할 동화의 기본을 잘 살리고 있으며, 아이들의 현실에서 소재를 구하고, 그 아이들의 이야기를 다양한 시선으로 담아내고 있다.

이 동화집에 들어 있는 다섯 편의 동화도 현실에서 소재를 구하고 다양한 아이들의 생활에 접근하고 있다는 점이 돋보인다. 그 소재는 학교, 가정, 아이들의 주변 이야기까지 다양하다. 이 동화는 반전을 통해서 흥미를 유발하고 아이들의 시선으로 아이들의 이야기를 서술한다. 그리고 무엇보다 이 동화들의 미덕은 아이들의 심리를 세심하게 드러내고 있다는 것이다. 아이들의 말법에 따르는 것도 어려운 일이지만, 아이들의 생각과 행동까지 따르는 것도 여간 어려운 일이 아니다. 그런데도 이 동화들은 아이들의 심리, 행동을 능수능란하게 그려내고 있다. 동화작가가 아이들의 심리와 행동, 말법을 그려내는 것은 당연한 일이지만, 이 당연한 것을 지키지 않는 동화가 많다는 점에서 이금이의 동화는 아이들의 현실을 잘 살린 동화의 모범을 보인다고 할 수 있다.

# 성장기 아이들의 소중한 비밀을 잘 살린 동화
— 오미경 글, 최정인 그림 『교환 일기』

## 1.

중학교 2학년인 딸아이는 작년부턴가 어릴 때 친구 한 명과 교환 일기를 쓴다. 일기장의 겉면만 얼핏 내게 보여주었을 뿐 그 내용은 아직 한 번도 공개하지 않고 있다. 이제 부모의 품을 떠나 자신만의 세계를 갖는다는 것이 섭섭하기도 했지만, 한편으로 대견하기도 했다. 이제 꿈을 가질 나이가 되었다는 것이다. 비밀의 공간에서 서로 이야기를 주고받으면서 어른들이 모르는, 혹은 어른들보다 더 나은 세상을 꿈꾸고 있는 것이다.

교환이라는 말은 서로간의 소통을 의미하고, 일기는 비밀스러운 공간을 말한다. 그러니까 교환 일기는 '소통을 위한 비밀스러운 공간'이라 할 수 있다. 이 비밀의 공간을 갖고 있다는 것은 얼마나 즐거운 일일까.

중학생 딸아이가 교환 일기를 쓴다는 말을 들으면서 어린 시절 소를 먹이는 구릉지에 있던 우리들의 비밀스러운 장소를 떠올렸다. 그곳은 성장기에 있는 아이들이 통과의례처럼 거쳤던 비밀공간이 아니던가.

오미경의 『교환 일기』는 이 비밀스러운 공간에서 그들만의 세계를 꿈꾸는 아이들의 이야기다. 이 동화는 그들만의 공간에서 성장해가는 아이들의 소중한 세계를 잘 살리고 있다. 이 동화의 주인공들은 초등학교 6학년 여자아이들이다. 김강희, 서유나, 방민주는 각기 살았던 환경도 다르고 현실적으로 처한 여건도 다른 아이들이다. 그런데도 이들은 너무도 자연스럽게 서로 부끄러운 속내를 털어놓으면서 친구가 된다. 전혀 다른 환경에 있는 아이들이지만, 비밀의 공간에서는 그들만의 세상을 만들 수 있는 것이다. 그 공간은 부자와 가난한 사람, 못난 사람과 잘난 사람도 함께 어울려 새로운 세상을 만들어갈 수 있는 공간이다.

이상(李箱)이 그랬던가. '비밀이 없는 사람은 세상에서 가장 값진 보물을 갖지 못한 사람'이라고. 이 값진 삶의 보물을 가진 아이들은 얼마나 행복할까. 이 동화를 읽는 아이들은 그들만의 공간에서, 그들만의 세상에서 행복감을 느낄 것이다. 인터넷의 공간에서 그들만의 이모

티콘을 가지고, 그들만의 채팅 언어를 가지고 살아가는 아이들의 세계를 들여다볼 수 있다는 것만으로도 행복할 터인데, 이 동화는 성장기 아이들이 겪고 있는 갈등과 삶의 대응방식을 건강한 시선으로 보여주고 있다.

## 2.

이 동화는 구성 방식 말고도 그 상징적 수법이 돋보인다. 세 명의 주인공 이야기를 몇 개의 사건으로 나누어 서술함으로써 이야기를 흥미진진하게 끌어가고 있으며, 누에가 허물을 벗는 과정을 강희가 거짓 생활을 벗고 참된 모습을 되찾는 과정과 연결하고 있다. 누에는 잠을 자면서 허물을 벗고, 다 자라서는 몸에서 실을 뽑아내 자신의 고치를 만들고, 그 고치가 나방이 된다. 마찬가지로 강희와 민주, 유나는 각자의 고치를 만들고 새로운 나방으로 거듭난다. 교환 일기는 이들의 성장과정을 이어주는 고치의 역할을 한다. 이처럼 교환 일기의 비밀공간은 세 아이를 새로운 아이로 성장하게 한다.

이 동화는 비밀의 공간에서 그들만의 세계를 만들면서 성장하는 아이들의 속성을 잘 반영하고 있다. 이 동화의 세 인물인 강희, 민주, 유나를 중심으로 펼쳐지는 삼각관계는 누에, 생리, 교환 일기라는 세 가지 소재와 맞물리면서 긴밀한 긴장 관계를 형성한다. 이 동화가 다른 동화와 다른 점이 있다면, 그것은 구성 방식의 특이함이다. 누에가 껍질을 벗고 실을 뽑아서 고치를 만드는 과정, 비밀스런 초경(初經)의 과정을 겪으면서 성장하는 아이들, 교환 일기의 허위에서 벗어나 서로의 비밀을 공유하는 과정이 맞물리면서 그들은 새로운 아이로 성장한다.

이 장치들이 단단하게 맞물리면서 이야기는 흥미진진하게 전개된다.

6학년 개학과 동시에 지각을 한 강희, 유나, 민주는 그 벌로 방과 후에 일주일 청소를 하게 된다. 이 일을 계기로 친구가 된 세 명은 교환 일기를 주고받으면서 서로의 비밀을 얘기한다. 처음에는 서로를 감추기에 바빴던 것이 나중에는 서로의 마음을 여는 공간으로 자리 잡고, 결국 이들은 교환 일기를 통해서 한층 성숙한 아이로 자란다.

강희, 유나, 민주 이 세 친구의 생활은 각각 서로 다른 삶의 축을 유지하고 있으면서 서로 긴밀한 관계를 맺고 있다. 그것은 같은 또래의 아이들이 비슷한 고민을 한다는 점에 착상한다. 초경에 대한 경험뿐만 아니라, 부모의 품을 벗어나서 살아가려는 욕망도 함께한다. 자존심 강한 강희, 공주병 유나, 어른스러운 민주는 각자 다른 생활 조건에서 살면서도 또래라는 공통분모로 묶여 있다.

이 동화가 특히 동화로써 의미를 획득하고 있는 것은 그 나이 또래의 아이들이 느끼고 생각하고 경험한 것들을 그대로 드러냈다는 사실 때문이다. 그것은 현실의 적확한 묘사와 함께 이 동화가 갖고 있는 가장 중요한 미덕이다. 현실주의 동화는 아이들의 심리와 생활까지도 세밀하게 관찰하는 작가의 시선에서 나오는데, 이 동화는 이런 미덕을 충분히 살리고 있다.

**3.**

그러나 이 동화는 몇 군데 의혹이 제기되는 부분이 있다. 세 아이의 이야기에 초점을 두다 보니 선생님과 엄마의 역할은 상대적으로 가려져 있는데, 이 부분도 자세히 살펴볼 필요가 있을 것이다. 유나 엄마는 반장인 강희 집 일이 궁금하면 학기 초에 강희와 상담한 선생님께 물어보아야 할 것이다. 그런데 유나 엄마는 선생님과 그 문제에 대해 말하기 어려운 때문인지, 강희 집안의 일을 줄곧 강희를 통해서만 알려고 한다. 이러한 설정 때문에 한 학기가 지날 때까지 유나 엄마는 반장인 강희 집의 일에 대해서 알 수가 없고, 강희 집안의 일은 유나와 강희의 교환 일기를 통해서만 알게 된다. 6학년 선생님은 강희 집안의 일에 대해 그다지 알려고도 하지 않고, 한 한기가 지나가는데 선생님은 반장인 강희에게 관심이 없는 것일까, 아니면 학생들에게 관심이 없는 선생님일까.

다음은 가족의 문제이다. 강희 엄마의 성격이 어떤지는 모르겠지만, 부도로 사업이 망한 남편에게 지하단칸방에서 살지 않겠다는 말을 함으로써 아버지와 불화가 생기고, 이 때문에 아버지가 집을 나가면서 강희 엄마도 집을 나가고 만다. 강희 가족이 흩어지는 원인은 다른 데 있을 수도 있으며, 이 문제에 대해 자세히 설명하지 않았기 때문에 정확한 정황은 모르겠지만, 엄마의 허영심과 아버지의 섣부른 판단이 만들어낸 일이라고 추측할 수 있다. 그런 점에서 강희 집에 일어난 일은 과연 현실적일까라는 의문이 제기된다. 강희 엄마가 노래방 도우미를 하면서 강희에게 돈을 보내준다는 사실도 문제다. 아이들의 동화에 어른들의 일그러진 모습이 적나라하게 비쳐져 오히려 어색해지지 않았는지 생각해볼 일이다.

다음은 민주에게 일어나는 불행한 사건이다. 작가는 민주의 불행을 너무도 심각한 상황으로 몰고 간다. 민주는 아버지가 죽고 엄마마저도 뺑소니 교통사고로 죽고 만다. 뿐만 아니라 민주의 불행은 점점 더 심화되는데, 부모를 모두 잃은 후 민주 식구를 돌보던 고모마저 캐나다로 이민을 떠나버리는 것이다. 민주에게 일어나는 최악의 상황은 너무도 작위적으로 이루어지는 상황이 아닌가 하는 의문이 남는다.

그런데 이런 가족의 불행과 파탄이 난 가족의 상황과는 다르게 민주는 천사표 아이로 그려진다. 민주는 학교를 마치면 동생을 돌보고, 아르바이트를 해서 돈을 벌어 생계를 유지한다. 불행한 일이 일어났음에도 불구하고 당당하고 구김살 없이 살아가는 민주의 모습은 나이에 비해 너무 성숙한 이미지로 그려지고 있는데, 이는 인물에 작가의 의도가 지나치게 개입된 것이라 할 수 있다. 작가는 어른들의 일그러진 모습과는 반대로 밝고 건강한 민주의 이미지를 보여줌으로써 새로운 동화의 인물 형상을 창조하려고 했지만, 그런 의도와는 달리 민주는 나이에 어울리지 않는 인물이 되고 말았다. 민주의 이런 행동은 다른 부분에서도 찾을 수 있다. 누명을 쓴 민철이의 진실을 밝히는 장면이 있는데, 상황 판단을 제대로 하지 못하는 선생님과는 반대로 민주는 현명한 판단과 분명한 말로써 선생님을 무안하게 만든다. 물론 이런 선생들이야 충분히 있을 수 있겠지만, 민주의 당당한 행동을 내세우려다 보니 상대적으로 선생님의 판단은 무색하게 되고 말았다.

**4.**

이런 문제점에도 불구하고 이 동화는 전체적으로 잘 짜인 작품이다. 그것은 사건의 전개뿐만 아니라 아이들의 생각과 심리까지도 염두에 둔 작가의 배려 때문이다. 현실수의 동화가 아이들에게 재미있게 읽히기 위해서는 아이들의 눈높이에서 세상을 바라보고, 그 시선으로 동화를 써야 한다.

성장기 아이들의 시선을 놓치지 않는 작가의 관찰은 그 시기쯤 갖게 되는 아이들의 상황을 정확하게 간파하는 데서 나타난다. 부모로부터 벗어나려는 탈출과 방황의 시기에 있는 아이들에게 어른들이 어떻게 해야 하는가라는 문제는 이 동화가 던지는 화두일 것이다. 아이들의 시선으로 그들의 세상을 보았지만, 어른들이 이 동화를 통해서 성장기 아이들의 반항 심리를 조금이나마 이해할 수 있었으면 한다. 다행스럽게도 이 동화는 아이들과 어른들의 세계를 소통하는 데 있어서 나무랄 데가 없는 동화이다. 성장기에 있는 아이들의 비밀스러운 공간을 잘 살려낸 이 동화는 현실주의 동화에서 빛을 발하는 작품이라 할 수 있다.

# '꼬마 아줌마' 다님이
— 김원석 글, 이미정 그림 『대통령의 눈물』

김원석의 『대통령의 눈물』은 감동과 눈물을 동시에 안겨준다. 어린 시절 아이들은 누구나 대통령이 되고 싶어 한다. 대통령은 아이들의 꿈과 소망의 대상이다. 그런 대통령 할아버지가 다님이의 순수한 마음에 감동하여 눈물을 흘린다. 이 부분에서 우리는 인간적인 아름다움과 함께 깊은 감동을 맛본다. 가난한 서민들의 아파트를 찾아다니는 대통령, 외로운 아이들에게 꿈을 주는 대통령, 그런 멋진 대통령은 아이들의 우상으로 자리 잡을 것이다. 우리 아이들의 미래는 그렇게 순수하고 맑은 사회일 것이다.

이 책은 권위주의에 빠져 있는 대통령상에서 벗어나 서민들에게 다가갈 수 있는 진정한 대통령의 모습을 보여주고 있다. 또한, 힘들고 외로운 생활을 하면서도 항상 웃음을 잃지 않는 다님이의 모습에서 아이들은 용기와 꿈을 가질 것이다. 엄마를 잃고 가난하게 살아가지만 건강한 웃음을 잃지 않는 다님이를 통해서 각박한 세상을 헤쳐갈 수 있는 지혜를 배울 것이다. 남을 도울 줄 알고 배려할 줄 아는 다님이의 해맑은 웃음은 어른들의 욕심과 어른들에 의해 만들어진 잘못된 사회를 반성하게 한다. 이 책은 아이들에게 진정한 대통령의 모습을 보여주고, 힘들지만 혼자서 세상을 살아가야 하는 아이들에게 꿈과 용기를 북돋아준다. 참된 대통령은 가난하고 외로운 사람들에게 관심을 가지는 사람이고, 그들의 슬픔을 함께하는 사람이다. 이 책은 대통령의 순수한 눈물을 통해서 밝고 건강한 아이들의 미래를 감동적으로 보여준다.

그러나 이 책의 문제는 순박한 아이를 '꼬마아줌마'로 만들어버린 데 있다. 다님이는 명랑하고 활달하고 웃음이 많은 아이이다. 한편으로 보면 다님이는 기특할 정도로 용감하고, 호기심이 많으며, 인정이 많은 아이이다. 지극히 맑고 깨끗한 천사의 이미지이다. 쉽게 지나칠 지도 모를 이 인물 설정에 대하여 좀 더 깊이 생각해보면 문제는 달라진다. 다님이라는 해맑은 인물을 만들어낸 글쓴이의 의도를 생각해보자. 다님이는 어른들이 생각하는 신데렐라와 콩쥐팥쥐에서 신데렐라와 콩쥐가 겪는 세상살이를 현대적 시각으로 표현한 것이다. 의도적이

든 그렇지 않든, 글쓴이는 초등학교 2학년 천진한 다님이를 '꼬마아줌마'로 만들어놓고 말았다. 어린이는 어른보다 훨씬 현명하고 때론 놀라울 정도로 기발한 생각을 하기도 한다. 그런데 다님이는 벌써 그런 기발한 생각을 넘어서서 사람들 속에서 살아가는 속 깊은 이해와 어른과 같은 믿음직한 행동을 하는 아이가 되어버렸다. 다님이는 아이이면서 '꼬마 아줌마'가 되어버린 것이다.

자기가 살고 있는 집을 인형으로 장식하고 궁전처럼 만들어 살면서 늘 웃음을 잃지 않는 아이, 죽은 엄마를 생각하면서도 이미 그 아이는 잃어버린 엄마를 가슴속에 묻으면서 슬픔을 삭일 줄 아는 아이가 되어버린 것이다. 다님이는 고전 소설 『심청전』에 나오는 '심청이'를 현대적 상황으로 그대로 옮겨놓은 것이다. 고전 소설의 인물 유형을 그대로 수용한 것일 뿐이다. 흔히 어른이 쓴 동화에는 어른의 생각이 들어가게 마련이다. 그렇게 되었으면 하는 어른의 바람이 들어 있기 마련이다. 그래서 어른이 쓴 동화는 종종 아이들과 생각의 눈높이가 어긋날 때가 있다. 아이들의 생각은 다른 높이에서 작용하고 있는데, 어른들은 어른들이 요구하는 아이로 성장해주었으면 하는 소망이 있기 마련이다. 다님이는 초등학교 2학년이다. 때론 '아빠 냄새'를 그리워하고, '엄마의 하늘'을 그리워하는 아홉 살짜리 아이일 뿐이다. 다님이는 정말 어른처럼 사려 깊은 아이일까. 외로움을 스스로 잘 이겨내기를 바라는 어른들의 소망이 슬픔을 속으로 삭일 줄 아는 아이로 만들어낸 것은 아닐까. 그것이 강요된 어른들의 '꼬마 아줌마' 만들기는 아닐까.

다님이는 엄마가 남긴 말을 생각하고 눈물을 가슴에 묻을 줄 아는 속 깊은 아이이다. 슬픈 일을 만났을 때 슬퍼할 줄 모르고, 기쁜 일을 만났을 때 웃을 줄 모르는 것은 아이들의 정서가 아니다. 아이들은 슬픈 일을 만나면 슬퍼할 줄 알아야 하고, 기쁜 일을 만나면 웃을 줄 알아야 한다. 대통령 할아버지가 다님이는 울 아이가 아닌 것 같다는 말에 다님이는 "마음속으론 언제나 우는 걸요"라고 말한다. 얼마나 속 깊은 아이인가? 이 부분을 읽으면서 독자는 다님이의 어른스러움에 질식할 것 같은 슬픔을 느낄 것이다. 비록 엄마를 잃고 아빠와 함께 어렵게 살아가지만 늘 웃음을 잃지 않는 아이로 성장하기를 바라고, 다른 사람을 배려할 줄 아는 아이로 성장해주기를 희망하는 것은 어른들의 바람이다.

공원에 잠을 자는 할머니가 부를 때, 처음 만나는 할머니인데도 불구하고, 다가가서 친근하게 할머니의 요구를 들어주는 용감한 아이, 슈퍼에 가서 생수를 사 가지고 와서 할머니에게 건네주고 할머니의 어려움을 귀담아 들어주는 천사표 아이, 낯선 할아버지를 만났을 때도 친절하고 거리낌 없이 접근할 수 있는 아이, 시장도 혼자서 보고 밥과 된장찌개도 혼자서 척척 해낼 수 있는 '꼬마아줌마' 다님이. 그 아이는 우리 시대 아이의 표상이 아니라 어른들이 만들어낸 강요된 아이일 뿐이다.

우리 시대 어른들은 아이가 아이답게 성장하기를 희망하지 않는가? 아이들의 자립성을 빌미로 다님이처럼 꿋꿋한 아이로 성장하기를 바라는 것일까. 그러나 아이는 아이다워야 한다. 바쁜 어른들의 틈바구니 속에서 스스로 성장하고, 어머니를 잃고도 용감하게 자신의 삶을 개척해나갈 줄 아는 굳센 아이를 꿈꾸는 도중에 정말 소중한 아이들의 동심을 잃어버리고 말 것이다. 다님이는 어머니를 잃고도 꿋꿋하게 성장하는 아이의 모습을 보이려는 글쓴이의 인물 설정 때문에 어른들이 만들어낸 '강요된 아이' 일 수밖에 없을 것이다.

다님이는 어른들의 욕망이 만들어낸 폭압구조 속에 있는 가련한 아이이다. 대통령의 눈물을 아이들과 함께 읽고 난 어머니들이 혹시, "다님이는 이렇게 혼자서도 잘하는데 우리 아이도 다님이처럼 잘할 수 있었으면 좋겠다"고 생각하지는 않을까? 그것은 그런 환경에 놓여 있지 않거나 그렇게 하지 못하는 아이들에게 폭력일 수 있다.

스스로 성장하고 스스로 판단하고 생각하기까지 아이들은 여러 가지 복잡하고 다양한 경험을 한다. 이 책 한 권이 아이들에게 던져지는 이유는 다님이처럼 혼자서 꿋꿋하게 살아가는 간접 경험을 하게 하기 위해서이다. 초등학교 2학년인 다님이는 장 비서가 찾아와 용돈을 주는데도 단호히 거절할 줄 아는 현명한 아이이다. 글쓴이의 눈높이에 맞추어진 초등학교 2학년 다님이. 다님이는 유치원 때 엄마를 잃은 외로운 아이이고, IMF 때 직장을 잃고 막노동에 시달리는 가난한 집의 아이이다. 어쩌면 다님이는 아홉 살 무렵까지 세상의 평지풍파를 다 겪은 '꼬마 아줌마' 일지도 모른다. 그러나 그 아이가 눈물을 가슴에 묻고 살아가면서 사람들에게 웃음을 선사해주는 '수호천사' 로 남아 있는 것은 아이들의 감성을 어른들의 희망으로 가리려는 의도가 아닐까?

어린이는 어린이다워야 하고, 어른은 어른다워야 한다. 어른답지 못한 대통령의 모습을 천진난만한 다님이를 통해서 진정한 대통령으로 만들어낸 것이 어른으로서 정당한 인물 설정이었다면, 그 정당성에 가려진 다님의 감성은 어디에서 보상받을 것인가? 어른들이 만든 동화에는 어른들의 소망과 아이들에게 거는 희망이 한꺼번에 섞여 있다. 이 책을 읽으면서 슬픈 생각이 드는 것은 순진하고 명랑한 소녀 다님이가 어른들의 바람으로 말미암아 '속 깊은 수호천사' 와 '꼬마 아줌마' 의 이미지로 굳어지지 않을까 하는 우려 때문이다. 다님이의 여린 감수성을 들풀처럼 강한 아이로 만드는 것이 진정 어른들이 바라는 다님이일까. 슬픈 일을 보고 슬퍼할 줄 알고, 기쁜 일을 만나면 기뻐할 줄 아는 자연스러운 아이가 이 땅에 필요한 것은 아닐까. 너무 약해진 현대의 아이들을 우려한 글쓴이의 배려가 오히려 자기의 감정을 조절하고 빨리 어른처럼 믿음직하게 행동하는 인물을 만들어낸 것은 아닐까.

　루소가 '에밀'에게 한 말, "자연으로 돌아가자"는 말이 떠오른다. 다님이의 자연스러운 울음이 오히려 다님이의 웃음을 진정으로 만드는 것은 아닐까. 다시 한 번 생각해보자.

# 가족, 사랑의 공동체
– 하나가타 미쓰루 장편동화 『용과 함께』

## 1. 가족의 제자리 찾기

이정철 감독의 영화 〈가족〉은 교도소에서 3년 만에 출소한 딸과 전직 경찰 아버지의 갈등과 화해를 그린 가족드라마다. 이 영화는 폭력조직에서 벗어나지 못하는 딸을 구하기 위해 목숨까지 버리는 아버지의 희생이 관객의 심금을 울린다. 폭력과 화해라는 다소 뻔한 줄거리로 끝날 것 같은 이 영화가 관객들에게 감동을 주는 까닭은 아버지의 희생을 통해서 만나는 가족 사랑 때문이다. 가족을 위해 희생하는 많은 이야기 가운데 이 영화가 특히 사람들에게 깊은 감동을 주는 까닭은 여기에 있다.

최근 가족공동체가 무너지고 있는 현상은 현대 사회의 물질만능주의가 그 원인이다. 인간관계의 기초가 되는 가족공동체는 희생과 사랑을 바탕으로 한다. 그런데도 이와는 아랑곳없이 가정은 기본이 무너지고 있다. 결혼하는 사람보다 이혼하는 사람이 더 많다는 것은 무얼 말하는가. 이미 무너지고 있는 가족공동체는 먼 곳의 일이 아니라 바로 우리 곁의 현실이라는 것이다. 이 삭막한 시대를 살고 있는 아이들에게 가족의 자리를 어떻게 말할 수 있을까.

수년 전 어느 집에서 "세숫대야는 제자리에"라는 가훈을 정했다고 한다. 공교롭게도 이 가훈이 전국 가훈경연대회에서 대상을 수상했다고 한다. 모르긴 해도 그저 평범한 내용에 지나지 않는 이 가훈이 대상을 받게 된 것은 근본의 중요성을 잘 보여주었기 때문일 것이다. '세숫대야'는 가족이 공동으로 사용하는 물건이고, 이 물건이 제자리에 놓여 있어야 한다는 말은 가족이 각자의 자리에서 제몫을 다해야 한다는 말이다. 이 집에서 '세숫대야'는 아버지의 엄한 위상이기도 하고, 어머니의 자상한 사랑이기도 하며, 자식들이 바르게 성장하겠다는 다짐을 상징하는 물건이기도 하다. '세숫대야'가 제자리에 놓여야 하듯이 가족공동체는 각자가 제자리를 찾을 때 행복한 가정이 이루어진다.

## 2. 사랑으로 이해하는 가족

하나가타 미쓰루의 장편동화 『용과 함께』는 가족공동체가 무너진 시대에 가족의 사랑을 일깨우는 동화다. 이 동화의 작가는 가족공동체가 무너지는 현실을 방관하지 않고 그런 상황에 놓인 가족들을 따뜻하게 감싸고 있다. 어머니를 잃은 슬픔 때문에 정신착란 증세가 생긴 도키오. 어린 시절부터 엄마를 동생에게 빼앗겼다는 생각 때문에 무작정 동생을 미워하는 형 다카시. 아내를 잃고 난 후 두 아이를 키우기 위해 밤낮으로 회사일에 빠진 아버지. 이 가족은 서로 격절(隔絶)한 관계일 뿐이다.

형 다카시는 처음부터 동생 도키오를 이상한 아이로 생각하고, 아버지는 두 아들에게 관심이 없다. 도키오는 엄마가 돌아가시고 난 뒤 더욱 심한 '은둔형 외톨이'가 되고 만다. 이 증세는 초등학교에 입학해서도 여전하다. 도키오는 집에 돌아오면 컴퓨터 게임을 하거나 상상 속의 용(포치)을 친구로 삼아서 함께 대화를 하고, 잠도 같이 자고, 밥도 같이 먹는다.

어느 날 다카시는 동생 도키오를 데리고 도쿄 부근의 우라가스이도라는 들판을 찾아간다. 들판에 도착하자 동생 도키오는 형 다카시에게 깡통차기 놀이를 하자고 한다. 이 놀이를 하면서 동생은 형에게 포치를 끼워서 하자고 한다. 눈에 보이지 않는 용과 어이없는 깡통차기 놀이를 하면서 다카시는 그동안 동생에게 잘못한 일들을 생각한다. 어머니의 사랑을 독차지했기에 어머니의 죽음에 대해 동생이 더 힘들어할 것이라고 생각하고, 또한 다른 사람들은 아무도 용의 존재를 믿지 않지만 형은 반드시 용을 믿어줄 것이라고 생각하는 동생에 대해 다시 한 번 생각하게 된다. 이 작은 배려가 동생 도키오를 이해하는 바탕이 된다. 깡통차기 놀이를 하면서 다카시는 동생처럼 실제로 용과 함께 깡통차기 놀이를 할 수 있다는 상상에 빠진다. 그러자 다카시는 동생을 이해하게 되고, 세상이 다르게 보이기 시작한다.

이들 형제가 서로 화해하는 공간은 들판이다. 메마른 인정으로 가득 찬 문명의 공간이 아니라, 신선한 바람이 있고 흙이 있는 원시의 공간이다. 이곳에서 다카시는 동생 도키오가 무엇을 원하는지, 가족이란 무엇인지를 어렴풋이 깨닫는다. 아파트에서 살면서는 미처 몰랐던 동생에 대해 연민을 느끼고, 엄마를 잃었다는 슬픔을 함께할 수 있는 유일한 사람이 동생이라는 사실을 깨닫는다.

다카시의 아버지는 도키오가 3학년 형들과 싸우면서 이상한 소리를 했다는 담임선생님의 말을 듣고서 도키오를 정신병원에 보내려고 한다. 이 말을 들은 도키오는 집을 나가버린다. 다카시는 도키오가 옥상에 있을 거라 생각하고 옥상으로 올라간다. 옥상에 도착하자 이미 도키오는 난간을 붙잡고 포치의 등에 올라타려고 한다. 뛰어내리기 직전에 다카시가 도키오의 손을 붙잡는다. 도키오는 형의 도움으로 옥상 난간에서 가까스로 죽음의 위기를 모면한다. 이 사건이 있고 난 뒤 아버지는 퇴직금과 아파트를 판 돈으로 시골에 마당이 있는 집을 장만하여 이사를 한다. 도키오가 늘 걱정하는 포치를 위한 넓은 집을 마련한 것이다. 다카시 가족은 그곳에서 행복한 가정을 이룬다.

### 3. 가족이란 행복한 울타리

다카시 가족은 물질만능주의 시대에 흔히 접하는 보편적 가족형태일 것이다. 하루 종일 바깥에서 각자의 일을 하고는 집으로 돌아와서 대화 한 마디 하지 않고 잠자리에 드는 가족, 한 치의 여유도 갖지 못하고 시간의 노예가 되어서 다람쥐 쳇바퀴 돌듯 맴돌고 있는 가족, 이들은 이른바 산업자본주의 시대가 낳은 사생아일 뿐이다.

이 동화는 이런 가족의 형태를 비판하고 사랑이 넘치는 가족을 꿈꾼다. 가족의 행복이란 멀리 있는 것이 아니라 가까운 곳에 있다. 이는 슬픔도 기쁨도 함께할 수 있는 공간이 가족이라는 것이다. 가족은 모두 사랑의 공동체로 묶여 있다는 것을 깨달을 때 그 속에서 진정한 행복을 발견할 수 있을 것이다.

맞벌이 부부가 많은 시대에 어른들은 아이들에게 독립심을 길러준다고 생각하면서 아이들을 방치하는 일들이 많아졌다. 어른들의 욕망이 단란한 가족의 형태를 파괴하고 있지는 않은지 생각해볼 일이다. 가족공동체를 깨닫지 못하고 아이들은 아이들대로 어른들은 어른들대로 각자의 삶을 꿈꾸느라 서로를 사랑할 수 있는 끈을 놓치고 있다. 다카시 가족도 이런 가족 중 하나였다.

부모가 가족을 위해 헌신하려는 마음이 사라지고 스스로의 행복만을 추구하다 보니 아이들도 가족을 위해 헌신하려는 마음이 사라질 수밖에 없다. 가족을 위해 희생하는 부모를 보고 자란 아이는 다른 사람을 위해 봉사할 수 있는 사람으로 성장할 것이다. 가족공동체가 무너진 가정에서 자란 아이는 다른 사람을 위해 희생할 넉넉한 마음을 갖지 못할 것이다.

우리 주위에 살고 있는 가족들을 돌아보자. 일에 쫓겨 사는 아버지. 생활의 어려움에 시달리는 어머니. 학교 성적에 주눅이 든 아이. 이런 가족에게 필요한 것은 무엇일까. 다카시의 가족처럼 서로 이해하고 서로 사랑할 수 있는 마음일 것이다. 아이는 가족의 사랑으로 성장한다.

이 동화는 그런 사랑의 공간이 얼마나 중요한 것인지를 보여준다.

원론적으로 가족은 공동체의 삶을 바탕으로 한다. 가족구성원은 누구도 일방적으로 희생되어서도 안 되지만, 가족들 중 누구도 희생을 강요해서도 안 된다. 가족을 위해 스스로 아무런 보상을 요구하지 않고 순수한 마음으로 희생하려는 마음이 생길 때 진정한 가족의 사랑이 살아 있을 것이다. 아이들은 성장하면서 그들만의 울타리를 만들어간다. 그러나 그 울타리는 가족들의 사랑으로 만들어져야 한다. 부모들이 아이들과 열린 마음으로 사랑하고, 아이들의 고통을 함께해야 한다. 이 공동체의 공간이 가족이라는 울타리인 것이다.

사춘기를 겪고 있는 아이들은 자꾸만 부모와 거리를 두려고 한다. 부모는 많은 노력을 하지만 아이들 마음을 이해하지 못하는 경우가 대부분이다. 아이를 나무라기 전에 어른이 먼저 반성해야 할 것이다. 아이들에게 너무 많은 것을 요구하지 말고, 다른 아이와 비교하지 말고, 우리 아이의 장점을 찾아야 할 것이다. 어른들의 지나친 욕망이 아이들을 막다른 골목으로 몰아가고 있지는 않은지 생각해볼 일이다. 우리 아이가 어느 날 문득 옥상 난간을 붙들고 상상의 용을 만나러 가려는 도키오 같은 아이가 될 수도 있을 것이다. 도키오는 허구 속의 아이일 뿐이지만, 언제든지 현실로 다가올 수 있는 아이이기도 하다. 이 동화를 읽으면서 우리 아이들이 꿈꾸는 용은 무엇인지 한 번쯤 생각해보는 것도 좋을 것이다.

### 4. 가족관계의 새 지평을 위하여

최근 우리나라 동화에도 가족의 해체를 주제로 다룬 작품이 많아졌다. 이는 가까운 일본에서도 마찬가지인 모양이다. 『용과 함께』는 엄마가 교통사고로 죽어 어쩔 수 없는 상황에서 발생한 불우한 가족 유형이지만, 이 동화에 나오는 개인적 가족관계는 어느 가정에서나 일어나는 일들이다. 그만큼 가족관계의 해체는 전 지구적 문제점의 하나로 떠오른 것이다.

　불우한 가정환경에서 살아가는(혹은 견디어내는) 가족의 이야기를 다룬 동화로는 김희숙의 『엄마는 파업 중』, 최나미의 『걱정쟁이 열세 살』, 배봉기의 『실험가족』을 손꼽을 수 있다. 그러나 이 작품들은 현대 가족관계를 냉철하게 바라보는 측면도 있지만, 반대로 아이들에게 너무 일그러진 가족관계를 보여주고 있다는 비판도 받을 수 있다. 아이들에게는 밝은 세계만 보여주어야 한다는 근대 아동문학의 관점을 벗어나려는 시도라는 점에서는 환영할 만한 일이지만, 그것이 지나쳐서 마치 불우한 가족관계가 아니면 동화의 소재가 되지 못하는 것처럼 여겨져서는 안 될 것이다. 아이들에게 현실의 문제점을 적나라하게 보여줌으로써 아이들이 헤쳐 나가야 할 세상살이의 참된 면목을 체험하게 한다는 점은 인정하면서도, 섣부르게 유행처럼 퍼지고 있는 불우한 가족관계의 이야기는 반드시 경계해야 할 필요가 있을 것이다.

　이러한 한계에도 불구하고 동화 『용과 함께』는 어렵고 불우한 가족관계 속에서 새로운 가족관계의 가능성을 보여준다. 이런 점에서 이 동화는 가족관계의 새로운 지평을 열어 보인다. 이 동화를 읽으면서 사랑과 화합으로 이어지는 가족공동체의 회복, 수직적 가족관계에서 수평적 가족관계를 회복하는 진정한 가족관계를 생각해보았으면 한다.

# 동화를 읽는 두 가지 시선
― 차오원쉬엔 글, 양태은 옮김, 첸지앙훙 그림 『바다소』

## 1. 동화 읽는 방법

다른 서사양식과 마찬가지로 동화를 읽을 때는 두 가지 시선으로 접근해야 한다. 하나는 작가의 시선에 충실하면서 읽는 수동적 독서법이고, 다른 하나는 작가의 시선을 곱씹어 읽는 능동적 독서법이다. 아이들은 책을 읽으면서 쉽게 감동한다. 게다가 작가의 잘못을 짚어내지 못하는 일이 많다. 종종 잘못된 상황이라고 생각하면서도 무심결에 지나가버린다. 모든 작품이 다 그렇지만, 동화는 더 철저히 따져가며 읽어야 한다. 왜냐하면 동화는 비판 능력이 부족한 아이들이 더 많이 읽기 때문이다. 동화를 읽을 때 두 가지 시선으로 읽어야 하는 까닭이 여기에 있다. 이 두 가지 시선으로 접근할 때 차오원쉬엔의 동화집 『바다소』는 두 가지 미덕과 한 가지 아쉬움이 남는다.

## 2. 두 가지 미덕

차오원쉬엔의 동화집 『바다소』의 첫 번째 미덕은 아이들의 청순한 감성을 미묘하게 드러낸다는 점이다. 특히 네 편의 동화 중에서 「빨간 호리병박」과 「미꾸라지」는 가슴 설레는 순박한 사랑과 농촌 아이들의 끈끈한 우정이 잘 묘사되어 있다.

> 개학하기 전날 황혼녘, 뉴뉴는 갈대숲에 걸려 있던 빨간 호리병박을 풀어 주었다. 그리고 빨간 호리병박은 반짝반짝 빛을 내면서 그렇게 황혼 속으로 떠내려갔다…….(43쪽)

「빨간 호리병박」의 마지막 장면인데, 황혼 속으로 사라지는 빨간 호리병박은 뉴뉴의 청순한 사랑을 상징한다. 호리병박은 완이라는 가난한 소년과 뉴뉴라는 소녀를 연결하는 믿음의 매개물이다. 그러나 그 믿음은 완이가 강 중간쯤에서 뉴뉴의 호리병을 빼앗음으로써 깨지고 만다. 뒤늦게 뉴뉴는 완이의 행동이 수영을 가르치기 위한 진심이었다는 사실을 깨닫는다. 뉴뉴는 빨간 호리병박을 강물에 떠내려 보내면서 떠나간 완을 생각한다. 이 동화는 알퐁스 도데의 「별」처럼, 청순한 사랑의 감정을 충실하게 묘사하고 있다.

「미꾸라지」는 완이라는 젊은 과부를 중심으로 소년 싼류와 스진쯔의 우정을 묘사하고 있다. 그들은 계속해서 서로에게 "완한테 아줌마라 불러? 아니면 누나라고 불러?"라는 물음을 던진다. 두 소년은 완에게 보이지 않은 순정을 표현하면서 서로의 우정을 확인한다. 이 동화는 성장기 소년들의 청순한 사랑과 우정을 잘 드러내고 있다.

『바다소』의 두 번째 미덕은 문제아를 바라보는 작가의 따뜻한 시선이다. 동화 「아추」에는 이러한 작가의 시선이 잘 나타나 있다. 작가는 아이들을 무시하는 어른들에게는 냉담하면서도, 버림받은 아이들에게는 따뜻한 시선을 보낸다. 문제아는 어른들의 무관심 때문에 발생하고, 따라서 어른들은 심각하게 반성해야 한다는 것이다. 이 동화집에 나오는 대부분의 주인공과 마찬가지로 아추도 불행한 아이의 전형으로 묘사된다. 아추는 악의 고리에서 끝내 헤어나지 못하는데, 작가는 악랄하게도 마지막 장면에서 아추를 죽이는 상황으로까지 몰고 간다. 이러한 냉담한 선택은 어른들을 바라보는 작가의 시선이다.

아동심리학에서 피해의식에 사로잡힌 아이들은 끝없이 자신의 울타리를 만들고, 그 울타리는 자기폐쇄성으로 나타난다고 한다. 이 아이들은 이성의 판단보다도 자기감정에 충실하기 때문에 아무런 죄의식 없이 나쁜 일을 저지른다고 한다. 도덕적 판단이 결여된 자폐아에게 선과 악의 기준은 없다. 다만, 자신과 사회에 대한 보상심리만 있을 뿐이다.

아추는 어른들의 무관심 때문에 사회적 자폐아가 된다. 아추는 마을 사람들로부터 버림을 받기도 하고 스스로 마을 사람을 거부하기도 한다. 이 때문에 아추는 마을 사람을 대상으로 온갖 나쁜 짓을 한다. 어느 날, 아추는 마을에 불이 났다는 거짓말을 하여 마을 사람들을 골탕 먹인다. 다거우는 이 일을 꾸민 사람이 아추라는 사실을 마을 사람들에게 알린다. 이 일로 아추는 마을 사람들에게 붙들려 사흘 동안 독방에 갇히고 만다. 그날 이후로 아추는 다거우에게 복수할 기회를 노린다. 어느 날, 아추는 다거우가 배를 타고 놀고 있는 것을 목격한다. 아추는 다거우에게 접근하여 배를 풀어서 강가의 외딴 갈대숲으로 데려간다. 다음 날, 배는 물살에 휩쓸려 가버리고 두 사람만 남는다. 아추는 그곳에 움막을 짓고 마을 사람들이 나타나기를 기다린다. 그런데 갈대숲으로 다가오는 마을 사람들은 모두 다거우만 찾는다. 아추는 자신이 소외되었다는 사실에 분개하면서 그 앙갚음으로 다거우를 흠씬 두들겨 팬다. 다거우는 꼼짝하지 않고 맞기만 한다. 아추는 자기를 괴롭히는데도 불구하고 끝내 참고 있는 다거우를 통해서 자신의 행위가 잘못되었다는 사실을 깨닫는다. 아추는 기진맥진한 몸으로 다거우에게 주기 위해 들오리를 잡으려다가 힘에 부쳐서 물에 빠져 죽고 만다.

겉으로 보기에 이 동화는 악의 고리 속에서 헤어나지 못하는 아추의 불행을 말하는 듯하지만, 좀 깊이 들여다보면 아이들의 순박한 동심을 해치는 어른들의 무관심을 비판하고 있다. 작가는 주인공 아추를 죽임으로써 어른들의 무관심이 만들어낸 거대한 폭력구조를 거침없이 몰아세운다. 아추의 죽음은 어른들의 무관심이 빚어낸 희생양인 것이다.

동화 「아추」는 아이들이 진정 원하는 것이 무엇인지를 깨닫게 한다. 그것은 어른들의 관심과 사랑이다. 부모를 잃은 아추를 마을 사람들이 따뜻하게 대해주었더라면 그런 불행은 없었을 것이다. 작가는 아추를 죽임으로써 또 다른 아추가 생기지 않기를 바라고 있는 것이다. 그것은 불행한 아이를 바라보는 작가의 따뜻한 시선이다.

### 3. 한 가지 아쉬움

앞의 세 작품과는 다르게 「바다소」는 주인공의 용기를 지나치게 강조하다 보니 옆길로 샌 동화이다. 성장소설이 아이들에게 용기를 주기 위한 것이라 해도 그것은 어디까지나 진실해야 한다. 더군다나 그 내용이 현실과 다르거나 현실을 지나치게 과장하고 있다면 그것은 문제가 아닐 수 없다. 동화 「바다소」는 이러한 문제점을 고스란히 안고 있어서 동화의 진실을 잃고 말았다. 아름다운 세 편의 동화와는 반대로 작품집의 표제작인 「바다소」는 아쉬움이 남는다.

> 바다소는 쉴새없이 귀를 흔들며 울음소리를 냈다.
> 소년은 너무나도 두려웠다. 소년은 하늘을 올려다보았다. 별이 어디 있지? 소년은 조그만 별빛 하나가 너무나도 그리웠다.(78쪽)

이 장면은 소년이 바다소를 사서 돌아오는 길에 일어난 일이다. 숲에서 잠깐 눈을 붙인 소년은 다시 일어나 어둠을 헤치고 소를 몰고 간다. 그런데 소년의 앞에는 안개에 싸인 어두운 강이 놓여 있었다. 소년은 안개에 싸인 강으로 소를 몰아넣은 다음 소의 잔등에 타고 강을 건넌다. 강 중심으로 들어갈수록 물결은 거세진다. 인용한 부분은 그 다음의 상황인데, 이 부분에서 소년은 뜬금없이 하늘을 올려다보면서 별을 찾는다. '할머니가 보고 싶었다'는 것은 상황에 어울리지만, '별빛이 그리웠다'는 것은 어울리지 않는다. 거친 강물을 헤쳐 나가면서

'너무도 두려웠다'는 것은 이해할 수 있지만, 별을 찾는 행위는 납득이 가지 않는다. 다음 상황은 더 어색하다.

소 주인이 두 손으로 소의 목을 껴안고는 입으로 그 목덜미를 물어뜯었던 것이다!
소는 단번에 무너졌다. 마침내 흙탕물 속에 두 무릎을 꿇은 것이다.(93쪽)

이 장면의 바로 앞부분에서 소년은 소가 날뛰는 바람에 여러 가지 고충을 겪는다. 소의 고삐를 잡은 채 끌려오기도 하고, 뒷발에 걷어차이기도 한다. 결국 소년은 기지를 발휘하여 고목나무 가지에 앉아 있다가 지나가는 소의 잔등에 올라탄다. 놀란 소가 이리저리 뛰어다니지만 소년은 뿔을 잡고 버틴다. 이때 '소 주인'(앞부분은 소년이라 해놓고 이 부분에서 갑자기 소 주인이라 하니 어색하기도 하지만)이 소의 목을 껴안고 입으로 그 목덜미를 물어뜯어서 무릎을 꿇게 한다. 아무리 생각해보아도 이 부분은 진실성이 없다. 혼자서 바다소를 사고, 사흘 동안 소와 씨름하면서 무사히 돌아오는 소년의 용기에 초점을 두다 보니 이런 생뚱한 일이 일어나고 말았다.

끝으로, 부분적이기는 하지만, 이 동화는 번역이 매끄럽지 못한 점이 흠이다. 번역 동화는 그 상황에 알맞은 단어와 의미를 찾는 일이 가장 중요한 일이며, 무엇보다 우리말의 어법에 맞는 말을 써야 한다. 그런데 이 동화에는 곳곳에 어색한 문장이 보인다. 예를 들면, '사방에서 불어오는 충격파에 나무가 부러지는'(82쪽)에서 '충격파'를 '세찬 바람에' 정도로 번역할 수도 있을 것이다.

# 나무를 사랑할 줄 아는 아이들
― 구로야나기 테츠코 글, 김난주 옮김 『창가의 토토』

 어린 시절 우리 마을 인근 초등학교에는 키 큰 플라타너스가 여러 그루 있었다. 그 나무는 아이들의 쉼터였다. 나무 위에 올라가 가지를 꺾어서 집을 짓기도 하고, 동그란 열매가 방울처럼 달리면 그 열매를 따서 놀기도 하였다. 여러 그루의 나무 중에 내가 지목한 나무가 있었는데 그 나무는 내 작은 팔을 벌려 안아도 남을 정도로 키가 큰 플라타너스였다. 가지가 갈라진 곳에 비스듬히 누워서 널따란 잎 사이로 하늘을 보기도 하고, 말 잔등을 탄 것처럼 걸터앉아 운동장에서 놀고 있는 아이들을 바라보기도 하였다. 플라타너스는 높은 곳에서 세상을 볼 수 있는 나만의 공간이었다. 그 나무는 미끄럼틀보다도 높았고, 늑목보다도 키가 컸다. 키가 작은 나는 늘 앞자리에 앉고, 운동장 조회 때에도 늘 앞줄에 섰다. 달리기 경주를 할 때도 키가 작은 나는 늘 뒤로 밀려나기 일쑤였다. 나에게 키 큰 플라타너스는 높은 곳에서 세상을 볼 수 있는 공간이었다. 그 나무 위에 올라가면 운동장에서 축구를 하는 모습도 잘 보였고, 무엇보다도 측백나무 울타리 바깥을 살필 수 있어서 여간 좋지 않았다. 키 작은 내게 키 큰 플라타너스는 높은 곳에 올라서 세상을 바라보게 한 말없는 친구였다.

플라타너스에 대한 기억은 몇 년 전 우연한 기회에 되살아났다. 어느 신문에선가 '재미있는 초등학교 여름방학 과제물'이라는 기사를 읽은 적이 있는데, 그 가운데 하나가 '나무와 대화하기'라는 숙제였다. 나무 곁에서 1시간가량 서 있어보고 그 느낌을 글로 표현하는 것이다. 숙제치고는 참으로 뜬금없는 숙제였지만, 곰곰이 생각해보니 재미있는 숙제라는 생각이 들었다. 그 숙제를 떠올리는 순간, 어린 시절 내가 올라가서 놀던 키 큰 플라타너스가 생각났다. '재미있는 과제물'이라는 기사를 읽으면서, 청도에서 아이들을 가르치는 이호철 선생님이 생각났다. 이호철 선생님이 아이들에게 내주는 '재미있는 숙제' 만큼이나 나무와 대화하는 숙제는 기발하면서도 참신한 것이었다. 나무와 대화를 해본 아이들은 독특한 자연체험을 하게 될 것이다.

구로야나기 테츠코의 『창가의 토토』는 독특한 아이들의 교육 체험을 잘 보여준다. 이 책은 작가의 체험을 쓴 실화인데, 작가는 이 책을 통해서 아이들의 교육 방식이 어떠해야 하는지를 말해준다. 도모에 학원은 동화 같은 기차 학교이면서 아이들에게 흥미를 갖게 하는 학교이다. 동심의 세계에서 자연을 체험하고, 아이들이 하고 싶은 일을 마음껏 하게 하는 곳이다. 이 학교는 작가의 어린 시절 이름인 테츠코가 직접 체험한 곳이기 때문에 생동감을 준다.

주인공 토토는 초등학교 1학년 때 엉뚱한 행동을 하도 많이 해서 학교생활에 적응을 잘 못한다. 이곳저곳으로 학교를 옮겨 다니다가 결국 도모에 학원이라는 곳까지 전학을 하게 된다. 그런데 이 학교의 교장 선생님은 사용하지 못하는 기차를 이용하여 교실을 만들고, 아이들에게 재미있는 학습활동을 해서 학교에 오는 것에 흥미를 갖게 한다. 다른 학교에서 문제아로 따돌림을 받던 토토도 이 학교에서는 가장 소중한 아이로 성장하게 된다. 주인공 토토는 이 학교의 다른 아이들처럼, 아이들에게 피해를 주는 문제아라며 퇴학을 당하고는 도모에 학원에 오게 된다. 그러나 이 학교에서는 토토와 같은 문제아를 전혀 문제아로 취급하지 않는다. 오히려 그 아이들의 순수함과 호기심, 그리고 열정을 충족시켜주어 스스로 깨닫고 자신을 아낄 줄 아는 아이로 만든다. "토토, 넌 할 수 있어"라고 희망을 가르치고, 자신감을 갖게 한다. 어느 날, 토토는 화장실에서 자기가 매우 소중하게 여기는 지갑을 빠뜨리고 그걸 찾기 위해 오물을 퍼내고 있었다. 그 광경을 지켜본 교장선생님은 지나가면서 "토토야, 원래대로 해놓아야 한다"고 한다. 꾸중을 들을 거라고 생각했는데 조용한 말 한마디로 끝내는 것을 보고 토토는 저녁 무렵까지 그 화장실의 오물을 퍼내고, 원래대로 해놓고 집으로 돌아간다. 그 일을 하면서 토토는 아주 소중한 경험을 한다. 자기가 한 일에 대해서는 끝까지 책임을 져야 한다는 것이다. 전학을 오는 날, 교장선생님은 토토가 대수롭지 않은 말을 주절주절 늘어놓아도 끝까지 들어주었다. 화장실 사건도 꾸중은커녕 그 일에 책임을 지고 혼자서 감당하게 한다. 아이들을 구속하기보다는 자유롭게 자신의 일을 하게 한다. 대부분의 학교에서 문제아로 치부당하는 아이들은 모두 다른 자기들만의 세계를 갖고 있다. 그 세계를 어른들이 이해해주는 것은 어려운 일이다. 이 책은 아이들이 자연과 더불어 생활하는 것이 얼마나 소중한 것인지를 사실적으로 보여준 아름다운 아이들의 이야기이다.

이 책이 강조하는 또 다른 교육 방식 중에서 눈에 띄는 것은 도모에 학원에 다니는 아이들은 나무를 사랑할 줄 아는 아이로 성장한다는 것이다. 이 학교의 학생들은 오후에 산책 시간을 갖는데, 그 산책길의 길목에 자신의 나무를 하나씩 지목해서 그 나무와 대화를 하거나 그 나무가 자라는 것을 지켜보게 된다. 처음에 토토는 그 뜻을 잘 모르고 더러는 나무 위에 올라가기도 하고, 그저 나무를 멍하니 바라보기만 한다. 높은 곳에 올라가서 멀리 바라보기를 좋아하는 토토는 자신의 나무 위에 올라가면서 또 다른 경험을 하게 된다. 그러면서 마치 나무가 친구가 된 것처럼 느끼는 것이다. 자기가 지목한 나무가 있다는 말은 그 나무를 사랑한다는 말이다. 어린 시절 나무 위에 올라가서 먼 곳을 바라본 경험이 있는 사람은 언젠가는 그 나무가 얼마나 소중한 존재인지를 알게 된다. 식물과의 대화는 자연 속에 살아가는 사람들이 한 번쯤은 체험해야 하는 소중한 경험이다.

나무는 뿌리로부터 물줄기를 끌어올린다. 그 물줄기는 가지 끝까지 뻗쳐 잎사귀에 자양분을 공급한다. '나무와 대화하기' 는 이런 나무의 힘찬 생명력을 직접 경험하게 하는 교육 방식이다. 이 숙제를 통해서 아이들은 말없이 서 있는 나무의 풍경 속에서 자연스럽게 나무의 덕목을 깨닫는다. 나무는 늘 그 자리에 서 있다. 그 자리에 뿌리를 내리고, 상처가 생기면 스스로 옹이를 만들 줄 안다. 해마다 무성한 잎을 만들어 그늘을 드리우고, 지나가는 바람도, 새도, 마음껏 받아들인다. 나무는 성자(聖者)의 모습이다. 겸허한 자세로 자신을 가꾸어내는 데 정성을 다한다. 이런 나무를 벗하고 자라는 아이는 평범함 속에 깃들어 있는 자연의 순리를 배운다.

이 책의 주인공 토토가 지극히 정상적인 아이로 성장하고 나중에 일본의 유명한 방송인이 될 수 있었던 것은 자연이 주는 소중한 가치와 함께 생활했기 때문이다. 토토는 나무를 통해서 자신이 얼마나 소중한 존재인지를 깨닫게 되었다. 사람들이 나무만큼만 겸허하다면, 그리고 나무만큼만 자연의 질서에 순응할 줄 안다면, 세상은 참으로 아름다울 것이다. 나무는 새들이 깃을 놓고 쉴 수 있는 공간이기도 하고, 무더위에는 시원한 그늘을 제공해주기도 한다. 말없는 성자의 모습으로 서 있는 나무를 보면서 '나무와 대화하기' 를 가르치는 것은 매우 소중한 교육 방식이라고 생각한다.

우리 모두 마음속에 자신을 지탱해주는 굳건한 나무 한 그루씩을 가지고 살면 좋겠다. 힘들고 지칠 때 자기를 온전하게 지탱해주는 어머니처럼 따뜻한 나무. 때로는 근엄하게 꾸중을 해주는 아버지처럼 엄한 나무. 사춘기 시절 갈 길을 잃어 방황할 때는 인자한 선생님 같은 나무를 갖고 살아가면 좋겠다. 어린 시절, 그런 나무에 대한 경험을 한 번쯤 해보는 것이야말로 세상을 살아가는 데 무엇보다도 큰 힘이 될 수 있다. 그런 소중한 체험이 이웃나라 일본의 학교 교육에서 이루어지고 있는 것을 보면서 상대적으로, 성적으로 줄을 세우고 있는 우리나라 교육의 일그러진 문제점을 절감한다.

　자연의 질서가 주는 힘은 우리가 깨닫지 못하는 곳에 존재한다. 어린 시절 나무와 숲을 보면서 자란 아이일수록 남을 배려하는 따뜻한 마음을 가질 줄 안다. 이 책을 통해서 학교 바깥의 교육에서 찾아야 할 진정한 의미를 발견할 수 있었으면 한다. 자연과 함께하는 교육의 중요성은 헬렌 켈러의 『나의 생애』라는 자서전에서도 충분히 알 수 있다. 소경, 귀머거리, 벙어리의 삼중고(三重苦)를 이겨낸 헬렌 켈러는 세계 최초로 대학교육을 받은 맹농아자가 되었다. 그녀가 그렇게 훌륭한 인물로 성장할 수 있기까지는 끊임없이 자연의 위대함을 일깨워준 설리번 선생님이 있었다.

　교육의 근원이 자연으로부터 출발해야 하는 이유는 인간이 자연의 일부이고 자연과 더불어 생존해나가야 하기 때문이다. 자연은 사람들의 희망이고 꿈이다. 나무를 사랑할 줄 아는 아이는 사람을 사랑하는 아이로 성장할 것이고, 자연이 주는 넉넉한 아름다움 속에서 너그러운 마음을 가지게 될 것이다.

　이 책은 어떤 아이라도 성장 과정을 올바르게 이해해준다면 훌륭한 어른으로 성장할 수 있다는 사실을 보여준다. 아이들의 세계를 이해하고 동심의 세계에서 풍부한 자연의 질서를 느끼게 하는 것이 얼마나 소중한 것인지를 알게 한다. 교육이라는 빌미로 아이들의 자유를 구속하고, 시험 성적으로 아이들을 주눅 들게 하는 것만이 어른이 해야 할 진정한 교육의 방법일까. 어른들의 잘못된 선택이 아이들의 미래를 어둠 속으로 몰아넣는 것은 아닌지 생각해볼 일이다.

　나무를 사랑할 줄 아는 아이는 세상을 사랑할 줄 안다. 아낌없이 주기만 하고, 늙어서 말없이 자연으로 돌아가고 마는 나무를 통해서 사람들을 사랑할 줄 아는 아이로 성장할 것이다. 진정한 교육은 자연으로부터 출발하고, 그 자연스러움으로 아이들은 세상을 사랑하게 될 것이다. 학교 교육은 아이들에게 희망을 주고 용기를 주며, 자신을 사랑하고 인류를 사랑할 줄 아는 사람으로 거듭 태어나게 하는 공간이어야 한다. 아이들에게 희망을 주는 학교, 아이들과 함께 호흡하는 학교에서 아이들은 자기 자신을 진정 사랑할 줄 아는 사람으로 거듭날 것이다.

　이 책은 아이들이 주위의 것들을 사랑하면서 자신을 사랑할 줄 아는 것이 얼마나 중요한 것인지를 보여주고 있다. 모든 아이들이 자신의 나무 한 그루씩을 가지고, 그 나무로부터 위대한 자연의 질서를 스스로 배워나갈 수 있는 시대는 언제쯤 올 것인가? 이 책을 덮으면서, 아이들에 대한 쪽빛 희망과 우리 교육이 가야 할 길이 어느 곳인지 한 번쯤 고민해보면 좋겠다. 이 책을 읽고서 나무를 사랑하는 아이들이 많아졌으면 좋겠다. 나무의 겸허한 미덕을 자연스럽게 익혀나가는 아이들이 많아졌으면 좋겠다. 어린 시절에 나무 위에 올라가서 바라본 세상이 그렇게 넓게 보이듯이 아이들이 좀 더 넓은 마음으로 세상을 볼 수 있는 교육의 기회가 주어졌으면 좋겠다. 교육의 본질은 밀쳐두고 티격태격하는 요즘 우리나라의 현실을 바라보면서 어른들이 나무만큼만 조용히 자신의 일에 충실했으면 좋겠다는 생각을 해본다.

# 환상의 세계에서 만나는 우리 역사
### – 백은영 판타지 동화 『고양이 제국사』

### 환상이 만들어낸 이야기

요즘 여러 책들을 읽다보면 현실보다 더 재미있는 환상의 세계를 많이 만나게 된다. 그런데 그 환상은 단순한 환상의 세계로 끝나는 것일까. 환상은 우리에게 더 높고 더 넓은 세계이다. 『백 년 동안의 고독』이라는 작품으로 노벨문학상을 받은 가브리엘 가르시아 마르께스는

"환상이라는 것은 예술가들의 특별한 능력"이라고 말했다. 누구나 엉뚱한 환상을 할 수 있고, 그 환상을 언어로 표현하면 문학이 되는 것이다. 해리포터 시리즈는 현실과 환상의 경계를 넘나들면서 우리들에게 새로운 세계를 보여주었다.

정말 그런 환상의 세계가 있을까. 우리는 그런 어리석은 질문을 할 필요가 없을 것이다. 눈으로 보이는 세계가 세상의 전부는 아니기 때문이다. 우리는 어떤 상상도 할 수 있고, 그 상상은 현실과 동떨어진 것 같은데도 그 세계는 현실과 닮아 있다. 그것은 마술과 같은 현실의 이야기라는 것이다. 이런 환상을 꿈꾸는 사이에 우리는 자연스럽게 또 다른 세상을 만나게 된다. 환상과 현실의 경계를 넘나들면서 꿈을 이야기하고, 그 꿈의 실현을 상상하는 것은 현실을 더욱 풍요롭게 한다. 환상이 사라진 어른들의 세계를 보라. 얼마나 가난하고 힘들어 보이는가. 이제 어른들도 아이들이 만나는 환상의 세계를 생각하면서 빙그레 웃을 수 있는 마음의 여유를 가져야 할 것이다.

### 고양이가 안내하는 신비한 세계

백은영의 동화는 항상 독자를 재미있는 환상의 세계로 안내한다. 등단작인 『주몽의 알을 찾아라』에서도 현실과 환상을 넘나드는 신비한 모험의 세계로 독자를 안내하는데, 최근에 발표한 『고양이 제국사』는 고양이와 대화를 하고 그 고양이와 함께 고구려의 역사를 만나게 한다. 고양이는 동·서양을 막론하고 신비로운 동물로 통한다. 고양이는 사람과 친숙하면서도 늘 바깥에 나다니기를 좋아하는 야생의 습성을 가진 동물이기 때문에 사람들은 고양이를 신비로운 소식을 가져오는 동물로 여긴다. 전래동화에서도 고양이와 관련한 작품이 많지만, 최근 동화에서도 고양이를 소재로 한 작품들이 간간이 눈에 띈다. 이 작품들은 대개 고양이가 안내하는 신비한 세계를 그리고 있다. 아파트에서 만난 고양이를 따라간 아이의 이야기, 나무 위의 파란 고양이를 따라가서 만난 고양이 학교 이야기, 고양이 소녀 이야기와 같은 신비한 이야기가 많다. 이 책은 특이하게도 고양이가 인간과 대화를 나누면서 인간의 역사를 새롭게 보여주는 작품이다.

고구려는 말갈족, 돌궐족, 예족이 세운 나라이다. 고구려가 당나라에 멸망하게 된 사연은 여러 가지가 알려져 있지만, 이 작품에서는 세계 제국사의 흐름에 따라 멸망하게 되었다는 필연을 전제하고, 이런 필연의 과정이 고양이의 제국사와 맞물려 있다고 가정한다. 한 사람의 운명이 태어나면서 정해져 있듯이, 나라의 운명도 고양이라는 영물을 통해서 정해진다는 것이다. 이렇게 아득한 고구려의 역사책을 뒤지면서 이 동화는 독자를 고양이 제국으로 안내한다. 이 책은 독자로 하여금 고양이가 안내하는 신비로운 환상의 세계와 더불어 새로운 역사 인식으로 빠져 들게 한다.

이 동화는 고구려의 고선지 장군, 고구려를 지키려고 했던 가엾은 연인 파로의 어머니와 함께 고구려 역사의 부침을 잘 보여주고 있다. 무엇보다 이 동화가 가진 장점은 과거의 역사를 거슬러 올라가서 그 시대 사람들을 만나고 그 사람들을 통해서 바꿀 수 없는 역사의 필연이 있다는 것을 일깨운다는 데 있다. 고양이가 사람과 계약을 맺고, 그렇게 계약을 맺은 사람은 고양이와 얘기를 나누고, 그렇게 소통하는 인간과 고양이는 신비로운 영감을 공유한다. 고양이와 영적으로 교감하는 소미는 고양이의 눈물로 만든 황금열쇠를 갖고 세계 곳곳을 여행한다. 소미가 황금열쇠로 문을 여는 곳마다 새로운 환상의 세계가 펼쳐진다.

지금 우리나라는 고구려인이 누볐던 광활한 땅을 버려두고 좁은 한반도에 머물고 있다. 옛날 고구려인은 초원을 누비면서 제국을 세웠다. 그 고구려의 기상이 사라센제국과 유럽으로 옮겨지면서 새로운 세계사가 펼쳐진다는 상상은 생각만으로도 행복한 일이다. 새로운 역사는 새로운 생각에서 비롯한다. 고구려가 우리의 역사이고, 그들이 건설한 땅이 우리 땅이라고 생각하고, 그 역사 속에서 우리 민족의 기상을 생각한다면 얼마든지 세계 역사 속에 우뚝 솟은 고구려의 역사를 상상할 수 있을 것이다. 이 동화가 단순한 환상의 세계에만 머물지 않는 까닭은 이러한 고구려의 기상을 아이들에게 보여주기 때문이다.

뿐만 아니라 이 동화에는 커다란 역사 이야기도 있지만, 잔잔한 감동을 주는 작은 이야기들이 얽혀 있다. 파로를 살리기 위해 대신 칼을 맞고 죽는 파로 어머니의 이야기는 소미의 언니가 유치원 아이를 대신해서 죽는 사연과 함께 감동을 준다. 두 사람을 동시에 살릴 수 없을 때 다른 사람을 위해 자신을 희생하는 사람을 의인이라고 부른다. 고구려의 운명은 세계의 역사를 바꾸기 위한 운명이었다고 해석하는 작가의 독특한 상상력은 그래서 더욱 의미 있는 발언이라 할 수 있다.

### 다시 만나는 고구려

죽은 언니 때문에 전 가족이 실의에 빠져 있을 때 소미는 고양이가 안내하는 환상의 세계를 여행하면서 여러 위기와 모험을 겪는다. 이런 여행과 모험을 통해서 소미는 한껏 성숙한 아이로 성장한다. 소미는 파리, 런던, 서울을 오가면서 마우 아랑에게 고구려의 이야기를 듣고 고구려 제국사를 직접 쓰게 된다. 프랑스 마자랭도서관에서 소미는 고양이 마우와 함께 고구려사를 쓴다. 소미가 들려주는 고구려의 이야기와 파로와 돌이, 솔로몬의 보물창고 이야기를 따라 들어가다 보면, 어느새 베일에 싸인 고구려 멸망사가 조금씩 열리고 있다.

 과연 고구려는 슬픈 운명을 가진 나라일까. 더 넓은 초원을 배경으로 펼쳐지는 고구려 역사는 고구려의 멸망과 함께 끝이 난 것일까. 소미는 고구려 역사가 끝나는 시점에서 그 운명을 극복하는 새로운 고구려의 역사를 들려준다. 천삼백 년 전의 고구려 역사 속으로 들어가서 새로운 고구려 역사가 펼쳐질 것을 꿈꾸고 있다. 고구려의 후손 고선지와 예족은 고구려 역사를 다시 쓰고 있다. 그리고 그 정신은 결국 우리에게 닿아 있다. 파로와 아랑의 화해는 언젠가는 새로운 역사가 펼쳐질 것을 약속하는 것이다. 소미는 언니의 죽음을 현실로 받아들이면서 다시 언니가 살아나기를 소원하지 않고, "아랑을 파로에게 데려다 줬으면 좋겠다"고 말한다. 고양이 마오를 만나면서 소미는 현실의 소망보다 더 중요한 소망이 무엇인지를 깨닫는다. 이 동화를 통해서 독자들은 우리 역사가 얼마나 소중한 것인지를 깨달을 수 있을 것이다. 그리고 서로 용서하고 화해하는 것이 어떤 것인지도 알게 될 것이다.

# 할아버지와 할머니의 사랑을 아세요
− 이용포 동화집 『태진아 팬클럽 회장님』

 이 동화집에 실린 다섯 편의 동화를 읽으면서 얼마 전에 산 휴대폰에 몇 번이나 손이 갔다. 어머니의 휴대폰 번호는 입력되어 있는지 확인하기도 했다. 창밖에는 봄꽃이 설렁대고 있는데, 어머니는 얼마나 자식들의 소식을 기다리고 있을까. 이 동화를 읽으면서 몇 번이고 자식을 기다리고 있을 어머니를 생각했다. 부모는 늙어서도 자식에 대한 무한한 사랑을 보내는 분들이다.

이 동화집에는 아이들의 시선으로 그린 동화 3편, 스카프의 시선으로 그린 동화 한 편, 3인칭 관찰자로 그린 동화 한 편이 실려 있다. 모두 따뜻한 가슴으로 읽어야 하는 동화들이다. 이용포 작가는 등단작 『느티는 아프다』에서 도시 주변의 가난한 이웃들에 대한 이야기를 썼는데, 이 동화집에도 예외 없이 주변에서 소외받고 있는 노인들 이야기가 실려 있다. 치매를 앓고 있는 늙은 부부 이야기, 혼자 사는 할머니 이야기, 자식들에게 버림받는 노인 이야기들이다. 이 동화집을 읽으면 독자들은 노인들의 삶이 어떤 것인지를 느끼면서 가슴에 작은 파장이 일어나는 걸 확인할 수 있을 것이다. 할아버지와 할머니는 부모님을 낳아주신 분들이다. 우리가 건강하게 살아갈 수 있는 것은 할아버지와 할머니가 우리를 사랑하시기 때문이고, 그런 사랑을 우리 부모님이 물려받았기 때문이다. 그런데 우리는 그 고마움을 모르고 살아간다. 언젠가는 우리도 할아버지와 할머니가 될 때가 있을 것이다. 그때 그분들을 이해할 수 있을 것이다.

필자는 오래 전에 칠순이 넘은 어머니와 함께 된장을 담근 적이 있다. 어머니는 빈 장독을 짚으로 쓱쓱 씻어내더니 물을 채우고, 소금을 풀고, 계란을 띄워 간을 맞추셨다. 그러더니 조심스럽게 된장을 넣으셨다. 과학이론에 바탕을 두고 숫자로 측정하는 우리와 다르게 어머니는 모든 걸 눈가늠과 손대중으로 척척 처리하셨다. 나는 곁에서 왜 그렇게 하느냐고 까닭을 물었지만, 그 물음에는 대답을 않고, 그저 할머니께 배운 대로 하는 거라고만 말씀하셨다. 그렇게 손대중으로 담근 된장은 어머니의 손 맛 그대로였고, 다른 어떤 집 된장보다도 맛있게 숙성되었다. 나는 어머니와 함께 된장을 담그면서 어머니는 정말 위대한 분이라는 사실을 깨달았다.

  우리 부모님들은 모두 그렇게 위대한 분들이다. 우리들보다 먼저 태어나 더 많은 세상을 살았고, 우리들보다 더 많은 경험을 하면서 살았던 분들이다. 그분들보다 더 위대한 분들은 할아버지와 할머니가 아닐까. 세상에 이름을 알린 위인만이 본받을 사람은 아니다. 오랜 세월 세상을 살았던 어른들은 모든 아이들이 본받아야 할 위인들이 아닐까 생각한다. 그 긴 세월을 살았다는 것만으로도 모범을 보이는 분들일 것이다. 세상에는 수많은 시련과 고난이 있고, 세상을 살면서 수많은 절망과 고통이 있었을 테지만, 그 많은 일과 과정을 이겨낸 분들이다. 그것만 하더라도 위대한 분들이라 할 수 있다. 그런 분들에게 경외와 존경을 보내는 것은 당연한 일일 것이다. 그분들은 오랫동안 세상을 살면서 많은 것을 보고 배운 분들이다. 그 모든 경험은 아이들이 세상을 살아가는 데 필요한 본보기가 될 수 있을 것이다.

  이용포는 소외된 할아버지와 할머니를 사랑하는 작가이다. 「버럭 할배 입 속엔 악어가 산다」에 나오는 버럭 할배는 아무 데나 쓰레기를 버리는 아이들, 함부로 장난을 치는 아이들에게 호통을 치는 할아버지이지만, 사실은 아이들을 너무도 좋아하는 할아버지다. 이 동화는 틀니를 악어로 착각하는 아이의 상상력도 재미있지만, 그 상상력을 이해하는 버럭 할배의 따뜻한 마음이 끌린다. 「태진아 팬클럽 회장님」에 나오는 할머니는 그동안 남편 뒷바라지, 자식 뒷바라지 하느라 자신을 위해 아무것도 하지 못한 할머니들의 이야기이다. 할머니는 태진아가 나오는 공개방송에도 나가서 태진아를 외치는 소녀 같은 분이지만, 그 할머니가 진짜 하고 싶었던 일은 버림받은 아이들을 보살피는 일이다.

그 할머니는 천사와 같은 마음을 가진 분이라 할 수 있다.「우리 할머니 시집간대요」에 나오는 할머니도 재미있는 분이다. 한 집안에 시집을 와서 평생 살면서 며느리와 아들, 딸들을 키웠고, 할아버지가 돌아가시자 외로운 할머니는 꽃집 할아버지와 결혼을 하려고 한다. 자식들이 할머니의 결혼을 반대하자 할머니는 자식들에게 이 집안에 뼈를 묻지 어디에 뼈를 묻을 거냐고 말한다. 그런 따뜻한 할머니의 마음을 만나보자. 그 할머니는 고운 심성을 가진 분이다. 조그마한 일로 토라지고, 마음에 들지 않으면 헤어지는 요즘 어른들과는 다르다.「개구리 이마에도 뿔이 날까」는 가슴 아픈 동화이다. 일찍 남편을 잃은 아줌마가 자식이 셋 딸린 홀아비 집에 다시 시집을 와서 살았던 이야기이다. 자식들을 다 키우고 남편을 뒷바라지했지만 할머니는 치매에 걸리고 말았다. 자식들 집에 살면서 여러 가지 실수를 하고 미움을 받게 되자 할아버지 할머니는 한강에 뛰어들려고 한다. 결국 함께 죽지는 못하고 돌아서지만, 그 마음은 자식에게 짐이 되지 않으려는 마음이다. 이 세상에서 자식에게 짐이 되는 것이 싫어서 죽겠다는 것은 부모밖에 없을 것이다.「수제비」는 더 슬픈 동화이다. 혼자 사는 할머니는 늘 전화벨 소리의 환청에 시달린다. 비가 오면 혹여 우리 자식들이 올까, 눈이라도 오면 우리 자식들이 올까 노심초사한다. 손전화를 사다 주어도 늘 어디에 두었는지 잊어버린다. 그 할머니가 가장 바라는 일은 찾아오는 자식들에게 맛있는 음식을 해주는 것이다. 비 오는 날 수제비를 끓이는 할머니의 모습이 쓸쓸해 보인다.

이 동화는 할아버지 할머니를 둘러싼 이야기들이 재미있게 이어지고 있지만, 이러한 재미뿐만 아니라 다른 좋은 장점도 있다. 아이들의 입말을 잘 살리고 있다든지, 아이들의 재미있는 상상을 흥미롭게 그리고 있다든지 하는 것은 이 동화를 읽는 또 다른 재미이다. 그러나 이 동화에서 발견할 수 있는 무엇보다 좋은 점은 가족의 정과 할아버지와 할머니의 사랑이 담뿍 담겨 있다는 것이다. 어른들의 마음을 따뜻하게 감싸고 있는 이 동화를 읽으면서 우리 주변의 노인들을 존경하고 경외하는 마음을 가졌으면 한다.

# 자연에게 말 걸기
― 강정님 장편동화 『해님목장의 송이』[1)]

## 1. 자연의 소리 듣기

겨울밤 문풍지를 건드리는 바람소리와 나무숲 사이를 지나가는 바람소리는 다르다. 이른 봄 얼음장 밑을 지나가는 물소리와 여름철 장마철에 흐르는 물소리도 제각기 다르다. 들판에 피어 있는

---

1) 『해님목장의 송이』는 이후 『애기바늘꽃의 노래』(2002), 『송이』(2007) 등으로 개정판이 나왔으나 이 글은 초판 발행본을 텍스트로 삼았다.

꽃들도 만나는 때와 장소에 따라 다른 느낌을 받는다. 숲에서는 산새들이 쉬지 않고 무어라 재잘대고 있다. 자연 속의 모든 물상들이 생명을 갖고 있다는 말이다. 불교에서 말하는 개유불성(皆有佛性)이라는 말은 이런 자연의 섭리를 두고 이르는 말이다.

그런데 최근 수십 년 사이에 모든 세상이 거꾸로 돌아가고 있는 것 같다. 세상천지 인간만이 유일하게 생명을 가진 존재인 것처럼 생각하다 보니, 파괴와 약탈을 일삼는 세상이 되고 말았다. 모든 자연은 살아 있는 생명체이다. 자연은 생명들이 유기적 관계를 맺고 살아가는 거대한 공동체의 공간이다. 그런데 이제 그런 생명의 소리를 들을 수 있는 기회도 많이 사라지고 말았다. 도시에 인위적으로 만들어진 곳에서는 온갖 소음으로 해서 제대로 들을 수가 없다. 도시의 모든 빛과 소음이 사라진 곳에서 올려다보는 밤하늘에서는 별들이 잔치를 하고 있는 모습을 볼 수 있을 것이다. 그 별들이 쏟아지고 있는 소리를 들을 수 있을 것이다. 눈 오는 밤 깊은 숲 속 오두막에 혼자 있으면, 나뭇가지에 쌓인 눈의 무게를 이기지 못해서 툭툭 부러지는 나무들의 비명 소리를 들을 수 있을 것이다. 이 모든 것은 살아 있는 자연의 실체인 것이다.

연못 위를 쏜살같이 달려가는 부드러운 바람소리와 한낮의 비에 씻긴 바람이 머금은 소나무내음을 사랑한다. 만물이 숨결을 나누고 있으므로 공기는 홍인에게 소중한 것이다. 짐승들, 나무들, 그리고 인간은 같은 숨결을 나누고 산다.(「시애틀 추장 연설-우리는 결국 모두 형제들이다」, 김종철 편, 『녹색평론선집1』, 녹색평론사, 1993, 19쪽).

인간은 자연과 더불어 살아가면서도 자연의 의미를 제대로 모르고 있다. 그것은 자연을 버리고, 인위의 공간에서 살아가기 때문이다. 흙을 밟고 흙과 더불어 살아간다면 언젠가는 자연의 소중함을 깨닫게 될 것이다.

## 2. 자연 속의 아이들

강정님의 『해님목장의 송이』는 해님목장이라는 시골 농장에서 살아가는 여섯 살짜리 소녀 송이의 이야기다. 모두 여덟 편의 동화가 연작 형식으로 묶여 있는데, 세 편이 의인동화이고, 나머지 다섯 편은 사실동화다. 세 편의 의인동화는 '눈'(「십이월의 친구」), '바람과 허수아비'(「바람과 허수아비」), '꽃과 바람'(「애기바늘꽃」)을 각각 의인화하고 있다. 눈, 바람, 꽃은 모두 자연에서 흔히 만날 수 있는 소재들이다. 해님목장에 사는 송이는 자연 속에서 살아가면서 이들과 끊임없이 대화를 나눈다.

나머지 다섯 편은 일상에서 일어나는 일을 소재로 하고 있다. 송이네 가족은 도시 생활을 버리고 농촌에서 젖소를 기르는 귀농 가족이다. 우유 판매가 되지 않아서 결국 축산업을 그만두고 다시 도시로 떠나려고 작정하는 송이 아버지 친구의 이야기는 파괴되어가는 우리 농촌의 현실을 고발하고 있으며, 도시에서 시골에 내려와 농사짓기를 바라는 송이 외할머니를 통해서 어른들이 꿈꾸는 진정한 행복이 무엇인지를 다시 한 번 생각하게 한다. 무엇보다도 이 동화는 농촌 현실에서 일어나는 작은 일상을 잔잔하게 스크랩하고 있어서 호감이 간다. 도시의 생활에 물든 아이들이 자연과 더불어 살아가면서 발견하는 진정한 삶의 의미를 생각하게 하는 동화다.

그런데 이 동화를 읽으면서 다소 엉뚱한 사건들을 만나게 된다. 그 엉뚱한 사건들은 서사 전개를 방해하고 있어서 이 작품의 문제점으로 지적할 수 있다. 이는 의인동화와 사실동화 사이의 간극 때문에 일어나는 현상이다.

예를 들면, 「볏짚 쌓는 날」에서 송이가 숲 속을 헤매다 집으로 돌아오는 부분은 인과성이 떨어지고, 「못난이」에서는 송아지를 출산하면서 거꾸로 나오는 송아지의 발목을 묶어서 출산을 하는데, 택배회사 여자 직원까지 가세하여 송아지를 잡아당기는 부분은 자연스럽지 못하다. 더군다나 송아지와 숨바꼭질 놀이를 하는 부분이나, 고무줄놀이를 하는 부분은 엉뚱하기까지 하다.

택배 회사 직원은 송아지를 낳는 일을 돕다가 옷에 오물이 묻게 되자 회사에 돌아가야 함에도 불구하고 계획을 바꾸어 송이네 집에 머문다. 그 여자 직원은 송이네 가족과 함께 시장에도 가고 저녁식사도 하면서 지내다가 다음날이 되어서야 집으로 돌아간다. 오물이 묻어 옷을 빨아야 한다는 이유로 회사에 돌아가지 않는다는 것도 설득력이 없고, 과년한 처녀가 낯선 집에서 선뜻 하룻밤을 자고 간다는 설정도 문제가 있어 보인다. 또한, 병든 소가 송이를 들이받으려고 하자, 못난이(송아지)가 갑자기 송이 앞에 나타나 송이는 그 위기에서 벗어난다. 이 사건은 우연을 필연으로 가장하면서 생긴 문제점이라 할 수 있다.

더 어색하게 보이는 사건은 「희망이 있는 곳에」에서 보이는데, 송이 엄마가 다쳐서 병원에 있다는 연락을 받고 송이 아버지가 저녁 무렵인데도 불구하고 송이 혼자만을 남겨두고 병원에 가는 사건이 일어난다. 송이 아버지가 혼자 차를 타고 가면서 어린 송이를 혼자 남겨두고 간다는 것은 보통의 상식으로는 잘 이해가 가지 않는 부분이다. 더구나 집에 혼자 남은 송이가 엄마 아빠를 위해서 저녁을 준비하는데 이 부분은 더 어색하게 보인다. 송이는 어두운 집안에 불을 밝히고, 한 번도 해보지 않았음에도 불구하고 혼자서 밥을 하고, 된장찌개를 끓이고, 텃밭에 가서 고추와 오이를 따 와서 엄마가 한 것처럼 접시에 잘라서 상에 올린다. 이 일을 하는 과정에서 송이는 어딘가에서 환청을 듣고 그 환청에 따라 행동을 하는데, 이 부분은 아이들에게 혼자 있는 법을 가르치려는 교훈성이 지나치게 강조되면서 나타난 문제점이라 할 수 있겠다.

### 3. 자연에게 말 건네기

몇 해 전 시골의 묵정밭에 매실나무를 심어두었는데, 이제는 그 나무가 제법 자라서 해마다 매실이 열리고, 그 매실이 익을 무렵이면 수확을 하러 간다. 그런데 올해는 수확하면서 깜짝 놀랄 만한 일을 발견했다. 어느 해던가, 태풍이 올 거라는 기상 예보를 듣고 어린 나무가 바람에 쓰러지지 않도록 아랫부분에 삼각대를 세우고 전선으로 묶어둔 적이 있었다. 그런데 그때 묶어둔 전선줄 부근에 심상찮은 자국이 나 있었다. 그동안 나무가 자라 삼각대에 묶어둔 전선줄보다 몸통이 굵어지면서 전선줄과 나무가 서로 얽히게 된 것이다. 매실나무는 자신의 몸통을 에워싸고 있는 줄을 끊어내기 위해서 살점이 패이는 것도 아랑곳하지 않고 그 전선줄보다 더 굵게 몸통을 키우고 있었다. 어떤 매실나무는 이미 전선줄이 나무의 껍질뿐만 아니라 속살까지 파고들어가기도 했고, 어떤 나무는 몸통 절반쯤까지 파고들어서 아예 그 전선줄과 한 몸이 되어 있는 것도 있었다. 매실나무를 칭칭 감고 있던 전선줄을 끊어내자 나무는 고통의 비명을 지르는 것 같았고, 어떤 나무는 가려운 곳을 긁어주는 것처럼 시원한 함성을 지르는 것 같기도 했다. 매실나무를 심어놓은 그 밭에는 온통 나무의 비명과 함성이 들리는 것 같았다. 줄을 하나하나 걷어내면서 전선줄이 살점을 파고들던 나무의 고통과 아픔을 느낄 수 있었다.

이 동화를 읽으면서 갑자기 전선줄을 걷어내던 일이 생각났다. 이 동화는 그동안 잊고 살았던 자연의 의미를 떠오르게 한다. 그동안 도시의 바쁜 일상에 휘둘리며 살다 보니 자연의 소중한 소리를 잊고 살았던 같다. 어린 시절, 계곡을 따라 올라서 하늘을 보며 구름에게 말을 건네고, 지나가는 바람에게 말을 건네던 동심을 까맣게 잊고 살았던 것이다. 자연과 더불어 끊임없이 말을 건네는 행위야말로 동심이고, 그것은 곧 자연의 마음이 아니겠는가. 이 동화는 해님목장의 송이와 함께 자연에게 말을 건네던 동심을 떠오르게 한다.

# 서사양식과 역사동화
— 이영서 글, 김동성 그림 『책과 노니는 집』

## 1. 서사양식 개념

서사양식은 서정양식, 서사양식, 극양식으로 나누어지는 전통 문학 갈래 중의 하나이다. 서사양식은 하나의 이야기를 가진 것을 말한다. 그 이야기는 사실의 기록일 수도 있고, 허구일 수도 있다. 그런데 문학 갈래에서 말하는 서사양식의 개념은 사실의 기록이라기보다는 허구의 기록에 가깝다고 할 수 있다. 서사양식은 처음부터 허구성을 전제로 한다. 그러나 그 허구는 현실과 동떨어진 터무니없는 이야기가 아니라, 현실에서 일어날 수 있을 법한 개연성(蓋然性) 있는 허구이다. 그런 점에서 서사양식은 그 허구성을 그럴 듯하게 꾸며내는 방식이 중요한 것이다. 서사양식은 현실에서 일어나는 일련의 사건들을 객관적으로 서술하여 전달하는 장르이다. 따라서 작가는 현실을 객관적으로 전달하고, 그 현실 중에서 의미 있는 것을 끌어내려고 한다. 서사양식은 현실을 모방한 허구적인 이야기이지만, 그 이야기는 그럴 듯한 이야기여야 하고, 일어날 수 있을 법한 개연성을 갖고 있어야 한다. 왜냐하면 서사양식은 삶의 진실을 추구하고, 그 속에서 바람직한 인간의 모습을 발견하기 때문이다. 서사양식에서 창조되는 인물은 또 다른 인간의 모습이며, 실제로 현실에서 존재하는 인물로 그려내는 것이다.

서사양식의 대표 장르인 소설과 동화는 현실이나 환상의 세계에서 일어날 법한 일을 꾸며낸 이야기이다. 이러한 서사양식은 몇 가지 중요한 특성을 가지고 있다. 먼저 서사양식은 산문으로 되어 있다는 것이다. 산문(散文)은 풀어쓴 글을 말한다. 글을 압축해놓은 것이 아니라, 풀어서 늘어놓은 것이다. 그래서 서사양식은 이야기를 길게 끌어가는 특징이 있다. 그렇게 끌어가면서 호기심을 불러일으키게 장치를 해놓는다. 이야기는 대화를 전제로 하기 때문에 어떤 화자가 누군가에게 끊임없이 대화를 제기하게 된다. 서사양식이 대화주의에서 비롯한다는 것은 이러한 이유 때문이다. 그래서 서사양식은 다양한 화법으로 독자들에게 이야기를 전달하는 것이다. 작가가 직접 주인공이 되어 말하기도 하고, 제3의 인물을 내세워서 말을 하기도 한다.

서사양식은 현실이나 환상 세계를 모방하거나 묘사한다. 글로써 그 상황을 상대방과 대화하듯이 설명해야 하기 때문에 눈에 보는 것처럼 세밀하게 그려내야 한다. 그것이 지금 우리가 살고 있는 현실이든 좀 더 거슬러 올라간 시대이든 아니면 환상의 세계이든, 현실에 대한 이해를 뿌리에 두고 있다. 그 현실을 바탕으로 세계를 드러내는 것이 서사양식의 존재방식이다.

### 2. 서사양식과 역사동화

서사양식의 개념과 특징을 염두에 두고 이 작품에 나타나는 여러 가지 사건에 의문을 제기해보기로 하자. 우선 이 책의 표지 그림을 유심히 살펴보자. 이 책의 본문에 나오는 그림(80쪽)을 표지로 했는데, 이 부분의 그림은 사실과 다르다. 옛날의 서책은 세워서 꽂아두지 않았다. 그런데 그림에 나타난 책들은 책장에 세워서 꽂혀 있다. 그리고 책장도 현대식으로 모양을 냈다. 한지로 만든 옛날의 서책은 책을 만드는 편철의 과정이 다르기 때문에 요즘 책처럼 세워서 꽂을 수 없다. 그림을 굳이 넣을 필요가 없는 책이라면 표지 그림이나 속지의 그림이 어떻게 그려졌든 상관할 일이 아니지만, 동화는 그림이 있고, 그 그림을 넣으려고 한다면 충분한 역사적 고증이 있어야 할 것이다. 이 책의 표지에 나타난 오류는 역사물을 시작으로 처리할 때 꼼꼼한 고증을 하지 않았기 때문에 일어난 일이지만, 표지 그림의 문제점은 이 동화에 대한 신뢰성을 상쇄시키고 있다.

이제 작품의 내용으로 들어가보자. 장이 아버지는 천주학 서적을 필사했다는 혐의로 관에 붙들려가서 모진 고문을 당하고 죽는다. 최 서쾌가 밤에 몰래 다녀가고 난 뒤에 죽는다. 그로부터 3년 뒤가 이야기의 중심이다. 장이 아버지가 서학 때문에 죽고 3년 뒤에 다시 언문소설을 유포한다. 가능한 일일까? 장이는 최 서쾌의 집에서 책을 빌려주는 일을 한다. 도리원, 홍 교리 집을 드나들고 서울의 곳곳을 다닌다. 홍 교리 집에 상아찌를 갖다 주려고 하다가 허공제비에게 빼앗긴다. 허공제비는 이 소설의 주변인물로 등장하지만, 나중에는 도리원의 일을 관에 고발하는 인물이 된다. 한 번에 풍비박산이 나게 만드는 인물이다.

여기서 나타난 몇 가지 문제점을 간추려보자. 이 동화는 장이가 9살 때부터 약 4년간의 이야기다. 열세 살의 나이에 알맞은 대화법을 사용하고 있는가? 홍문관 교리, 홍 교리, 허공제비(줄 타는 광대)와 같은 인물들과 평민들이 자유롭게 교섭을 했을까. 천주교의 영향관계를 자세히 살펴보자. 과연 그 당시에 세책집이 있었는가? 장이와 비슷한 또래인 낙심이는 과연 몇 살인가?

장이는 대구 동화사에 버려진 아이이고, 장이 아버지는 동화사 젊은 중이다. 조선시대에 숭유억불 정책을 펼치기는 했지만, 그만큼 승려의 신분이 천박했을까. 한글 필사쟁이 일이 그만큼 많았을까. 조선시대 여덟 천민도 살펴보아야 할 일이다. 이야기꾼 전기수의 설화도 찾아야 한다. 동국통감이 쓰였던 시대, 구운몽의 창작동기, 서울 곳곳의 지명도 세심하게 살펴야 한다. 광통교의 풍경, 장이 아버지와 장이의 인연, 지물포에 관한 이야기, 화폐의 단위도 살펴야 할 것이다. 그때 쓰인 화폐는 어떤 것이었을까. 그리고 5전은 요즘 화폐 단위로 기준으로 할 때 어느 정도에 해당할까.

서사양식 중에서 역사동화는 끝없는 호기심을 유발하는 장르이다.

이 동화에서도 여러 가지 호기심을 불러일으킨다. 이야기꾼 전기수라는 인물을 등장시킨 점, 서 대감이라는 천주교 선교사를 구체적으로 처리하지 않은 점, 장이 아버지와 장이의 관계, 장이가 왜 가족이 없이 아버지와 함께 살고 있는지와 같은 문제는 끝까지 의문으로 남아 있다. 서사양식을 끌고 가는 힘은 이러한 호기심을 유발하기 위한 장치에 있다.

이 동화는 장이를 주인공으로 하면서도 전지적 작가가 서술해간다. 장이의 눈높이에서 세상을 보는 방법이 탁월하다. 그것은 역사의 전체를 드러내지 않으면서도 그 역사의 전체를 드러내는 방법이다. 천주쟁이, 필사쟁이와 같은 말에서 그 당시의 시대상을 유추할 수 있다. 언문소설이 유행하고, 그에 따라 독자층이 형성되는 시대이다. 이 동화의 시대적 배경은 17~8세기이다. 이 시기를 거칠게 다루고 있으면서도 그 지명은 조밀하게 조사한 흔적이 보인다. 이것은 역사 속의 일부분을 통해서 전체 역사를 세밀하게 드러내는 방법이라 할 수 있다. 천주교의 전래와 박해는 구체성이 없지만, 전체 서사의 흐름으로 볼 때 구체성을 가진다는 것과 같은 방법이다. 이 동화는 역사의 부분을 역사의 전체 속에 녹아내는 방법을 선택함으로써 17~8세기 우리 역사의 전모를 파악할 수 있게 구성되어 있다.

### 3. 세계와 자아의 대결, 새로운 인물형의 창조

또한, 이 동화의 장점은 종래의 역사동화와는 달리 새로운 인간형을 만들어내고 있다는 점이다. 인간이 현실에 부닥쳐 그 현실의 문제를 풀어나가듯이 이 동화의 인물도 역사 속에서 있었던 여러 가지 문제를 역사 속에서 만나고 해결해나간다. 이 동화의 주인공은 비록 역사 속의 인물이지만, 그 역사 속에서 자아와 세계는 끝없는 갈등 속에 존재하고 있는 것이다.

지금까지 역사동화는 주로 역사적 사실에 준거를 두거나, 특정 역사 인물을 중심 소재로 하고 있었다. 그러나 이 동화는 그런 통념을 과감히 넘어서고 있다. 영·정조 시대에 있었던 현실의 대강(大綱)을 준거로 하여 장이라는 허구적 인물을 내세운다. 그 밖에 등장인물인 최 서쾌, 홍 교리, 설향, 미적, 허궁제비, 청지기, 지물포 오씨 등도 당대 역사 속에서 존재했을 법한 인물들이다. 그렇다면 이 동화의 인물들은 우리에게 무엇을 전해주고 있는가. 그들은 그 역사 속에서 자신의 신념을 굽히지 않고 살아가는 진정한 인간형의 모습을 보여주고 있다. 버려진 아이를 키우는 장이 아버지의 헌신적 사랑, 그리고 필사쟁이로 살아가려는 포부를 잘 살려내고 있다. 천주교 박해를 둘러싼 역사를 다루면서도 책에 대한 소중한 기억과 옳은 일에 헌신하는 모습은 고금을 떠나서 인간의 진정성이라는 사실을 보여준다.

그런 점에서 이 동화는 특정 인물의 영웅담이 아니라 역사 속에 존재했을 법한 평범한 인물의 삶을 통해서 새로운 인간형을 창조하고 있다고 할 수 있다. 이것은 현대를 살아가고 있는 사람들에게도 진정한 삶의 의미를 되짚어보게 하는 점이다. 이 동화에는 여러 가지 사건이 일어나지만, 작가는 장이라는 아이의 눈에 비치는 현실만을 그림으로써 세밀한 역사적 사건은 피해가고 있다. 그것은 이 동화가 역사적 사실을 근거로 하면서도 뚜렷한 역사 자료를 바탕으로 하고 있지 않다는 것을 말한다. 여기에 전개되고 있는 대부분의 사건은 얇은 장막으로 둘러쳐져 있다. 그 장막은 구체적 역사의 통로가 아니라 추상적 역사의 통로이다. 이 동화가 역사동화로서 새로운 지평을 보이는 것은 당대 역사를 구체적으로 보여주지 않으면서도 그 인물의 형상은 구체적 역사 속으로 끌어들이고 있는 점이다. 이 동화에는 역사를 통째로 드러내지 않으면서도 그 당대의 역사 속으로 끌고 들어가는 힘이 있다.

# 동화와 사건 전개의 문제
−김려령 글, 신민재 그림 『요란 요란 푸른아파트』

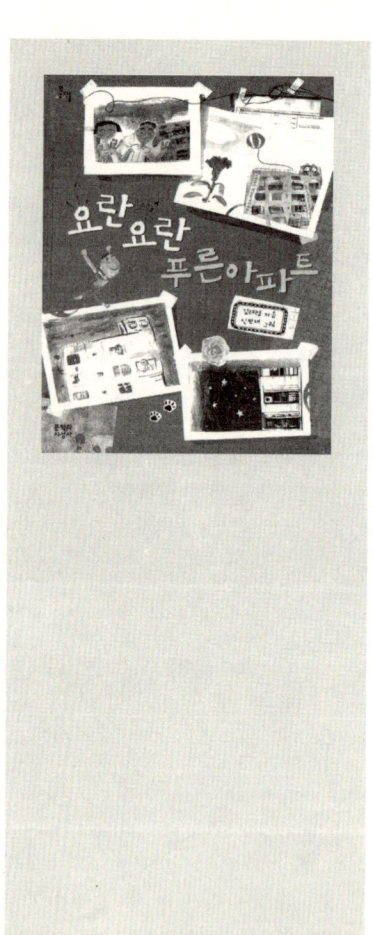

## 1. 사건과 줄거리

서사양식에서 사건(事件)은 이야기를 구성하는 핵심요소이다. 이야기는 서사(敍事)라고도 하는데, 서사는 사건을 풀어가는 방식을 말한다. 사건은 이야기의 동기(motif)가 모여서 이루어진 것이다. 이야기의 동기는 행동이 일어나는 곳이나 상상력이 닿는 곳이라면 어디든지 발생할 수 있다. 그런데 모든 사건이 이야기가 되지는 않는다. 이야기의 동기가 모여 이루어진 사건들은 서로 긴밀한 상관관계를 가지고 있다.

사건은 스토리와는 다르다. 일반적으로 스토리는 서술된 사건을 말하며, 텍스트를 만들어내는 참여자(participants)라고 정의할 수 있다. 스토리는 그 자체로서 거대한 구조물을 형성하고 있으며, 현실을 재구성해서 새로운 세계를 만들어낸다. 스토리에는 작중 인물이 살고 있으며, 스토리는 끊임없이 사건이 일어나는 허구적 현실이다. 그런데 스토리는 이야기가 만들어지는 하나의 추상물이고 구조물이기 때문에 독자들이 직접 인지할 수 있는 것은 아니다. 다만, 서사양식의 구조 속에 포함된 스토리는 텍스트를 구성하는 특수한 문체, 텍스트에 사용된 언어와 기호체계로부터 짜이는 추상적 존재이다. 그런 점에서 스토리는 문체, 언어, 매체와 미묘한 연결고리를 가지고 있다. 표면구조에서 볼 때, 스토리는 하위 단위인 사건과 사건으로 구성되어 있다. 스토리는 사건과 사건이 서로 관계를 맺으면서 이루어진 것이다. 사건은 보통 '일어나는 일(thing that happens)'이라고 정의하는데, 하나의 사태에서 또 하나의 사태로 변화하는 것이라고 말할 수 있다.

그런데 문제는 스토리가 단순한 사건과 사건의 관계로만 이루어져 있지 않다는 점이다. 스토리는 사건과 일정한 조건에 따라 연결되어야 한다. 프랭스에 따르면, 스토리는 사건이 시간적 연속성으로 이어져야 하고, 연속된 사건은 인과관계를 가져야 하며, 사건의 완결성(전도, inversion)이 있어야 한다고 주장한다. 특히, 이 세 가지 자질 중에서 인과성과 완결성은 스토리가 갖추어야 할 가장 중요한 요소라고 할 수 있다. 스토리는 사건을 수평으로 나열한 것이 아니라 수평과 수직, 수

평에서 일어나는 파문까지 염두에 두어야 한다는 것이다.

또한, 스토리는 많은 사건들과 참여자들이 개입하게 되어 있다. 그런 점에서 스토리는 가변의 요소와 불변의 요소들이 상호작용을 하면서 사건이 유기적으로 연결되는 것이다. 스토리에서 불변의 요소는 '기능(function)'이라 부르는데, 이는 작중인물이 유발하는 의미 있는 행동을 말한다. 인물의 행동은 항상 사건 속에서 존재하며, 그것은 스토리 전개에 주체적 역할을 한다. 인물의 행동은 스토리 자체에서 변하지 않는 '기능'을 담당하고 있는 것이다. 그런 점에서 스토리는 이야기를 구성하는 핵심 요소이며, 그것은 서사양식을 이해하는 중요한 방편이 된다.

## 2. 사건의 인과성과 상호작용

이 동화에서 스토리는 어떤 방향으로 전개되고 있으며, 어떤 인과관계로 이루어져 있는가. 또한, 여기에는 어떤 많은 사건이 개입하고 있으며, 어떤 상호작용으로 긴밀하게 연결되어 있는가. 이 문제는 동화를 보는 또 다른 재미를 유발할 수 있을 것이다.

김려령은 『완득이』, 『내 가슴에 해마가 산다』를 통해서 탄탄하고도 색다른 동화 세계를 열어가고 있다. 다문화 가정의 이야기, 입양아 이야기가 사실 그동안 동화에서는 그다지 다루지 않았던 소재라는 점에서 김려령은 새로운 영역을 열어간 작가라고도 할 수 있다. 또한 이들 작품은 그 구성의 긴밀성과 스토리 전개의 참신성으로 해서 독자의 관심을 불러일으키기에 충분한 작품이었다.

그러나 『요란 요란 푸른아파트』는 이런 작품들과는 다른 각도에서 접근해야 한다. 우선 푸른아파트를 의인화하는 동화라는 점에서 그렇고, 두 개의 시선이 교차하면서 이야기가 전개된다는 점에서 그렇다. 이 동화는 재개발을 앞둔 푸른아파트를 소재로 한 이야기다. 이 동화는 두 가지 시선과 두 가지 줄거리로 진행된다. 그중 하나는 아파트끼리 대화를 나누는 의인화된 시선이고, 다른 하나는 등장인물끼리 나누는 현실적 시선이다. 푸른아파트는 5층으로 된 아파트이다. 이들 아파트는 1동, 2동, 3동, 4동, 3층으로 된 상가와 같이 불린다. 대신에 여기에 등장하는 아이들은 기동이, 주한이, 호철이와 같이 이름으로 부르지만, 다른 등장인물은 대부분 익명으로 처리하고 있다. 해바라기윗도리 남자, 솜머리 여자, 미장원 여자, 추진위원장, 할멈, 선생님으로 호명하고 있는 것이다. 이는 동화라는 특성을 고려하여 작가가 의도적으로 호명한 것이라 볼 수 있다.

사십여 년 전, 이곳에는 듬성듬성 작은 집 몇 채가 전부였다.(12쪽)

의인화 대상이 된 푸른아파트는 지은 지 40년이나 된 낡은 아파트이다. 푸른아파트는 5층짜리 건물 네 동과 상가가 있다. 이 아파트는 너무 오래되어서 벽에 균열이 심하게 생겼고, 더러는 건물 자체가 흔들리기도 하며, 문도 제대로 열리지 않고, 소화전과 기타 시설이 대부분 낡아서 제 기능을 하지 못한다.

이렇게 낡은 아파트이지만, 그곳에 사는 할머니는 그 아파트에도 영혼이 있다고 믿으면서 소중하게 생각한다. 할머니의 아들이 아파트를 팔자고 해도 끝내 팔지 않고, 재개발을 할 때까지 묵묵히 기다린다. 사물에도 영혼이 있다는 믿음은 아이들에게 좋은 이야깃거리를 제공한다. 아파트가 사람들과 숨을 쉬고 있다는 할머니의 말은 낡을 것을 하찮게 생각하는 현대인들의 새것 콤플렉스를 비판하고 있다.

"집도 죽은 집이 있고, 살아 있는 집이 있어야. 요 아파트는 살아 있는 집이여. 한 번도 사람이 빈 적이 없었다니께. 집은 사람을 보듬고, 사람은 집을 보듬어 주면서 같이 사는 거여."(65쪽)
"세상에 나는 것들은 다 지 헐 몫을 가지고 나는 것이여. 허투루 나는 게 한나 없다니께. 고 단단하던 것들이 이렇게 제 몸 다 낡도록 사람들 지켜 주느라 얼마나 고생했냐. 인자 지 헐 일 다 허고, 저 세상 간다 생각허니, 짠허다."(168쪽)
푸른아파트는 기동이가 처음으로 친구를 사귄 곳이며, 그렇게 만나고 싶었던 천기호 선생을 만난 곳이었다. 그리고 할머니가 살던 곳이었다. 기동이는 집이 사람을 보듬어 준다는 할머니 말을 이제야 어렴풋이 알 것 같았다.(172쪽)

푸른아파트에서 30년 넘게 산 할머니의 말에서 알 수 있는 것은 우리가 살고 있는 집은 그냥 집이 아니라 사람을 보듬어주는, 살아 있는 정령으로서 집이라는 것이다. 이는 사물에 대한 진정한 사랑의 자세라고 말할 수 있다. 할머니는 제 몸이 다 낡도록 사람들에게 헌신하는 아파트의 모습에서 사람살이의 한 모습을 발견하고 있는 것이다. 기동이도 이 아파트에서 건강하고 밝은 모습으로 바뀐다. 푸른아파트의 환경은 기동이를 바꾸어놓는다. 기동이는 부모가 할머니에게 자신을 맡겨 두고 갔다는 사실 때문에 매사에 불만이 많고 신경질을 많이 부린다. 아파트에 낙서도 하고 고양이에게 돌멩이를 던지기도 한다. 그런 기동이는 푸른아파트에 와서 완전히 달라진 아이가 된다. 만화가 아저씨를 만나면서 만화가가 되려는 꿈을 갖게 되고, 단아라는 여자 친구를 통해서 세상을 새롭게 본다. 할머니를 통해서 사물에 대한 애정을 알고, 단아를 통해서 고양이에게 돌멩이를 던지던 아이가 새끼를 낳은 고양이에게 먹이를 줄 줄 아는 아이로 바뀐다. 서민들이 사는 푸른아파트는 아이들에게 새로운 희망을 주는 공간이다. 이 동화는 아이들에게 건강한 의식을 심어주고 세상을 보는 눈을 변화시킨다는 점에서 눈여겨볼 만한 작품이다.

### 3. 사건 전개의 문제점

비현실성

그럼에도 불구하고 이 동화를 읽으면서 사건에 나타난 여러 가지 문제점을 지적하지 않을 수 없다. 의인동화이기 때문에 어쩔 수 없는 일이기는 해도 그 의인화 방법에 현실의 문제가 연결되어 있다고 한다면 그 방법을 섣부르게 사용해서는 안 될 것이다. 이를테면 나무가 자연스럽게 서 있는 상태에서 나무 주위에 일어나는 여러 가지 일을 통해서 의인화를 하는 방법과 베인 나무가 이동하면서 나무를 다시 의인화하는 방법은 개연성이 있는 일이지만, 나무가 이곳저곳으로 옮겨 다니면서 일어나는 일은 현실성을 무시한 사건 전개 방법이라고 할 수 있다. 그런 점에서 의인동화라 하더라도 완전히 현실을 무시하는 사건 전개 방법은 옳은 방법이 아니라고 할 수 있다.

그런데 이 동화에서는 사건 전개에 있어서 비현실적인 모습이 자주 눈에 띈다. 낡은 아파트에 균열이 생길 수 있고, 문이 잘 안 열릴 수 있고, 계단의 난간이 부서질 수도 있는 일이지만, 인용한 부분은 현실성뿐만 아니라 개연성마저도 상실하고 있다. 의인화 동화 자체가 이미 비현실성을 전제로 하고 있지만, 의인동화가 판타지와 다른 이유는 현실의 개연성이 일정하게 작용하고 있기 때문일 것이다.

> 사람들은 푸른아파트에서 불이 났는데 미래아파트 비상벨이 울린 건 기적이라며 기뻐했다.(160쪽)

푸른아파트 4동 지하에서 전기 합선으로 불이 난다. 푸른아파트는 낡아서 소화전이 있어도 물이 안 나온다. 이런 상황에서 4동의 바로 옆에 있는 새로 지은 미래아파트 비상벨이 울린다. 미래아파트로 출동한 소방차가 미래아파트에는 이상이 없지만 옆에 있는 푸른아파트에 불이 난 것을 확인하고 푸른아파트로 출동하면서 4동에 난 불은 안전하게 진화된다. 푸른아파트 4동과 미래아파트가 인접해 있다고는 해도 푸른아파트에서 불이 났는데 미래아파트에서 비상벨이 울린다는 것은 기적에 가까운 일이라고 할 수 있다. 따라서 이 부분은 처음부터 비현실적인 사건이라 할 수 있다.

이런 비현실성의 문제는 이 동화의 여러 부분에서 사례를 찾을 수 있다. 낡은 푸른아파트가 서로 말을 하는 것은 의인화 방법을 썼기 때문에 충분히 이해가 가는 부분이고, 더 나아가 가끔씩 균열이 가는 정도까지도 이해할 수 있는 일이지만, 아파트의 창문이 스스로 닫히는 장면과 아파트가 심하게 흔들려서 화분이 떨어지는 부분은 비현실적이다.

2동은 이런 버릇없는 일이 제 몸에서 일어나는 게 싫었다. 2동은 몸을 살짝 비틀어 우직! 소리를 냈다.(24쪽)

화가 난 4동이 몸을 움직이자 갈라진 틈에서 콘크리트 조각이 툭 떨어졌다. 그 소리에 기동이는 뒤를 스윽 돌아보았다.(46쪽)

4동은 자기가 데리고 사는 사람이 나오려고 했기 때문에 힘을 풀었다. 그러자 문이 픽 열렸다. 그 바람에 만두모자가 앞으로 확 튀어나와 비틀거렸다.(90쪽)

4동은 기동이가 2층까지 올라가자 계단 옆에 세워진 세발자전거를 우당탕! 쓰러뜨렸다.(90쪽)

4동은 기동이가 404호에 간다는 말을 듣고 화들짝 놀랐다. 그 바람에 아파트에서 우직 소리가 났다.(93쪽)

충격을 받은 4동 벽에 쩌억 하고 금이 하나 더 생겼다.(97쪽)

상가는 몸을 살짝 흔들었다. 살짝이라고 해도 의자와 탁자가 덜덜거리기에는 충분했다. 깜짝 놀란 주한이 엄마는 들고 있던 커피를 원피스에 쏟았다.(120쪽)

인용한 부분들은 비현실성이 지나치게 드러난 부분이다. '우직' 소리를 낼 정도로 아파트의 균열이 생기고, 갈라진 틈으로 콘크리트 조각을 떨어뜨리고, 문이 제대로 열리지 않고, 계단 옆에 세워둔 세발자전거가 넘어지고, 아파트의 여러 군데에서 '우직' 소리가 나고 금이 간다. 아파트가 살라지는 소리는 수로 4동에서 일어나는 일이고, 4동이 귀신이 나온다고 할 만큼 낡았기 때문이라고 할 수도 있지만, 지나친 비현실성이라는 점은 인정할 수밖에 없을 것이다. 어차피 푸른아파트를 의인화한 방법을 썼기 때문에 비현실성은 충분히 감안해야 할 터이지만, 상가 건물이 의자와 탁자가 덜덜거릴 정도로 흔들렸다는 것은 다시 생각해보아야 할 문제가 아닌가 한다. 의인화 방법을 쓴 동화는 대부분 현실과는 무관하지만, 특정 부분에서는 현실의 개연성을 무시해서는 안 된다. 지나치게 비현실적인 요소가 많으면 오히려 작품의 내적 사건 전개 자체에 혼란을 줄 수 있다. 그런 점에서 이 동화의 의인화 방법은 다시 생각해보아야 할 것이다.

### 서술의 문제

이 동화는 의인화된 시선과 현실의 시선이 교차됨으로써 자칫 서술에 있어서 혼란을 불러일으키기도 한다. 푸른아파트의 나이는 마흔이다. 그런 점에서 어투도 그 나이에 맞아야 하고, 그 연륜을 가늠할 만한 진술이 이루어져야 한다. 비록 사물을 의인화했다 하더라도 사물과 연계된 현실의 상황을 고려하지 않으면 안 될 것이다. 그런 점에서 서술의 문제는 사건 전개에 매우 중요한 요소로 작용하고 있다. 푸른아파트끼리 주고받는 말에는 그리 큰 문제가 없다고 넘어가더라도, 현실의 인물들이 주고받는 말에는 다소 무리가 따르는 부분이 보인다.

"만화책만 나오면 다 먹고 사냐? 내 만화가 만화방 어느 구석에 처박혀 있기만 하면, 신부전증 걸린 우리 아버지 혈액 투석은 누가 거저 해 준대? 나도 뭐가 좋은 만환지 너보다 잘 알아 인마!"(140쪽)

인용한 부분은 만화가 아저씨가 초등학교 3학년에게 하는 말이다. 굳이 자기 집에 놀러온 아이에게 술을 한 잔 마시면서 신부전증 걸린 아버지의 얘기를 할 필요가 있을까? 만화가 아저씨는 기동이가 찾아가자 만화가 잘 그려지지 않는지, 그렇지 않으면 심리적으로 어떤 괴로운 일이 있는 것인지, 어린 기동이가 있는데도 불구하고 혼자서 술을 한 잔 하면서 인용한 부분과 같은 말을 한다. 이 부분에서 만화가 아저씨가 기동이에게 할 말은 아닐 것이다. 자신의 아버지가 신부전증에 걸려서 투병 중이라는 말을 굳이 해야 할 필요가 있을까. 이것은 만화가 아저씨가 어떤 처지에 있는지를 독자들에게 알리기 위한 것으로 보이지만, 오히려 서술의 방법에 있어서 문제점으로 지적할 수 있는 대목이다.

"무슨 천기호 씨가 괴담이나 그리고 있어요? 천기호식 만화는 그렇게 선이 굵고, 컴퓨터로 대충 그린 것처럼 딱딱하지 않단 말이에요." (139쪽)

만화 그리기를 좋아하는 초등학교 3학년 기동이가 하는 말이다. 물론 기동이가 만화를 좋아하고 잘 그리기도 하지만, 초등학교 3학년(실제 나이는 4학년이지만) 아이가 이 정도의 만화평을 할 수 있을까. 기동이는 컴퓨터로 그린 만화와 손으로 그린 만화의 차이점을 알고 있는 것일까. 기동이가 손으로 그린 만화와 컴퓨터로 그린 만화의 차이를 선이 굵고 딱딱하다는 말로 평가할 수 있는 것일까. 오히려 이 말은 기동이보다도 만화전문가의 말에 빗대는 편이 더 나을 것이다. 기동이의 가정 형편으로 미루어 볼 때, 기동이는 컴퓨터로 만화를 그리는 작업까지는 해보지 않았을 것이다. 이 부분이 만화가를 찾아오는 출판사 직원이 하는 말 정도라면 몰라도 기동이가 이 정도의 평을 할 수 있다는 설정은 서술상의 문제점이라 할 수 있다. 서술의 문제점은 사건 전개를 혼란에 빠뜨린다는 점을 명심해야 할 것이다.

### 4. 사물과 생명의 소중함

이러한 한계점에도 불구하고 이 동화는 여러 가지 점에서 아이들에게 유익하다. 그것은 만화를 좋아하는 기동이가 만화가 아저씨를 만나면서 새로운 아이로 거듭난다는 점이다. 아이들이 자기가 좋아하는 일을 할 수 있도록 하는 것은 동화가 지향해야 할 목표이다. 아이들의 시선으로 아이들의 꿈을 실현하게 하는 것은 이 동화가 가진 장점이다. 그런 점에서 푸른아파트를 의인화한 방법은 아이들에게 흥미를 불러일으키는 좋은 방법이다. 이 동화는 어른들의 강요된 학습에서 벗어나 부모에게 얽매이지 않는 기동이를 통해서 자유로운 아이로 성장하게 하는 동화이다.

다음으로 비록 낡은 아파트이지만, 그 아파트를 통해서 사물의 소중함을 깨닫게 한다는 점이다. 기동이는 부모한테 관심을 받지 못하고, 부모가 할머니 집에 억지로 맡긴 아이지만, 푸른아파트에서 단아라는 여자 친구를 사귀면서 밝고 건강한 성격으로 변한다. 낡은 아파트이지만, 사람이 살아가는 인정과 기동이의 꿈을 실현시켜주는 공간이 있다는 점에서 이 동화는 아이들에게 희망을 준다. 작가는 고층아파트의 아이들 이야기가 아니라 낡은 아파트 아이들의 이야기에서 건강한 아이들의 모습을 발견하고 있다. 그런 점에서 기동이의 변화는 동화의 가장 중요한 장점이라 할 수 있다. 처음 이 아파트에 왔을 때 기동이는 고양이에게 돌멩이를 던지고 아파트 벽에 낙서를 하던 아이였는데, 이곳에서 살면서 얌전하고 착한 아이로 성장한다. 이것은 기동이가 자기 또래의 여자 친구를 사귀고, 자신이 좋아하는 만화가를 만났기 때문이다. 기동이가 생명의 소중함과 집의 소중함을 하나하나 깨달아가는 장면은 밝고 건강해 보인다. 아이들에게 밝고 건강한 사회에 대한 희망을 안겨주는 것이 동화가 해야 할 몫이라 한다면, 이 동화는 그런 희망과 용기를 준다는 점에서 의미가 있다.

# 생명의 소중함을 일깨운 동화
-김남중 글, 이형진 그림 『자존심』

## 1. 생태문학의 관점

김남중의 『자존심』에 나타난 시대는 생태학적 상상력의 세계이다. 생태란 인간을 둘러싼 환경의 일부이다. 생태와 인간은 공생공존의 세계를 이루어야 한다. 어느 한쪽의 일방적인 삶의 방식은 폭력을 동반한다. 또 다른 한쪽이 그 폭력에 희생되어서는 안 된다. 인간의 역사는 국가와 이념의 속박 속에서 존재해왔다. 따라서 그 국가와 이념의 가치에 따라 수많은 인간들이 학살을 당하는 모순을 초래해왔다. 이런 관계는 인간과 동물, 인간과 다른 생명의 문제에 있어서도 마찬가지로 적용되었다.

오늘날, 이러한 생태문제가 떠오르게 된 것은 동화에서도 예외가 아니다. 최근에 내가 받은 책 가운데 환경운동가 최성각 선생이 쓴 『거위, 맞다와 무답이』라는 생태동화가 있다. 이 동화는 동물과 더불어 살아가는 인간의 모습을 잘 보여주고 있다. 황선미의 『마당을 나온 암탉』에서 보여준 잎싹이의 탈출 장면은 인간의 폭력성에 저항하는 동물의 모습을 잘 형상화한 장면이다. 박기범의 『새끼 개』도 인간이 동물에게 가하는 폭력성을 잘 보여준다. 2006년 MBC 창작동화 대상작인 조명숙의 「누가 그랬지?」는 커다란 신갈나무 밑에서 살아가는 작은 곤충들과 생물들의 이야기다. '하늘 숲 신갈나무' 식구들은 신갈나무에 이상한 증세가 생기자 그 원인을 밝히기 위해 동분서주한다. 결국 도토리거위벌레의 소행이라는 사실을 알게 되는데, 그 과정에서 작가는 함께 살아가는 것이 무엇인지를 잘 보여준다. 앞으로도 이러한 생태동화는 많이 나올 것이라 생각한다.

제레미 리프킨(Jeremy Rifkin)은 「쇠고기를 넘어서」라는 글에서 이제 인간이 살아남을 수 있는 길은 생명의 소중함을 깨닫고 자연과 함께하는 삶뿐이라고 말한다. 벌써 수년 전의 발언이지만 오늘날에 더 유효하게 들리는 것은 이제 생태문제가 현실의 문제로 바짝 다가오고 있음을 의미한다. 환경과 생태는 성인들의 문학뿐만 아니라 아동문학에서도 인간과 삶의 문제와 함께 진지하게 고민하는 방향으로 나아가야 할 때가 되었다는 것이다. 동화의 상상력은 이미 생태문학의 관점을 취하고 있으니, 오래지 않아 더 많은 생태동화가 나올 것이라고 생각한다.

## 2. 인간의 폭력성 고발과 생명의 자유

김남중의 『자존심』에 실린 일곱 편의 동화에는 여러 가지 가치를 발견할 수 있지만, 이 글에서 분석하려고 하는 것은 인간이 폭력성, 생명의 자유에 대한 것이다. 여기에 실린 동화의 배경은 모두 시골이다. 도시에서 가두어 기르는 애완용이 아닌데도 동물을 대하는 작가의 시선은 남다르게 보인다.

「나를 싫어한 진돗개」는 중풍에 걸린 진돗개를 데려와서 기르는 이야기이다. 이 개는 중풍을 맞아서 몸 반쪽을 못 쓰고, 왼쪽 앞다리와 뒷다리가 움직이지 않는다. 그래서 나는 보기도 싫고, 진돗개도 나를 싫어한다고 여겼다.

> 도리도리는 나를 싫어했다. 내가 저를 싫어하는 것보다 더 나를 싫어하는 것 같았다. 나는 그게 기분 나빴다. 병신 주제에, 저 때문에 내가 얼마나 고민하는지도 모르고 나를 싫어하다니. 자존심도 상했고 꼴 보기도 싫었다.(18쪽)

이 정도라고 한다면, 아무리 진돗개라도 좋아할 만한 조건이 아무것도 없다. 동물도 감정이 있겠지만, 사람의 감정이 우선이다. 그렇기 때문에 집에서 기르는 가축은 사람의 감정에 따라 움직일 수밖에 없다. 그것은 인간의 폭력성이고, 동물의 자유를 빼앗는 행위이다. 우리가 아이들을 대하는 태도도 이러한 구속에서 시작하고 있다는 걸 깨달아야 할 것이다. 이 동화는 그런 장치를 쓰고 있는 것이다.
「백한 탈출기」와 「집을 지켜라」는 새 키우는 집의 연작이다. 마당에 큰 새장을 만들어 각종 조류를 키우는 집에서 일어나는 일이다. 백한이와 늘 싸우다가 결국 백한이가 울타리를 벗어나 밖으로 나가는 사건이 일어난다. 백한이는 이웃 아저씨에게 죽고, 나는 백한이의 주검을 붙들고 후회한다. 백한이가 죽는 장면을 자세하게 묘사하고 있다. 이는 인간의 폭력성을 고발하는 장면이다.

> 품에 안은 숫백한은 뻣뻣했다. 몇 시간 전만 해도 팔팔 날뛰던 녀석이었다. 그랬던 녀석이 이렇게 된 게 자기 잘못이라고 생각하자 집에 돌아갈 엄두가 나지 않았다.(56쪽)

백한이가 죽은 사실을 자세히 전달함으로써 불쌍한 동물을 부각시키고 인간의 잔혹성을 드러나게 한다. 몇 시간 전까지만 해도 살아 있던 녀석이 갑자기 죽었다는 사실에서 인간의 폭력성은 여지없이 폭로된다. 이러한 인간의 폭력성을 고발하기 위해 이 동화의 그림에서는 인간의 모습이 일그러져 있다. 인간의 폭력성을 그림으로 잘 표현한 부분(76~77쪽)을 살펴보는 것도 흥미로운 일이다.
이 동화집의 표제작이기도 한 「자존심」은 군대에서 딱따구리를 잡아서 길렀던 이야기이다. 주인공이 성인이라는 점에서 동화에 넣을 수는 없지만, 주제의 측면에서 함께 묶은 것이다. 이 병장이 딱따구리에게 가하는 폭력은 딱따구리 전 가족을 죽이는 장면으로 이어진다.

다음날 아침이 돼서 새장을 들여다보니 새끼 두 마리가 죽어 있었다. 어미는 눈을 반만 뜨고 누워 죽은 새끼들을 보고 있었다. 문 상병이 죽은 새끼를 산에 버리고 와서는 딱따구리는 놔 주자고 말했다.(98쪽)

다음날 아침 문 상병은 죽은 새끼 두 마리를 또 버려야 했다. 이 병장은 새장 우리를 열어 바닥에 누워 있는 어미 딱따구리를 꺼냈다. 억지로 입을 열고 지렁이를 먹이려 했지만, 딱따구리는 입을 조개처럼 다물고 꿈쩍도 하지 않았다.(98쪽)

새끼를 기르기 위해 집을 지은 딱따구리를 잡아와서 내무반에서 기르다가 새끼를 죽이고, 어미마저 죽게 만드는 장면이다. 이 부분을 세밀하게 묘사함으로써 딱따구리의 죽음을 부각시킨다.

높은 곳에서 떨어져 아픈지 고기들은 정신없이 파닥거리다가 이내 잠잠해졌다. 그대로 놔두면 뜨거운 햇살 아래 말라 죽을 것만 같았다.(120쪽)

이 부분은 「고기를 잡으러」에 나오는 장면이다. 죽어가는 물고기를 보면서 처음에는 고기를 잡으러 왔다가 연못에 갇힌 물고기를 살려주는 것이다. 개울로 돌아가는 물고기를 통해서 생명의 존재를 깨닫는 것이다.

「달빛 아래 꿈처럼」에서는 기러기를 잡으러 갔다가 기러기의 고고한 모습에 반하는 장면이 나온다. 그런 기러기는 잡을 엄두가 나지 않을 것이다. 결국 주현이는 기러기를 놓치고 깃털 하나만 가질 수 있었다. 하늘을 날아오르는 기러기를 보고 다시는 기러기를 잡으려고 하지 않을 거라고 다짐한다.

겨울 밤 하늘에 뜬 달은 하얗고 차고 깨끗했다. 투명하게 빛나는 달빛을 받으며 당당하게 서 있는 기러기는 살아 있는 새가 아니라 은으로 만든 조각 같았다. 도망가지만 않는다면 다가가서 긴 목을 쓰다듬어 보고 싶었다.(144쪽)

「겨울 숲 속에서」에서는 공기총으로 사냥을 하러 갔다가 멧새 한 마리를 잡지만, 그 멧새의 주검을 보고 생명의 소중함을 깨닫는다는 내용이다. 멧새가 죽는 장면도 자세하게 묘사하고 있다. 이 장면도 인간의 폭력성을 고발하는 부분이다.

새는 목을 뒤로 젖히고 가슴을 힘껏 내밀고 있었다. 깃털이 사라져 살이 드러난 목덜미에서 꽃잎처럼 빨간 핏방울이 내비쳤다. 멧새가 파들파들 몸을 떨었다. 새가 몸을 떨 때마다 흘러내린 피가 장수의 손금을 따라 천천히 흘렀다. 팥죽처럼 진한 색깔의 피는 따뜻한 김이 나는 것 같았다.(168쪽)

일곱 편의 동화에 나오는 동물들은 인간과 가까이 있지만 결국 인간에 의해 죽는다. 그렇게 죽어가는 동물을 보면서 후회하고 반성한다. 「자존심」에서 이 병장이 딱따구리의 죽음을 보고 후회하는 것처럼, 주인공들은 인간의 폭력성에 대해서 스스로 반성하고 있다. 이 동화가 가진 장점은 여기에 있다. 인간의 잘못으로 이루어진 문제의식에 대해 고민하고 그 고민을 솔직하게 반성함으로써 그런 일이 일어나지 않도록 한다는 점이다. 이 병장이 딱따구리 가족을 죽여놓고 고민에 빠져 혼자 긴 밤을 새우면서 "내가 그랬어. 내 잘못이야. 미안해. 미안해."(103쪽)라고 잠꼬대까지 했던 것이나, 「백한이 탈출 사건」에서 남식이가 그렇게 앙숙으로 지냈던 백한이가 죽자 죽은 백한이를 안고 창고에서 나오지 못하는 것은 자신이 죽게 했다는 자책감 때문이다.

이러한 후회는 동물을 학대한 데 대한 인간의 반성이다. 장수는 눈을 그르모아 죽은 멧새를 덮어준다. 그 마음은 처참한 멧새의 죽음을 보고 인간으로서 가질 수 있는 측은한 마음일 것이다. 기러기를 잡기 위해 볏단 속에 숨어 기다리던 주현이가 조각처럼 선명한 보초 기러기의 모습에서 자연 속에 있는 기러기의 아름다운 모습을 보는 것과 같다. 이 동화는, 자연은 자연 속에 있을 때 가장 아름답다는 사실을 잘 말해주고 있다.

가축으로 기르는 모든 짐승은 인간의 편의에 따라 사육되는 것이다. 이런 인간 중심의 사고야말로 동물들에게 생명의 자유를 빼앗는 것이다. 「자존심」에서 딱따구리를 잡아 내무반에서 기르는 것도 동물의 자유를 빼앗는 행위이다. 이 병장의 그런 행위는 동물을 가혹하게 죽이는 인간의 폭력성을 고발하는 것이기도 하지만, 동물들이 누리는 자유의 소중함이 얼마나 중요한 것인지를 보여주는 것이기도 하다. 참새를 잡아서 새장에 가두어두면 며칠 지나지 않아서 죽는 것과 같은 이치이다.

### 3. 생태동화의 가능성을 위하여

강숙인의 『날아라 독수리야』에 나오는 여덟 편의 동화에도 자연에 대한 사랑이 잘 나타나 있다. 「황소개구리와 운동화」에서는 황소개구리를 통해서 외제운동화의 문제를, 「황소개구리들의 회의」에서는 인간이 파괴한 생태계의 문제를, 「아빠의 빈손」에서는 야생 난초를 캐는 아빠를 통해서 자연의 소중함을, 「금이 간 도자기」에서는 하찮은 것이 없다는 진리를, 「버들치는 내 친구」에서는 자연과 더불어 사는 생물의 의미를, 「질경이 기름에 불 밝히면」에서는 쓸모없는 풀이 없다는 사실을, 「할머니와 솔나리」에서는 제자리에서 피는 솔나리꽃의 의미를, 「날아라 독수리야」에서는 자연으로 돌아가는 독수리를 통해서 생명의 소중함을 일깨우고 있다. 생태를 생각하는 동화들은 여러 작품에서 찾아볼 수 있다.

동물의 구속이나 인간의 구속이나 마찬가지이다. 이 문제는 김우경의 『수일이와 수일이』에서도 잘 나타나 있다. 우리 아이들도 학교 교육에 억눌린 채 제대로 자기 능력을 발휘하지 못하는 경우가 많다. 동물의 자유는 생명의 소중함을 일깨우는 일이지만, 그것은 우리 아이들에게도 적용될 수 있는 말이다.

제도권 교육의 잘 짜인 틀 속에 놓인 아이들은 자기 능력을 발휘하기도 전에 획일적 틀 속에 맞추어진다. 이 때문에 자신의 능력을 제대로 발휘하지 못한다. 어린이도서연구회에서 발간한 『미운 돌멩이』에는 노경실의 「철수는 철수다」라는 단편이 실려 있다. 여기에서 철수는 자기가 좋아하는 그림을 그리고 싶은데 엄마는 늘 공부 잘하는 이웃집 박준태와 비교한다. 참다못한 철수는 죽어서 준태처럼 태어나겠다고 하면서 12층에서 뛰어내리려고 한다. 그러면서 철수는 "난 철수예요. 나는 준태가 아니란 말이에요. 날 생긴 그래도 놔둬요. 철수는 철수란 말이에요."라고 하면서 울고 만다. 동물의 자유를 통해서 우리 아이들에게도 자유의 소중함을 일깨울 필요가 있을 것이다.

 이 작품의 한계점은 인간이 동물을 지나치게 학대한다는 것이고, 그 외에도 여러 부분에서 허점이 노출되어 있다. 동물을 죽이고 난 뒤에 후회하는 장면, 이를테면 남식이가 죽은 백한이를 보고 미안해서 창고에서 나오지 못하는 부분, 장수가 멧새를 총으로 쏘고 자신의 손에 올려놓은 뒤 멧새의 피가 손을 타고 내려오자 비로소 생명의 소중함을 깨닫는 부분, 이 병장이 딱따구리 가족의 죽음을 보고 반성하는 장면 등은 인간의 잔혹성을 고발하기 위해서이긴 하지만 지나치게 세밀하게 묘사되어 있다는 느낌이다. 진돗개 도리도리는 중풍이 걸린 개다. 개를 키우자고 하는 아들에게 아버지는 병든 개를 사다 주면서 키우라고 한다. 새를 키우고 싶다는 남식이에게는 아예 큼지막한 새장을 사다 주면서 거위, 칠면조, 은계, 금계를 사육하게 한다. 남식이는 동물을 키우는 것이 아니라 사료를 주는 중노동에 시달린다. 과연 옳은 설정일까. 그리고 이 작품의 그림을 유심히 살펴보면 어느 곳 하나 인간의 순수하고 아름다운 모습이 담긴 것이 없다. 모두 폭력적이다. 그 폭력성을 어떻게 다 설명할 수 있을까. 이러한 폭력성의 극점에 있는 것이 이 병장이 죽이는 딱따구리 가족이다. 생명의 문제를 다룬 좋은 작품에 이런 한계점이 있다는 것은 재고해야 할 문제이다.

제2부

# 아동문학의 과거와 현재

# 근대 아동문학의 해양관

## 1. 근대의 해양관

역사적으로 살펴볼 때, 조선은 건국 초부터 숭명정책을 펼침으로써 그 정책기조는 대륙과 우호적 관계를 지속하는 방향으로 나아갔다. 우리의 역사 속에서 조선은 한국근대사와 맞물려 있는 가장 최근의 국가라는 점에서 조선 건국 초기의 정책기조는 향후 우리나라의 발전 방향을 결정짓는 것이기도 하다. 조선 건국의 중요한 사건이 되었던 위화도 회군은 결국 대륙으로 진출하려고 했던 고려의 정책을 포기하는 것이었다.

17세기 실학자들이 주장한 새로운 개혁운동은 조선의 정책기조를 바꾸기 위한 노력이었다. 실학운동은 어정쩡한 대륙과의 관계에서 벗어나 새로운 대륙지향성을 모색하는 것이었으며, 해양에 대한 새로운 관심이었다. 이러한 실학자들의 해양지향성이 문학으로 나타난 것이 허균의 『홍길동전』과 박지원의 『허생전』 같은 작품들이다. 『홍길동전』에서 홀길동이 활빈당의 무리를 이끌고 율도국을 찾아가는 것이나, 『허생전』에서 허생이 군도를 이끌고 빈 섬으로 들어가는 것은 실학자들의 해양지향성을 단적으로 보여주는 예이다.

이 실학운동이 문체반정을 비롯한 정부의 탄압으로 실패하면서 해양의 폐쇄성은 더욱 공고해졌다. 오랫동안 지속되어왔던 조선의 해금정책은 서구 열강이 들어올 때까지 변하지 않았으며, 개항과 더불어 해금정책에 변화가 일어났지만 이미 발전한 서구의 근대문화를 따라잡지는 못했다. 우리나라는 문호를 개방하고 근대의 물결이 들어오면서부터 비로소 해양에 대한 관심이 나타나기 시작했다.

근대 초기에 시작된 지식인들의 해양에 대한 기대와 열정은 일제강점기가 시작되면서 일본의 대륙진출 욕망에 밀리고 말았다. 일본 제국주의는 한반도를 교두보로 삼아 대륙진출을 꾀하고 있었기 때문에 근대 초기의 해양을 향한 꿈은 일제 식민지 정책에 의해 꿈으로만 그치고 말았다. 다른 문학과 마찬가지로 근대 아동문학에서도 바다는 실현하지 못하는 꿈으로 그려지고 있다. 우리의 미래를 짊어지고 가야 할 아이들에게 바다는 새로운 이상을 실현할 수 있는 공간이어야 함에도 불구하고 우리의 기대와는 달리 근대 아동문학에서 바다는 실현하지 못하는 이상주의에 머물고 있으며, 패배주의의 공간으로 자리 잡고 있다.

## 2. 《소년(少年)》지에 나타난 해양관

### (1) 역동직 공간으로서 바다

서구의 경우는 바다의 공간이 주로 모험과 희망의 공간으로 설정되어 있지만, 우리의 경우는 바다의 공간이 이런 모험과 희망의 공간과는 거리가 멀다. 우리나라 동화에서는 서구 아동문학에서 익히 알려진 『신바드의 모험』, 『15소년 표류기』, 『보물섬』, 『로빈슨크루소』와 같은 모험동화를 찾아볼 수 없다. 우리나라와 이웃해 있는 일본의 경우만 해도 사정은 다르다. 일본에는 1980년 나스 마사모토의 『우리는 바다로』라는 해양 모험동화가 있지만, 우리나라 아동문학에는 최근까지도 이러한 모험동화를 찾아볼 수가 없다. 이러한 해금성(海禁性)은 근대 아동문학의 비극적 출발에서 그 근원을 찾을 수 있다.

바다는 정적인 존재가 아니라 역동적인 존재이다. 끝없이 출렁대기도 하지만 그 바닥의 깊이를 알 수 없는 신비에 싸여 있기도 하다. 우리나라는 반도라는 지형적 특징 때문에 육지와 육지 사이에 가로놓여 있으며, 삼면이 바다로 둘러싸여 있어서 풍부한 해양자산을 보유하고 있다. 반도의 속성은 육지와 바다의 기운을 동시에 갖고 있어서 그것은 마치 모성본능처럼 생성하는 것이다. 우리나라는 생동하는 두 공간을 동시에 끼고 있다.

전근대적 왕권 질서가 무너지면서 해양에 대한 관심은 급물살을 타게 되었다. 도일, 도미 유학생들은 서구 열강들의 근대화 현장을 목격하게 되고, 그것은 곧바로 국민 계몽운동으로 이어졌다. 갇힌 세계를 열고 열린 세계로 나아가기 위해서는 해양으로 진출해야 한다는 사실을 자각한 것이다. 근대 문학은 현해탄을 넘어서 새로운 세계를 만나는 것으로부터 시작되었다.

동양에서 일찍 서구의 근대 문물을 받아들인 일본은 우리나라 근대화의 모델이 되었고, 일본의 근대화는 바다를 건너지 않고는 상상할 수 없는 일이었다. 바다를 건너 유럽으로 진출하는 것이 근대를 향하는 길이었다. 도일 유학생들은 이러한 해양의 꿈을 현해탄에서 찾으려고 하였다. 근대 문물을 접한 젊은 유학생들에게 바다는 역동적 에너지를 갖고 있는 것으로 비쳤다. 그러나 그것은 실현할 수 없는 꿈이었다. 근대 문학의 한 꼭짓점을 이루고 있는 정지용과 김기림의 시에서 바다는 이러한 역동적 이미지를 상징하는 것으로 표현되어 있다. 이를 테면, 정지용의 시에서 바다는 입체적 존재로 그려지고 있으며, 시는 바다 이미지에 생동감을 불어넣고 있다.[1] 김기림의 시에서 바다는 빛의 공간 구조를 가지고 있으며, 닫힘에서 열림으로 지향하는 외적 확산을 꾀하고 있다.[2]

1908년 잡지《소년(少年)》에 반영된 세계관은 이러한 해양지향성을 단적으로 보여준다. 창간호의 「해(海)에게서 소년(少年)에게」는 바다를 향한 소년의 기상을 형상화하고 있으며,《소년》의 매호마다 바다를 통해 근대화된 서구의 문물과 지리, 문화를 소개하고 있다. 특히 창간호부터 연재하기 시작한 「해상대한사(海上大韓史)」는 한반도의 해양 지리와 역사 속의 입지, 세계 속의 위치를 밝힘으로써 해양 국가로의 발전 가능성을 모색하고 있다.

《소년》에 실린 바다 관련 시로는 최남선이 쓴 「해에게서 소년에게」, 제목이 없는 작품, 「삼면환해국(三面環海國)」, 「바다 위의 용소년(勇少年)」 등 네 편이 있고, 이순신을 찬양한 고주(孤舟)의 「우리 영웅(英雄)」이 있다. 그리고 바이런의 시를 번역 소개한 「해적가(海賊歌)」와

---

1) 오탁번, 「지용 시의 바다와 산 이미지 시론(試論)」, 『군자어문학2』, 세종대학교 국어국문학과, 1975, 192쪽.
2) 이경영, 「김기림의 시에 나타난 '바다'의 상징성 연구」, 성균관대학교 대학원 석사학위 논문, 1988, 48쪽.

「대양(大洋)」이 있다. 이들 작품 중에서 가장 널리 알려진 작품은 「해에게서 소년에게」이다.

텨……ㄹ썩, 텨……ㄹ썩, 텩, 쏴……아.
짜린다 부슨다 문허 바린다.
태산(泰山)갓흔 놉흔 뫼, 딥태 갓흔 바위ㅅ돌이나,
요것이 무어야, 요게 무어야.
나의 큰 힘 아나냐 모르나냐, 호통짜디 하면서,
짜린다 부슨다 문허바린다.
텨……ㄹ썩, 텨……ㄹ썩, 텩, 튜르릉, 콱.

텨……ㄹ썩, 텨……ㄹ썩, 텩, 쏴……아.
내게는 아무것 두려움 업서,
육상(陸上)에서, 아모런 힘과 권(權)을 부리던 자(者)라도,
내 압헤와서는 솜싹못하고,
아모리 큰 물건도 내게는 행세하디 못하네.
내게는 내게는 나의 압헤는
텨……ㄹ썩, 텨……ㄹ썩, 텩, 튜르릉, 콱.

(…중략…)

텨……ㄹ썩, 텨……ㄹ썩, 텩, 쏴……아.
뎌 세상(世上) 뎌 사람 모다 미우나,
그 중(中)에서 쏙한아 사랑하난 일이 잇스니,

담(膽)크고 순정(純精)한 소년배(少年輩)들이,
    재롱(才弄)터럼 귀(貴)엽게 나의 품에 와서 안김이로다.
    오나라 소년배(少年輩) 입 맞텨듀마.
    텨……ㄹ썩, 텨……ㄹ썩, 텩, 튜르릉, 콱.
    ─최남선, 「해에게서 소년에게」 부분(《소년》 1년 1권, 2~4쪽)

 한국 근대 최초의 종합문예지 창간호 첫 페이지에 실린 이 시는 아쉽게도 새로운 시 형식에 값하는 예술성의 부재, 그리고 그 작품에 담긴 인생의 심오한 깊이가 없다는 점에서 우리 근대문학의 불행한 출발을 상징하고 있다. 이 시를 쓸 당시 육당의 나이가 약관 열아홉 살이었다는 점을 상기할 때, 예술성과 인생의 깊이를 따지는 것은 무리가 있을 수 있지만, 이 작품이 근대시에서 차지하는 위상에 비추어 볼 때, 그 작품성이 떨어진다는 점은 쉽게 지나칠 수 없는 일이기도 하다.
 3음보와 4음보의 단순 반복, 바다를 의인화한 상투적 기법, 도식적 계몽주의 같은 것이 이 시의 예술성을 상쇄시키고 있지만, 이 시가 우리 근대문학의 한 출발점이 되고 있다는 점은 부인할 수가 없다. 이 시는 여러 가지 한계점에도 불구하고 그동안 우리 문학을 견지해왔던 견고한 정형의 틀을 벗어던지고, 자유로운 형식에 자유로운 감정을 노출시키고 있다는 점에서 분명히 근대문학의 새로운 위상을 차지하고 있다고 볼 수 있다.
 한국 현대시의 출발점이라 일컬어지는 이 시를 통해서 우리는 근대 아동문학에 나타난 해양관의 일단을 엿볼 수 있다. 근대 문물이 들어오고 급속한 변화가 일어나는 시대에 맞서는 것은 모든 백성들이 바다와 같은 힘찬 기상과 용기를 가지는 것이다. 이를 누구보다 잘 실천할 수 있는 사람은 '소년'[3]들이다. "해에게서 소년에게"라는 다소 애매한 제목을 쓰면서까지 소년들에게 용기와 희망을 주려고 했던 것은 당시의 사회적 여건 때문이었다. 이 시는 바다의 힘찬 이미지를 무엇보다 잘 표현했다는 점에서, 그리고 정형의 틀에서 벗어나 자유로운 운율을 통해서 바다의 자유분방한 정신세계와 소년의 기상을 하나로 연결 짓고 있다는 점에서 근대 해양지향성의 새로운 장을 열어 보인 작품이라 할 수 있다. 바다가 사랑하는 소년은 역동적이고, "泰山갓흔 놉흔 뫼, 딥태 갓흔 바위ㅅ돌"이 가로놓여 있더라도 단번에 무너뜨릴 기상을 가지고 있다. 그 동적 에너지는 반도국가인 우리나라가 간직하고 있는 기상이기도 하다. 따라서 이 작품에서 바다의 이미지는 "반도국 한국인, 피압박 민족으로서 예술적인 자각을 필연적·숙명적으로 부각시켜야만 했던 민족 전체의 염원"[4]이기도 한 것이다. 「해에게서 소년에게」에 반영된 바다의 역동적 에너지는 《소년》 전체에 반영된 바다의 이미지에 다름 아니다.

> (1) 천만(千萬)길 깁흔 바다 물ㅅ결은 검으니라
> 그러나 눈ㅅ빗 갓흔 흔새가 사모(思慕)하야
> 써나디 못하난 걸 보건댄 내심(內心)싸디

---

[3] 여기서 말하는 소년은 어린이와 아동의 개념과는 다소 다를 수 있다. 실제 근대문학에서 아동문학, 혹은 어린이문학이라는 개념이 나온 것은 1920년대 이후이다. 이때부터 아동교육이 이루어지고 이에 부응하여 어린이 운동이 일어나기 시작한다. 어린이에 대한 개념은 최명표의 『아동문학의 옛길과 새길 사이에서』(청동거울, 2007)를 참조할 것.
[4] 김대규, 「'해에게서 소년에게'와 바다의 상징성」, 『연세어문학』 V6, 연세대학교 국어국문학과, 1975, 65쪽.

검엇티 아니함을 미루어 알니로다
　　　　　—최남선, 제목 없음, 전문(《소년》 1년 1권, 8쪽)


(2) 부글부글 쓸난 듯한 동(東)녁
상서(祥瑞)긔운 농조(籠罩)하야 쌕쌕히 찬 안에서
온갓 세력(勢力) 근원(根源)되신 태양(太陽)이 오르네
하날은 붉은 빗헤 휩싸인 바 되얏고
바다는 더운 힘에 강복(降服)하야 잇도다
어두움에 가쳐 잇던 억천만(億千萬)의 사람이
눈을 쓰고 삷혀 보난 자유(自由)엇으며
몸을 일혀 움작이 난 기운(氣運)생기네
　　　—「삼면환해국(三面環海國)」 부분(《소년》 2년 8권, 2쪽)


(3) 여긔 잇난 세 소년(少年)은 바다 아해니
한반도(韓半島)가 나서 길은 만흔 목숨 중(中)
가장 크고 거룩히 될 영형아(寧馨兒)니라


(…중략…)


어엿부다 용맹(勇猛)스런 이 소년(少年)들아
쓰침업시 나아가서 큰 공(功) 이루어
오래 뭇친 우리 해상(海上) 재조보이라
　　　—「바다 위의 용소년(勇少年)」 부분(《소년》 2년 10권, 28쪽)

시 (1)과 (2)는 4·4조 4음보격의 연속체로 되어 있고, 시 (3)은 4·4·5조 3음보격으로 되어 있다. 정형의 틀을 벗어나려고 시도하고 있지만 여전히 정형성을 완전히 벗어나지 못하고 있다. 이러한 형식의 미완성은 근대를 지향하고 있으면서도 아직 전근대의 그늘에 가려져 있었던 당대의 한계점을 말하는 것이기도 하다.

시 (1)은 「해상대한사(海上大韓史)2」의 끝 부분에 실린 시인데, 바다에서 건너오는 제국주의는 검은 야욕에 물들어 있지만 바다는 순수하다는 점을 강조하고 있다. 우리 민족은 바다와 같이 맑고 순수한 영혼을 가진 민족이다. 그러나 우리를 침략하는 서구의 열강들은 검은 야욕을 드리우고 있다. 겉은 검지만 속은 흰 바다와 같이 바다를 건너오는 서구 열강들도 순수한 마음으로 우리 민족을 대하기를 희망하고 있다.

한반도는 세계적으로 중요한 입지에 둘러싸여 있었다. 삼면이 바다인 우리나라는 대륙 침략의 거점기지로 중요한 역할을 하고 있으며, 해양 진출의 유리한 여건을 선점할 수도 있다. 이러한 지리적 조건에 놓여 있는 한반도를 침략하기 위해 세계열강들은 호시탐탐 그 기회를 노리고 있었다. 이 시는 이러한 열강들에게 순수한 마음으로 살고 있는 우리 민족처럼 순수하게 만나기를 당부하고 있다. 그러나 이러한 소망을 실현성이 없는 공허한 울림에 불과했다. 이 시가 「해에게서 소년에게」와 같이 역동적이지 않고 소극적인 태도로 일관하고 있는 것도 이러한 외적 요인 때문일 것이다. 이 시도 근대 초기 시의 한계점과 마찬가지로 단조로운 대조와 반복 율격으로 시적 의미를 떨어뜨리고 있다.

시 (2)는 삼면으로 둘러싸인 한반도의 지리학적 특성을 강조하면서 우리 민족이 동서남북 어디로든지 나아갈 수 있다는 가능성을 보여준다. 동쪽에 떠오른 태양이 우리나라를 가장 먼저 비추고, 그렇게 축복 받는 민족이 우리 민족이라는 것이다. 삼면이 바다로 둘러싸인 해양국가로서 입지를 가진 한반도에 살고 있는 우리민족은 바다의 역동적 에너지를 자각하고 어두움에서 깨어나야 한다는 것을 강조하고 있다. 이와 같이 이 시는 바다의 역동적 이미지를 강조하고 있다.

시 (3)은 바다의 기상을 받은 한반도에서 나서 자란 소년들의 기상을 찬양하고 있다. 오래전 우리 역사는 해상국가로 널리 알려져 왔는데, 이 땅의 소년들은 이러한 해상의 재주를 유감없이 발휘할 것을 당부하고 있다. 이 시도 앞의 시들과 마찬가지로 바다에 대한 소극적인 계몽의식을 심어주는 데 머무르고 있다. 시의 형식과 내용에 있어서도 동일한 율격의 반복과 소년들을 훈계하려는 태도 때문에 예술성이 떨어지고 있다. 이는 계몽주의의 경향에 갇힌 근대의 한계라 할 수 있다.

이 밖에도 임진왜란의 영웅 이순신을 형상화한 고주(孤舟)의 「우리 영웅(英雄)」이 있다. 이 시는 이순신의 충군, 열성, 애국정열을 찬양한 시로서 우리 민족의 운명이 다하는 날까지 이순신과 함께할 것이라고 다짐하고 있다. 지나친 감정의 유로(流露), 직설적인 어법이 근대 문학의 한계점을 보여주고 있지만, 이순신의 영웅적 행동을 통해서 우리 민족의 갈 길을 모색하고 있으며, 이를 통해서 해상국가의 면모를 되살려갈 것을 고언하고 있다. 조선이 해금정책을 썼음에도 불구하고 세계 해전사에 길이 남을 업적을 이룬 이순신은 우리 민족의 영웅이기도 하지만, 해양 국가로서의 위상을 굳건하게 보여주는 좋은 본보기가 된다는 것이다. 이순신을 통해서 우리 해양의 역사를 되짚어보고 있는 이 시는 근대 계몽주의 역사관을 그대로 반영하고 있다.

(2) 인문지리학으로서 바다

이제 「해상대한사(海上大韓史)」에서 말하고 있는 해양 진출의 포부가 어떤 것인지를 살펴볼 차례다. 이 글은 문학에서 다룰 글이라기보다는 지리학적 지식을 전달하는 글이다. 이러한 지리학 입문서를 실은 것은 이를 바탕으로 해양에 대한 인식 전환을 꾀하기 위함이다. 한반도에 대한 인문지리학 접근법은 당대 주변 사정을 이해하는 데 반드시 필요했을 것이다.

최남선은 공육자(公六子), 각천(覺泉), 육당(六堂), 한샘 말고도 여러 가지 필명을 썼는데, 《소년》에는 주로 공육(公六)이라는 필명을 쓰고 있다.[5] 「해상대한사」도 공육이라는 필명으로 발표하는 글의 하나이다. 「해상대한사」는 《소년》 1권 1호(융희 2년 11월)부터 3권 6호(융희 4년 6월)까지 총 12회에 걸쳐 연재한다. 이 글은 한반도의 해상 지식과 이 지식을 바탕으로 대륙과 해양으로 진출할 수 있는 기회를 마련하자는 의도로 쓴 글이다. 《소년》의 창간 목적이 "대국민(大國民)을 양성(養成)하기" 위한 것이므로 처음부터 해양지식의 전파와 근대의식을 고취시키기 위한 목적으로 쓴 글이다. 「해상대한사」는 이런 목적을 실현하기 위한 한반도 인문지리학 입문서이다.

「해상대한사1」은 '수편총론(首編總論)'으로 "해(海)의 미관(美觀)은 웃더한가"라는 서론을 제시하고 있다. 이 글은 한반도를 둘러싼 바다의 근경과 원경을 자세히 설명하면서 아름다운 바다에서 소년의 기상을 펼쳐나갈 것을 당부하고 있다.

---

5) 권영민 편저, 『한국현대문학사연표(I)』, 서울대학교출판부, 1987.

「해상대한사2~5」는 "삼면환해(三面環海)한 우리 대한(大韓)의 세계적(世界的) 지위(地位)"에 대해서 폭넓게 밝히고 있다. 먼저, 우리나라는 반도국으로 삼면이 바다로 둘러싸인 나라라고 전제하고, 지리학적 위치, 크기, 국토의 모양 등에 대해서 자세히 설명하고 있다. 동서남북의 지형뿐만 아니라 반도국으로서의 유리한 조건을 적시하면서 우리나라를 둘러싼 사방의 형국과 우리나라와 인접해 있는 국가들의 근황 및 그들의 야욕을 밝히면서 그 나라의 성향과 그들이 추진하고 있는 해양 정책을 소개하고 있다. 특히, 일본의 해양진출에 대해 자세히 언급하면서, 일본의 아메리카 이주 정책을 좋은 본보기로 제시하고 있다. 일본의 이러한 해외진출은 결국 한반도의 이주로 이어지고 있기 때문에 우리는 일본의 진출을 경계해야 하는 것이다.[6] 이러한 대외관계는 일본에 국한된 문제가 아니라 미국도 마찬가지이며, 중국과 러시아도 같은 시각으로 바라보아야 한다. 이들 국가들의 세력 확장에 우리가 속수무책으로 당하고 있어서는 안 된다는 것이다. 그들의 해외진출을 본보기로 삼아서 하루 바삐 우리 민족도 해양진출을 위해 노력해야 한다고 말한다. 특히 만주지역과 연해주의 중요성에 대하여 역사적 접근법으로 다가간 것은 해양지향성뿐만 아니라 대륙지향성을 강조한 것으로, 반도 국가로서 우리나라의 입지를 잘 살리고 있다고 하겠다.

「해상대한사6」은 "반도(半島)와 인문(人文)−반도의 특장(特長), 반

---

[6] "자산(資産)있난 자(者)는 증식(增殖)하라오고 업난 자(者)는 치부(致富)하라 오느라고 육칠백인식(六七百人式)을 용납(容納)하난 대선4척(大船四隻)이 매양 좁지안난 재가 엡고 마관역(馬關驛) 승선출입구(乘船出入口)에는 항상(恒常) 임(裧)을 연(連)하야 막(幕)을 성(成)하고······." (공육, 「해상대한사 3」, 《소년》 2년 1권, 14쪽)

도와 문화(文化)"에 대해 살펴보고 있다. 이 글에서는 반도국의 장점으로 해양과 육로를 동시에 교통할 수 있다는 점을 들고 있다. 이러한 제 조건은 결국 "해륙문화(海陸文化)의 전파자(傳播者)로의 반도(半島)"(「해상대한사7」), "해륙문화(海陸文化)의 장성처(長成處)로의 반도(半島)", "해륙문화(海陸文化)의 보지자(保持者)로의 반도(半島)", "해륙문화(海陸文化)의 융화(融和)와 밋 집대성처(集大成處)로의 반도(半島)", "문화(文化)의 기원처(起原處)로의 반도(半島)"(「해상대한사」8, 9, 10)로 이어진다.

「해상대한사11, 12」는 "태동(泰東)에 처(處)한 우리 반도(半島) 기왕(旣往)의 공적(功績)"에 대해서 살피고 있다. 우리는 반도국으로서 사명감을 가지고 있어야 하며, 우리의 역사는 그런 사명감을 실천하는 역사였다. 우리는 이러한 역사적 소명의식으로 민족 국가를 건설해야 하는 것이다. 문학상으로 접근하더라도 얼마든지 훌륭한 사례를 찾을 수 있다. 문학, 예술의 모든 분야에서 우리는 반도국가로서 사명감을 실천해야 하는 것이다. 근대의 해양관은 해양 진출에 대한 실천적 의지를 담고 있었다.

> 차서(此書)는 소년(少年)의 해사사상(海事思想)을 고발(鼓發)하기 위(爲)하여 편술(編述)한 바인 즉(則) 일편(一編)의 사기(史記), 혹(或), 사론(史論)으로써 평(評)하면 딘실노 정비완전(整備完全)티 못한 것이오. 또 차(此)와 갓흔 저술(著述)은 원래(原來), 아국(我國)에 유례(類例)가 업는 바인 즉(則) 사실(事實)의 소루(疏漏)·오착(誤錯)이 다(多)할 것은 편자(編者)도 예기(豫期)하난 바-라. 연(然)이나 참조(參照)할 서(書)와 방고(傍考)할 물(物)

을 유(有)티 못한 편자(編者)에게는 여하(如何)히 할 수 업난 바-니 독자(讀者)는 양언(諒焉)이어다.

—공육, 「해상대한사1」(《소년》 1권 1호, 30쪽)

인용한 글은 「해상대한사」의 서문이다. 인용한 부분에서 밝히고 있는 것처럼 이 글은 처음부터, "소년의 해사사상을 고발(鼓發)하기 위하여" 기획한 것이다. 이 기획의 첫머리에서 바다에 대한 우리 민족의 보편적 인상을 소개하면서, 우리 민족은 옛날부터 대륙을 지향했기 때문에 해양 진출이 상대적으로 가로막혔다고 한다. 대륙지향성은 결국 우리 민족이 다른 반도국가와는 달리 해상모험심이 사라지게 하는 요인이 되었던 것이다. 이는 세계의 열강들이 이 땅을 침략하는 계기를 만들었으며, 우리 국가 발전의 저해요인으로 작용했던 것이다.

이 글에서 "왜 우리는 해상모험심(海上冒險心)을 감튜어 두엇나"라는 물음에 대해서 그는, 우리들이 우리나라가 삼면이 바다로 둘러싸인 반도국이라는 사실을 망각하고 있기 때문이라고 전제하면서, 그 이유를 여섯 가지 정도로 요약하고 있다. 첫째는 우리나라의 교통이 "일본(日本), 유구(琉球), 안남(安南, 베트남), 섬라(暹羅, 태국)" 등과 연결하는 해로(海路)가 있지만, 이보다 더 빈번하게 육로로 통간(通間)하기 때문이고, 둘째는 해로로 왕래할 경우에 물품이 증유(贈遺)할 가능성이 높고 왜와 같이 흔단(釁端-분쟁의 실마리)을 일으키는 나라가 있기 때문이고, 셋째는 이익을 얻기는 고사하고 근본을 잃어버리는 것이 첩경이기 때문이고, 넷째는 남방과의 교통을 두려워하기 때문이고, 다섯째는 선소의 육상적 유전성 때문에 해상모험심이 없도록 한 국민성 때문이고, 여섯째는 큰 바다에는 여인국이니 반인반수국이 있다는 등의 말들로 사람들의 마음을 놀라게 했기 때문이라고 한다.

이 글에서 알 수 있는 것처럼, 근대 초기 해양에 대한 왜곡된 관점은 결국 우리 민족의 해양진출에 장애 요인으로 작용했다. 「해상대한사」는 왜곡된 해양관을 바로잡고, 우리나라가 어떻게 해양국가로 성장할 수 있을 것인지를 제시하고 있다. 이 글에서 다루고 있는 해양에 대한 지식은 다양하다.

> 결단(決斷)코 우리 삼면환해국소년(三面環海國少年)의 이를 바--아니라 요마(幺麽)한 물ㅅ결을 웃디 두럽게 알니오하고 한번 댜란삼어 경력(經歷)삼어 밥과 옷으로 더부러 씨름하난 대(代)에 물ㅅ결이란 놈으로 더부러 닷토아봄도 맛잇슬디니 이에 이르러 우리는 환해국소년(環海國少年)으로인 제자(諸子)의 천직(天職)을 논(論)티아니티 못하게소
> 
> —공육, 「해상대한사1」《소년》 1권 1호, 36쪽)

한반도의 지리학적 조건을 자세히 설명하고, 태동의 발칸반도와 같은 역량을 가지고 있으며 이러한 역량을 마음껏 발휘해야 한다고 한다. 그 형체는 마치 맹호가 뒷발을 모으고 앞발로 허우적거리며 유라시아 대륙을 향해 포효하는 기세를 가졌다고 한다. 이러한 조건을 가지고 있으면서도 우리는 그 지리적 조건을 충분히 이용하지 못하고 있다. 반면에 일본은 일찍이 해양에 진출해서 그 기상을 펴고 있다.

> 가거라 가거라 나아가거라
> 천애지각(天涯地角) 남기난데업시 북빙육남숙해(北氷陸南熟海) 쌔지난데업시

가거라 그리하야 이르난곳마다 신일본(新日本)을 건설(建設)하여라

너의들은 애향심(愛鄕心)을 바려라 사친연처(思親戀妻)의 정(情)을 끈흐라

팽창적신일본(膨脹的新日本)의 인민(人民)은 결단(決斷)코 이리하야서는 못쓰느니라

—공육, 「해상대한사3」(《소년》 2년 1권, 11쪽)

인용한 시와 같이 일본은 해외로 나아가는 해양 정책을 펼치고 있는데, 우리는 그런 해양 정책을 쓰지 않았기 때문에 심각한 국가의 위기 상태를 맞이하고 있다고 보는 것이다. 이 글에서 그는 지리적으로 유리한 조건을 가지고 있는 우리나라가 일본과 같은 해양 정책을 펼치고, 가능하면 일본의 해외 이주 정책을 본받아야 한다고 주장한다. 이뿐만 아니라 이 글에서는 미국의 필리핀 점령에 대해서도 언급하면서, 반도국으로 해외진출을 꾀하는 것이 우리 민족이 해야 할 일이라고 주장한다. 동서남북을 향하여 어디든지 우리가 나아가야 할 공간은 충분하고, 고구려·대발해국과 같은 대륙지향성을 꾀한 나라도 있었음에도 불구하고 지금은 그러한 민족의 정신을 이어가지 못하고 있다고 한다.

정리하면, 근대 초기 《소년》에는 해양 진출의 꿈과 포부가 잘 반영되어 있다. 《소년》에 반영된 해양관은 지리학의 특징을 이용한 해양지향성을 보인다. 이러한 지리학의 특징은 한일합방 이후 소극적 대륙지향성으로 바뀐다. 이것은 일본의 대륙침략 정책과 무관하지 않다고 본다.

## 3. 일제강점기 아동문학의 해양관

《소년》에 반영된 해양관은 계몽주의 경향을 띠면서 역동적 이미지로 그려지고 있다. 반면에 일제강점기 이후 해양관은 판이하게 바뀌어 있다. 그것은 대륙지향의 현상을 잘 반영하고 있으며, 일본의 해양 정책에 따라 부정적인 경향으로 나타난다. 그만큼 일제강점기 해양 정책은 식민지 정책에 휘둘리고 있었다고 할 수 있다.

이를 반증하는 것으로 근대 초기에 나타났던 바다의 역동적 이미지가 일제강점기 이후 비역동적인 이미지로 바뀌었다는 것을 들 수 있다. 사실 일제강점기 이후 아동문학에서 바다는 그리 중요한 문학적 소재나 배경이 되지 않았을 뿐 아니라, 그 바다가 새로운 세계로 진출하는 희망의 공간으로 그려지지도 않았다. 그것은 일제강점기 아동문학이 교육효과를 위해 만들어지거나, 혹은 식민 정책의 가닥을 잡아가고 민족성을 말살하기 위한 수단으로 이용되었기 때문이다. 일제의 소학교령은 이러한 아동교육의 방향성을 알 수 있게 한다.

1920년대 이후 아동문학지가 창간되어 그 문학지에 실린 전체 작품을 대상으로 살펴보는 것이 당연하지만, 이 글에서는 일제강점기 이후 발표된 아동문학 작품의 일부를 통해서 그 해양관의 변화를 살펴보기로 한다.

일제강점기 이후 발표한 아동문학 중에서 동화와 동요 동시를 선별하여 싣고 있는 『겨레아동문학선집』(겨레아동문학연구회 엮음, 보리, 1999)에 실린 작품 중에서 바다를 소재로 하거나 바다를 배경으로 한 작품은 겨우 네 작품뿐이다.

동화로 최영해[7]의 「순이와 제비」(《소년조선일보》, 1940년 3월 3일자), 이

원수[8]의 「바닷가의 소년들」(《어린이 나라》, 1948년 8월)이 있고, 동시에 오장환[9]의 「바다」(《어린이》, 1934년 2월), 윤복진[10]의 「바닷가에서」(《어린이》, 1926년 6월)가 있다. 일제강점기 이후 1950년까지로 한정한 작품을 전체 열 권으로 묶은 이 선집에서 바다와 관련한 작품이 겨우 네 작품뿐이라는 사실은 일제강점기 아동문학에서 바다가 금기의 대상이었다는 사실을 짐작하게 한다. 그나마 이 작품도 바닷가의 추억담이나 바다에 대한 그리움과 같은 감정을 표출하는 데 머무르고 있다. 근대 초기의 역동적인 이미지는 사라진 지 오래다. 어떤 연유에서 그런지는 좀 더 상고해보아야 할 노릇이지만, 추측하건대 일본의 대륙진출의 꿈이 식민지 정책으로 변화했기 때문이라고 할 수 있을 것이다.

최영해의 동화 「순이와 제비」는 남쪽바다에 사는 순이의 이야기이다. 오사카로 떠난 오빠를 기다리는 순이는 언젠가는 바다 건너 오빠가 올 것이라고 확신하면서 살아간다. 순이가 사는 마을은 피폐해질 대로 피폐해져 있다.

---

7) 최영해(崔暎海, 1914~1981) 동화작가. 한글학자 최현배의 장남으로 양정고등보통학교를 거쳐 연희전문학교를 졸업했다. 윤석중, 홍이섭과 삼사동인회를 꾸려 활동했다. 1930년대 후반 소년조선일보에 이솝우화를 연재하고 외국동화를 많이 번역했다. 정음사 사장을 역임했다.

8) 이원수(李元壽, 1911~1981) 동시인. 동화작가. 아동문학평론가. 경남 양산에서 태어났다. 마산공립보통학교를 거쳐 마산공립상업학교를 졸업했다. 경남 함양 금융조합에 다녔으며, 독서회 사건으로 1년간 감옥살이를 했다. 해방 후 조선문학가동맹에서 활동했고, 해방 후 동화와 소년소설을 주로 썼다.

9) 오장환(吳章煥, 1918~월북) 시인. 충청북도 보은에서 태어났다. 휘문고등보통학교를 다녔다. 1930년대 중반, 신문에 어린이들에게 주는 글을 여러 편 발표하였다. 시인부락 동인.

10) 윤복진(尹福鎭, 1907~월북) 동요시인. 대구 출생. 동시집으로 『꽃초롱 별초롱』이 있다. 월북하여 북한에서 활동하다가 1991년 사망한 것으로 알려져 있다.

여기는 남쪽 나라 따뜻한 바닷가입니다. 제비 한 쌍이 멀리 북쪽을 바라보고 있습니다. 구름이 한 뭉치 북으로 북으로 흘러가고 있습니다. 제비의 마음은 구름을 타고 순이네 오막살이를 감돌고 맑고도 푸른 조선 하늘을 날고 있습니다.
　이윽고 두 제비는 마주 바라보며 씽긋 웃었습니다.
　"순이 집에 가 줍시다요."
　아마 이런 약조가 말없는 사이에 맺어졌나 봅니다.
　가뭄이 심해서 개천물이 마르고, 곡식이 타 죽고 올챙이가 말라 죽고, 파리도 모기도 보기 힘들었던 순이네 동네로 금년에도 제비는 날아오려고 마음먹고 있습니다.
　떠나오면 그리운 고향집이랄까요. 제비를 그리는 순이와 순이 집을 잊지 않은 제비가 정답게 이야기를 할 날도 오늘처럼 이렇게 비가 줄줄 내리는 날일는지도 모릅니다.
　그리고 그 때쯤은 순이 오빠도 철벅철벅 진흙길을 힘있게 걸어올 것도 같습니다.[11]

　남쪽 나라 따뜻한 바닷가에 사는 순이가 바라보는 바다는 역동적인 기상이 넘실대는 공간이 아니라, 떠나간 오빠를 기다리는 그리움의 공간이다. 순이가 사는 마을 사람들은 제비가 좋은 소식을 전해주기를 간절히 바라는 소극적인 사람들이다. 여기서 바다는 더 이상 격동의 공간이 아니고, 잔잔한 소식을 전해주는 비역동적인 공간으로 자리하고 있음을 알 수 있다. 이 동화에서 바다는 순이의 오빠가 떠나간 곳이

---

11) 겨레아동문학연구회, 『겨레아동문학선집7』, 보리, 1999, 8~10쪽.

고, 그 오빠와 마찬가지로 많은 마을 사람들이 떠나간 공간이다. 순이는 혼자서 오막살이를 지키면서 오빠를 기다리고 있다. 바다는 이런 외로운 순이를 달래주는 공간일 뿐이다.

근대 초기에 열강의 침략에 맞서서 격동의 바다를 노래하고 그 바다로 진출하려는 기상은 사라지고, 바다는 백성들의 슬픈 비애가 곳곳에 서려 있는 한의 공간으로 남아 있을 뿐이다. 바다는 근대 문물이 들어오는 곳이고, 새로운 희망으로 넘실대는 곳이다. 그 희망의 공간이 갇힌 공간으로 바뀌고 말았다.

이원수의 「바닷가의 소년들」은 바다가 없는 데서 살다가 바닷가로 이사 온 상운이라는 소년의 이야기다. 상운이는 바닷가 마을로 이사를 와서 넓은 바다와 갯벌에서 노는 것이 마냥 좋았다. 하지만 그곳에는 심술 많고, 어린아이들을 잘 골려 먹고, 욕 잘하고, 싸움 잘하는 알부랑패 병주가 살았다. 상운이는 병주에게 대들다가 되레 호되게 맞는다. 늘 억울하게 당하기만 하는 상운이는 친구들과 어울리지 못하고, 바닷가에서 동생 상옥이와 게를 잡고 논다. 그런데 여기까지 병주가 따라온다. 괜한 시비 끝에 상운이는 병주와 또 싸우게 되고, 동생이 보는 앞에서 무릎을 꿇고 용서는 비는 모욕을 당한다. 그 일을 당하고 난 뒤 집으로 돌아가다가 물에 빠져 허우적대는 병주를 발견한다. 다른 아이들이 사람들에게 알리러 간 사이에 상운이는 병주를 구해준다. 이와 같이 이 동화는 바닷가에서 일어난 사소한 일상을 소재로 하고 있을 뿐이다.

일제강점기 아동문학에서 형상화하고 있는 바다는 역동적이고 모험을 꿈꾸는 공간이 아니다. 아이들의 놀이 공간, 이야기의 한 소재일 뿐이다. 이런 동화를 읽는 아이들에게 바다는 더 이상 모험의 대상이 될 수 없다. 근대 초기에 보여준 바다의 기상은 사라지고, 여느 공간과 같은 일상의 공간으로 자리하고 있을 뿐이다. 일제강점기 아동문학에서 바다는 근대의 기개가 거세된 바다, 비역동적인 바다였던 것이다. 이러한 바다 이미지는 동시에도 그대로 반영되어 있다.

바닷가에 조그만 돌
어여뻐서 주워보면
다른 돌이 또 좋아서
자꾸 새것 바꿉니다

바닷가의 모래밭에
한이 없는 조그만 돌
어여뻐서 바꾸고도
주워 들면 싫어져요

바닷가의 모래밭엔
돌멩이도 많지요
맨 처음 버린 돌을
다시 찾다 해가 져요

—윤복진, 「바닷가에서」 전문(《어린이》, 1926년 6월)[12]

---

12) 겨레아동문학연구회, 앞의 책 9, 98쪽.

눈물은
바닷물처럼
짜구나

바다는
누가 울은 눈물인가
　　　　　　　―오장환,「바다」전문(《어린이》, 1934년 2월)[13]

　이 두 편의 동시에서 바다는 놀이의 공간이며 슬픔의 공간이다. 시인의 취향에 따라 바다의 이미지는 다를 수 있다고 해도 이 두 편의 동시를 읽어보면, 일제강점기 해양에 대한 아동교육의 방향이 어디로 향하고 있었는지를 짐작할 수 있다. 바닷가에 앉아서 돌을 줍고 있는 아이, 그 아이는 하루 종일 바닷가에서 예쁜 돌을 줍는다. 예쁜 돌을 주워도 다른 곳에 더 예쁜 돌이 있어서 다른 돌을 주우면서 하루를 보낸다.
　일제강점기 아이들에게 바다는 단순한 그리움의 공간이든가, 아니면 이와 같은 놀이공간일 뿐이다. 바닷물이 짠 까닭이 누가 울은 슬픔이라고 말할 정도로 바다는 한과 슬픔의 표상으로 존재할 뿐이다. 《소년》에서 보여준 역동적 해양관은 일제강점기를 관류하면서 비역동적인 해양관으로 바뀌고 말았던 것이다. 이는 이미 앞에서도 언급한 것처럼, 일제의 식민지 정책이 아동교육에 그대로 반영되었기 때문이라고 할 수 있다.

---

13) 겨레아동문학연구회, 앞의 책 10, 28쪽.

### 4. 근대 아동문학에 나타난 해양관

근대 아동문학의 해양관은 일제강점기 이후 변화의 양상을 보이고 있다. 그것은 근대 초기《소년》에 반영된 역동적 해양관이 일제강점기 이후에는 비역동적인 해양관으로 바뀐 것을 말한다. 근대의 문물이 한반도를 요동칠 때는 바다를 통해서 모든 문물이 들어오고 나가는 것을 자각하는 때였다. 이러한 광경을 보고 난 근대 지식인들은 바다를 새로운 관점으로 접근하기 시작했다.《소년》에서 바다는 그 바다를 통해서 새로운 나라를 건설해보려는 꿈을 표현하고 있다면, 일제강점기 이후 나타난 아동문학에서 바다는 그러한 역동성이 거세되고 바다 때문에 피해를 입은 우리 민족의 슬픈 역사가 투영되어 나타난다. 바다는 생성의 공간이 아니라 한과 슬픔의 공간이다. 도저히 극복할 수 있는 인간의 운명처럼 바다는 우리 민족의 울분을 담고 있는 공간이다. 유럽의 다른 나라에서 보는 것처럼 바다는 모험이 가득한 공간도 아니고, 신비에 찬 공간도 아니다. 한반도는 일제의 대륙진출을 위한 교두보이고, 바다는 식민지 백성의 울분을 달래야 하는 공간일 뿐이다.

일제강점기 시나 소설에서 바다가 그리움과 순수 영혼의 열정으로 그려지고 있는 것도 거세된 해양진출의 꿈에 다름 아니다. 임화를 비롯한 대다수의 일본 유학생들이 현해탄 콤플렉스에 빠졌던 것도 일본보다 먼저 해양을 지배하지 못한 식민지 백성으로서의 좌절과 절망이라 할 수 있다. 일본에 의해 좌절된 해양의 꿈은 일제강점기 우리 문학에 고스란히 반영되어 있다. 우리 민족은 바다를 동경의 대상으로 생각하고 있었으며, 일본 이상의 바다를 넘지 못한다는 강박관념에 사로잡혀 있었다.

근대 아동문학에 나타난 해양관의 변화는 해양진출을 포기해야만 했던 우리의 근대사와 맞물려 있는 비극이었다. 근대 초기 아동문학의 양상을 살펴볼 수 있는 《소년》에 나타난 해양관이 진취적이고 발전적인 방향을 모색하는 것이었다면, 일제강점기 아동문학에 반영된 해양관은 부정적인 관점으로 바뀌었다. 이는 일제식민지 정책이 대륙지향성으로 나타나면서 반영된 세계관이라고 할 수 있다.

해양에 대한 포기는 대륙지향성을 꾀하고 있었던 일제강점기 식민지 정책 때문이라고 할 수 있다. 그것은 일제강점기 아동을 위한 식민지 교육정책에서 여실히 드러난다. 일제는 식민지 조선의 백성을 천황의 신민으로 만들기 위해 소학교 교육을 실시하고 황국신민의 서사를 강요하는 정책을 펼친다. 이러한 황국신민 교육은 근대 아동문학으로 이어지고 있으며, 이러한 강요된 아동교육은 결국 해양지향성과 같은 긍정적이고 진취적인 아동관을 만들어내지 못하고, 부정적이고 전근대적인 대륙지향형 아동관을 만들고 말았다. 해양지향성이 대륙지향성으로 바뀌는 것은 반도국가의 위상이 대륙보다 강할 때 유효한 것인데, 일제식민지로 전락한 우리나라는 일제에 의해 수동적으로 이끌려가는 처지가 되고 말았다. 그나마 근대 아동문학에서 해양지향성을 잘 보여주는 것으로 최남선이 창간한 《소년》이 있었다. 이 문예지는 근대 문학의 한 출발점이기도 하고, 근대 아동문학의 해양지향성을 보여주는 좋은 사례이기도 하다.

# 아동문학과 판타지

## 1. 판타지의 개념

서구에서 말하는 판타지(fantasy)는 라틴어로 '판타스티쿠스(Phantasticus)'라 하며, 그 기원이 되는 그리스어는 '판타제인(Phantasein)'이라고 한다. 이 단어는 '나타나 보이게 하다', '착각을 주다', 혹은 기이한 현상이 '나타나다', '드러나다'라는 정도로 쓰인다. 근대 이후 판타지라는 말은 프랑스 낭만주의 문학에 그 기원을 두고 있다. 낭만주의를 뜻하는 '로망(roman)'[1]이라는 말은 '기이(奇異)', '가공(架空)', '경이(驚異)', '환상(幻想)'이라는 개념을 내포하고 있다. 프랑스어로 판타지(fantastiques)는 '로망'과 유사한 뜻인 '귀신 들린', '공상적인', '상상 속에서만 존재하는', '유형의 존재의 흔

---

1) '로망(roman)'이란 원래 중세 루스티카 지방의 방언으로, 표준어인 라틴어에 대한 각 지방의 향토어(鄕土語)를 의미한다. 뿐만 아니라 라틴어로 쓰인 고급의 문학에 대하여 방언으로 된 각 민족어로 쓴 방언의 문학을 지칭하기도 한다.

적만을 지닌'이라는 말로 쓰인다. 영국의 낭만파 시인이자 비평가인 코올리지(Samuel Coleridge)는 판타지에서 보이는 해체적 행위, 실제적인 것의 재창조야말로 환상의 상상력(Imagination)이나, 공상(Fancy)과 구분되는 차이점이라고 지적하기도 한다.2) 서구에서 말하는 판타지는 현실과는 동떨어진 세계를 드러내는 것이지만, 그 세계는 현실을 해체하여 새롭게 만들어내는 것이다. 판타지는 인간의 상상력을 근원으로 만들어지는 또 다른 세계를 의미한다. 소설이 현실의 개연성(蓋然性)을 바탕으로 한 허구(虛構, fiction)라고 한다면, 판타지는 상상력을 바탕으로 한 허구라고 할 수 있다.3) 판타지가 현실을 바탕으로 하고 있으면서도 그 현실과는 다른 기이한 현상을 나타내는 것은 판타지가 인간의 상상력으로 만들어지는 가공의 세계를 그리고 있기 때문이다.

서구에서 말하는 판타지를 동아시아의 관점으로 말한다면, '환상(幻想)'이라는 말로 대체할 수 있을 것이다. 동아시아에서 말하는 '환상'은 여러 가지 뜻으로 쓰이지만, 일반적으로 '기이(奇異)'이라는 말로 정의된다. 환상이라는 말 속에는 '기(奇)', '이(異)', '괴(怪)', '환(幻)'이라는 말을 내포하고 있다. 여기서 말하는 '기(奇)'란, 현상에서 흔히 일어나는 일이 아니며, 인간이 보통 인식할 수 있는 세계가 아니다. '기'는 드물게 일어나는 일이며, 본래적이고 환상적이고 놀랍고 기묘한 영역의 세계이다. '이(異)'는 기본적인 뜻으로 '다르다'는 것을 말하고, 이차적인 뜻으로 '비범한', '현저한', '낯선', '이질적인',

---

2) 최기숙, 『환상』, 연세대출판부, 2003, 8쪽.
3) 판타지는 장르 개념으로 말하면 소설의 하위 개념이지만, 여기서는 장르의 개념으로 말하는 것이 아니라, 서사의 특성을 기준으로 말하는 것이다.

'괴상한'이라는 뜻을 포함한다. 따라서 '기이'라는 말은 현상에서 일어나는 기묘한 일이며, 낯선 일을 말한다. '괴(怪)'는 기라는 말과 유사하며, 기묘하고 섬뜩하고 변덕스럽고 비정상적이고 불가해한 것을 말한다. '환(幻)'은 '바꾸다'는 뜻이며, 변화와 미혹함, 허깨비, 허무, 의혹과 신기(神氣)함의 뜻을 지니고 있다. 불교 용어에서 '환'은 없었던 것이 홀연히 나타나는 일종의 영상을 말한다. 환이 상(相)으로 재현되면 환상(幻相)이 되고, 존재로 나타나면 환유(幻有)가 되고, 사상(事象)으로 형상화되면 환화(幻化)가 된다.

'기(奇)', '이(異)', '괴(怪)', '환(幻)' 이 네 가지는 환상을 이루는 기본 요소가 된다. 우리 고전에서 말하는 환상은 일종의 '괴력난신(怪力亂神)'과 같은 이야기라고 할 수 있다. 환상을 바탕으로 하고 있는 신화적 상상력의 세계, 전설과 민담은 현실과는 거리가 먼 이야기이기 때문에 판타지의 기원이 된다고 할 수 있다. 중국의 문학 장르 중에 지괴(志怪)와 전기(傳奇)라는 장르가 있는데, 이것은 둘 다 기이함을 기록한다는 것을 말한다. 서구의 판타지에 대응하는 동아시아의 환상은 현실의 관점으로 이해할 수 없는 기괴하고 낯선 일을 말한다.

영국의 여성 영미문학 연구자 로즈메리 잭슨(Rosemary Jackson)은 "환상문학이란 보이지 않는 것을 보이게 하고, 말해지지 않은 것을 말해지게 하는 것이며, 리얼리티를 고정되고 불변하는 것으로 파악해온 종래의 정상적이고 상식적인 시각을 '전복(顚覆)'시킨다"고 설명하고,[4] 에릭 라브킨(Eric Rabkin)은 판타지를 신화, 전설, 민담, 동화, 몽

---

[4] 로즈메리 잭슨 저, 서강여성문학연구회 역, 『환상성: 전복의 문학Fantasy: the literature of subversion』, 문학동네, 2001.

상과 같이 인간적인 것과는 다른 영역으로 표현하는 것을 말한다고 했다. 잭슨이 말하는 '전복'은 현실의 관점을 뒤집어 표현하는 것을 의미한다. 결국 판타지는 현실을 바탕으로 하고 있으면서도 현실을 전복하고, 현실을 살고 있는 인간의 영역과는 다른 세계를 표현하는 것을 말한다. 츠베탕 토도로프(Tzvetan Todorov)의 관점으로 말한다면, 판타지는 '망설임'이라고 할 수 있다. '망설임'이란 사건의 전모를 모르고 자연의 법칙밖에 모르는 사람이 초자연적인 양상을 가진 사건에 직면해서 체험하는 애매한 지각의 상태를 말한다. 토도로프는 판타지를 작품에 제시된 초자연적인 요소가 합리적인 설명으로 마무리되는 기괴와 초자연적인 법칙으로 인정해야만 마무리되는 경이로 나눈다.[5]

| 순수한 기괴 | 환상적 기괴 | 환상적 경이 | 순수한 경이 |
| --- | --- | --- | --- |

현실과 맞서는 기괴와 경이는 판타지를 이루는 요소가 된다. 현실은 합리적으로 이해할 수 있는 것이고, 초현실은 그 현실을 넘어서는 공간을 말한다. 그런데 현실을 넘어서는 초현실이라 해도 합리적으로 이해할 수 있는 공간이 있고, 합리적으로 이해할 수 없는 공간이 있다. 소설과 판타지의 경계는 이러한 현실에 대한 이해로 구분된다. 현실에 대한 충동으로 실현되는 것이 소설이라고 한다면, 환상에 대한 충동으로 실현되는 것을 판타지라고 한다. 캐서린 흄(Kathryn Hume)은 그동안 판타지를 정통 문학으로 인정하지 않았던 점에 반발하여 환상 충동을 모방 충동과 동일한 각도에서 바라보고 있다. 흄은 환상 충동으로

---

5) 최기숙, 『환상』, 연세대출판부, 2003, 20쪽.

창조된 판타지를 문학사의 한 영역으로 끌어올리고 있다. 흄의 주장에 힘입어 이제 판타지 문학은 더 이상 격외문학이 아니라, 문학사의 한 영역에서 정당한 자리를 차지하는 정통문학으로 인정받게 된 것이다.

## 2. 동화와 판타지

동아시아에서 판타지는 고대로부터 서사 갈래의 하나로 인식해왔다. 중국에서는 판타지에 대응하는 것으로 신화(神話), 지괴(志怪), 전기(傳奇), 신마소설(神魔小說)이 있고, 우리나라에서는 신화, 전설, 민담, 가전체, 몽유록(夢遊錄), 이인담(異人談), 신선전(神仙傳)이 있다. 이러한 판타지 문학은 오늘날 SF(Science Fiction)소설과 판타지 소설의 기원을 이룬다. 서구에서 판타지 문학은 SF소설, 고딕소설, 동화의 형식으로 나타났다. 1818년 메리 셸리(Mary Shelley)의 『프랑켄슈타인』은 SF소설의 효시를 보이고, 호레이스 월폴(Horace Walpole)의 『오트란토의 성』은 고딕소설 양식을 보인다. 동화로는 루이스 캐럴(Charles Lutwidge Dodgson)의 『이상한 나라의 앨리스』, 프랭크 바움(Lyman Frank Baum)의 『오즈의 마법사』, 조앤 K. 롤링(Joanne Kathleen Rowling)의 『해리포터』가 있다. 동서양을 막론하고 판타지는 고대로부터 지금까지 문학의 중요한 영역을 차지하고 있으며, 특히 동화에 미치는 영향은 지대하다고 할 수 있다. 동화라는 말 자체가 판타지에서 출발한다는 견해도 있다.

"동화란 말의 가장 포괄적인 개념은 '아동에게 들려주기 위한 이야기'로 사용된다. 그러나 본래 동화란 말은 독일어의 메르헨

(Märchen), 영어의 fairy tales에 해당하는 말로서 옛날이야기, 민담, 우화, 신화, 전설 등과 같은 설화의 형태 속에서 그 상징적 의미를 포착하여 개작 재화한 아동문학작품을 말한다. 그러므로 동화는 시간과 공간의 한계를 넘어서 수많은 사람들의 소망과 이상, 지혜와 상상력이 넘치는 환상의 보고이다."[6]

이 견해에 따르면, 동화는 환상, 즉 판타지의 보고(寶庫)이다. 우리나라의 경우는 아이들도 현실의 한 구성원으로 보고 현실을 적시하는 태도가 중요하다고 보기 때문에 동화가 판타지라는 등식은 그대로 받아들여지지 않지만, 서구에서는 동화가 곧 판타지라는 것을 이미 정해진 사실로 인정하고 있다. 서구의 아동문학이 동양의 아동문학에 비해 판타지의 영역에서 더 뛰어난 성취를 보이는 까닭은 판타지를 동화의 근원으로 인정하면서 그 동화적 상상력을 마음껏 펼치게 하는 데 있다. 그런 점에서 판타지 동화가 발전하기 위해서는 동화가 판타지라는 극단적 등식을 인정할 필요가 있을 것이다. 동화가 판타지의 보고로서 그 역할을 충분히 해낼 때, 아동문학의 토양이 더 윤택해질 것은 자명한 일이다.

동화(童話)는 말 그대로 '아이들이 이야기' 이다. 아이들의 이야기이기 때문에 판타지가 가능하고, 그 판타지의 세계는 아이들의 상상력으로 빚어지는 또 다른 가공의 세계라 할 수 있다. 판타지가 현실과 관련이 있든 없든 상관없다. 판타지는 비록 가공의 세계라고 할지라도 아이들의 상상력 속에 안주할 수 있는 세계라고 한다면, 그것은 아이들

---

6) 김경중, 「동화의 특성과 교육적 기능에 관한 연구」, 《동광》, 1988, 5~6쪽(김상욱, 「아동문학의 장르와 용어」, 《한국아동청소년문학회》 겨울세미나, 2009. 4. 14. 재인용).

이 재창조한 또 다른 현실의 공간이라 할 수 있는 것이다. 우리 아동문학은 이러한 판타지의 세계를 애써 인정하지 않았다. 아동문학의 선구자인 방정환이 일찍이 동화에 대해서 판타지 요소보다도 현실적 요소를 강조한 이후로 아동문학은 현실주의 동화가 주류를 이루었다.

"동화의 동(童)은 아동이란 동이요, 화(話)는 설화이니 동화라는 것은 아동의 설화 또는 아동을 위하는 설화이다. (…중략…) 결코 옛날이야기만이 동화가 아닌, 즉 다만 '이야기' 라고 하는 것이 가합(加合)할 것이다."[7]

이 말은 전래동화와 같은 판타지도 어느 정도 인정하지만, 아동문학의 본류는 현실의 이야기에 있다는 것이다. 아동문학이라고 무턱대고 판타지만 강조할 것이 아니라, 아동의 현실을 반영해야 한다는 것이다. 방정환은 아동문학을 현실주의 관점에서 보고 있지만, 사실 판타지는 동화와 소설을 구분하는 중요한 요소이다. 이원수는 "동화가 공상적·추상적인 문학 형식인데 대하여 소설은 현실적·구상적인 문학 형식이라 할 수 있다. 즉 동화는 시간과 공간을 초월하여 자유로이 다룰 수 있으나, 소설은 현실적으로 또 사실적으로 다루어지지 않으면 안 되는 것이다"라고 한다.[8] 이것은 판타지의 요소가 어떻게 작용하는가에 따라 동화와 소설로 나누어진다는 것이다.

아동문학에서 말하는 판타지는 독창적인 상상력에서 발생하며, 그

---

[7] 방정환, 「새로 개척되는 동화에 관하여」, 《개벽》, 1923. 1, 19쪽(김상욱, 『아동문학의 장르와 용어』, 《한국아동청소년문학회》 겨울세미나, 2009. 4. 14. 재인용).
[8] 이원수, 『아동문학 입문 - 이원수 아동문학 전집28』, 웅진출판사, 1984, 33쪽.

상상력은 우리들의 오관(五官)으로 알 수 있는 외계의 사물에서 끌어내는 개념을 초월한, 보다 깊은 개념을 형성하는 마음의 활동이라 할 수 있다. 판타지는 그 상상력을 드러내기 위해서 은유의 방법을 사용한다. 판타지는 그 은유의 방법을 통해서 추상의 세계에 새로운 생명을 불어넣는 것이다. 이러한 창조적 상상력의 세계를 바탕으로 하는 판타지는 이야기 전개에 흥미와 관심이 있어야 하고, 인물끼리의 상호 관계성을 중요하게 다루며, 인물과 사건에 있어서도 긴밀한 관계를 유지해야 한다. 판타지는 비현실에서 현실을 재현하는 것이기 때문에 다른 장르보다도 더 좋은 문장으로 쓰여야 한다.[9] 따라서 판타지 동화는 다른 장르보다도 더 탄탄한 구성 방식을 필요로 한다.

## 3. 판타지의 기원

그렇다면, 동화의 준거로 작용하는 판타지는 어디에 기원을 두고 있을까. 동화는 서사 장르의 하나이고, 이를 다시 현실주의 동화와 판타지 동화로 나눈다.[10] 판타지 동화는 서사 장르의 하위 분류에 속한다고 할 수 있다. 이런 관점에서 볼 때 서사 장르는 판타지 동화의 기원을 이룬다고 할 수 있다. 판타지 동화의 상위 개념인 서사 장르는 설화

---

9) L. H. 스미드, 『아동문학론』, 새문사, 1979, 299쪽.
10) 김상욱의 장르 분류는 서구의 일반적인 분류 방법에 따른 것이지만, 장르 개념의 혼란이 가중되고 있는 시점에서 어느 정도 준거가 마련된 것이 아닌가 한다. 장르 분류에 대한 논의는 남아 있지만, 여기서는 김상욱의 장르 분류 체계에서 판타지 동화를 살펴보기로 한다. 김상욱은 동화를 크게 현실주의 동화와 판타지 동화로 나누고, 현실주의 동화는 역사적 현실주의 동화와 현실주의 동화로 나눈다. 판타지 동화는 다시 전통적 판타지(옛이야기)와 현대적 판타지로 나눈다.

에 그 기원을 두고 있기 때문에 판타지 동화는 설화에서 그 기원을 밝힐 수 있을 것이다.

일반적으로 설화(說話)는 신화(神話), 전설(傳說), 민담(民譚)의 세 가지 유형으로 나눈다. 신화(神話, myth)는 신에 관한 이야기로 자연 현상이나 사회 현상의 기원과 질서를 설명하는 이야기이다. 신화는 특정 민족이나 집단에서 신성하다고 믿는 이야기이다. 신화의 화소(話素)는 대개 상징체계로 되어 있으며, 그 내용은 신비성을 전제로 하고 있다. 신화의 미적 범주는 숭고미가 주류 미학이다. 신화는 건국신화, 시조신화, 부락신화, 기타신화로 나뉘는데, 어떤 신화든지 그 내용은 판타지의 특징이라 할 수 있는 은유와 상징이라는 방식으로 표현된다.

고구려의 건국신화인 주몽신화는 알에서 태어나는 난생신화(卵生神話)이다. 여기서 알의 둥근 이미지는 태아 때 몸을 움츠리고 있는 모습을 상징한다. 알은 탄생을 상징하기도 하지만, 동시에 죽음을 상징하기도 한다. 알은 우리나라 고대 무덤의 한 방식인 옹관묘를 상징한다. 알의 모양은 옹관의 모양을 닮았고, 그것은 죽음을 상징하면서 동시에 탄생을 상징한다. 죽음은 또 다른 영생을 상징한다는 고대의 영생 사상을 반영한 것이 알이고, 옹관인 것이다. 이처럼 신화는 고도의 상징체계를 바탕으로 한 이야기다. 신화는 인간과 동물 사이의 육체적, 생리적 공질성을 바탕으로 하고 있으며, 양자의 동화와 상호 전신을 통해서 신화로 재현되는 것이다.[11] 신화가 판타지의 한 기원을 이룬다고 할 수 있는 까닭은 신화에 내포된 상징성과 신비성, 현실과 비현실을 경계를 자유롭게 넘나드는 상상력 때문이라 할 수 있다. 신화

---

11) 김열규, 『한국의 신화』, 일조각, 1977, 22쪽.

는 신(神)의 이야기이지만, 결국 인간의 상상력에 준거를 두고 있다. 판타지도 초현실의 영역에 존재하는 이야기이지만, 그것은 인간의 상상력에 바탕을 두고 있으며, 그 상상력을 은유와 상징체계로 꾸며낸 이야기이다.

전설(傳說, legend)은 지역 전설과 이주 전설로 나누어지며, 발생학적 측면에서 여러 가지 목적으로 만들어진다. 전설은 일정한 지역에 남아 있는 전승물이 있다는 특징이 있으며, 그 전승물을 인간의 상상력으로 꾸며낸 이야기이다. 전설은 전승물이 있다는 측면에서 신화보다는 더 현실에 근접한 이야기이긴 하지만, 그 이야기의 구성방식은 대부분 허구, 혹은 환상의 방식으로 되어 있다. 전설은 현실을 바탕으로 한 것도 있지만, 초현실을 바탕으로 한 것도 있다. 전설이 판타지의 기원이 될 수 있다는 것은 초현실을 바탕으로 한 이야기들 때문이다. 뱀으로 환생한 처녀 이야기나, 장군바위 전설은 초현실의 영역에서 전승된 판타지라 할 수 있다.

민담(民譚, folktale)은 판타지의 요소를 가장 많이 담고 있는 설화이다. 민담의 하위 범주는 동물담, 본격담, 소화(笑話)로 나누어진다. 동물담은 다시 동물유래담, 본격동물담, 동물우화로 나뉜다. 동물유래담은 동물의 생김새, 습성, 명칭을 통해서 그 동물의 기원을 밝히는 것으로 동물의 특성을 관찰한 이야기이다. 본격동물담은 동물에게 인간의 속성을 부여하는 것으로 오늘날 의인동화의 기원을 이루고 있다. 동물에게 인격을 부여하는 방식이나 사물에 인격을 부여하는 방식은 이러한 본격동물담에 기원을 두고 있다. 동물우화는 동물에게 일정한 유형을 부여하여 도덕적이고 교훈적인 내용을 담아내는 것이다. 동물담은 대부분 판타지 동화의 영역에 속하는 이야기들이다.

본격담은 다시 현실담과 공상담으로 나누는데, 현실담은 현실적 인물이 등장하여 지혜와 용기로 사건을 처리하는 이야기이다. 공상담은 초현실의 세계에서 초자연적인 인물이 등장하여 사건을 전개하는 이야기이다. 반쪽이 같은 이야기가 그 예가 될 것이다. 공상담은 실재하지 않는 인물을 내세운 이야기이다. 본격담 중에서 공상담은 판타지 동화의 유형으로 분류할 수 있다.

소화는 말 그대로 웃기는 이야기이다. 소화는 과장담, 모방담, 치우담, 사기담으로 나눈다. 특히 소화는 현실과 초현실의 경계를 넘나드는 특징이 있다. 과장담 중에서 며느리 방귀에 날아간 집 이야기는 판타지를 바탕으로 하고 있지만, 현실과 초현실의 경계에 놓인 이야기이다. 모방담 중에서 혹부리 영감 이야기는 현실과 초현실을 오고 간다. 치우담은 바보 이야기인데, 치우담도 현실과 초현실의 화소가 동시에 나타난다. 사기담은 거짓말과 지혜로 상대방을 속이고 의도를 성취하는 이야기인데, 여기에서도 의인동화와 현실주의 동화가 나란히 나타난다.

설화의 이 세 가지 요소들은 오늘날 판타지 동화의 기원을 이루고 있다. 서구의 관점으로 본다면 동화의 환상성은 18세기 후반 독일낭만주의에 기원을 두고 있지만,[12] 이를 기준으로 우리 아동문학의 판타지 기원을 찾는 것은 무리가 있다고 생각한다. 우리 아동문학의 판타지는 전래동화(옛이야기)에서 그 기원을 찾을 수 있으며, 그것은 오늘날 우리 아동문학의 판타지 출현의 바탕이 된다고 할 수 있다.

설화에 뿌리를 두고 있는 고전 소설은 리얼리즘 방식보다는 판타지

---

12) 김서정, 『어린이문학 만세』, 푸른책들, 2003, 20쪽.

방식을 택한다는 점에서 판타지 동화의 발생론적 기원을 이룬다고 할 수 있다. 김만중의 『구운몽』은 현실이 신선의 세계이고, 꿈이 인간의 세계이다. 이는 현실과 초현실의 경계가 '전복(顚覆)' 되어 있다는 것이다. 김만중은 주인공 성진을 통해서 현실에서 이루지 못한 소망을 실현하려고 했던 것이다. 성진의 꿈에 현현된 것은 비록 현실이지만, 그것은 가공의 현실이라는 점에서 판타지 소설이라 할 수 있다. 김시습의 『금오신화(金鰲新話)』에 실린 다섯 편의 단편도 귀신, 용궁, 염왕, 염부주와 같은 초현실을 배경으로 하고 있다. 김시습은 초현실을 교묘하게 이용함으로써 마침내 현실의 의미를 더욱 생생하게 표현해 낸다.

　『구운몽』과 『금오신화』는 초현실의 세계에 살아가는 인물과 현실 세계에 살아가는 인물의 대결을 날카롭게 부각시키고 있는데, 이러한 방법은 고도의 창작기교의 하나인 역설법이라 할 수 있다. 그것은 주인공의 요구를 용납하지 않으려는 세계의 횡포와 거기에 맞서 세계를 거부하고 개조하여 세계와의 화합을 이루고자 하는 주인공의 간절한 소망을 반영하고 있다. 판타지의 발생론적 기원이 되는 이러한 고전 소설은 현실의 상황을 전복하려는 작가의 의도가 그대로 반영되어 있다고 할 수 있다. 고전 소설의 한 장르를 이루고 있는 전기 소설(傳奇小說)은 현실의 '전복'이라는 관점에서 오늘날 판타지 문학의 기원을 이룬다고 할 수 있다. 동화는 판타지 요소가 강하고, 고대 설화와 고전 소설에 그 기원을 두고 있다. 사물을 의인화한 가전체(假傳體) 문학은 오늘날 의인동화의 기원을 이루며, 몽유록(夢遊錄)계 소설은 꿈과 현실의 경계를 오고 가는 판타지의 한 기원을 이룬다고 할 수 있다.

그렇다면 판타지는 동화에만 국한된 진술일까. 초현실주의가 등장하는 1935년 이후 시어를 해체하고 시어의 상징성이 강조되면서 현실의 경계를 넘어서 존재하는 시들이 나타나기 시작했다. 이상의 『오감도』에서 보이는 13인의 아해(兒孩)가 도로로 무작정 질주하는 상황은 현실로는 받아들일 수 없는 것이다. 이것은 상징으로 된 시어의 나열이다. 행간이 단절되고 의미가 해체된 시들은 근대 문학 이후 현대 문학까지 지속적으로 그 맥락을 이어 오고 있다. 50년대 조향, 김경린, 80년대 황지우, 유하, 박남철의 시는 초현실주의 시의 전통에서 이해할 수 있다. 그러나 동시에서는 이러한 초현실주의 전통을 찾을 수 없다. 그것은 동시가 근대 아동문학의 교훈주의 관념에서 벗어나지 않고 있으며, 동시가 지향하는 맑은 동심의 세계를 고집하고 있기 때문일 것이다. 굳이 동시에서 판타지 경향을 말하라고 한다면, 사물을 의인화한 시 정도로 볼 수 있을 것이다. 근대시에서 나타난 초현실주의와 같은 방법론을 동시에서는 전혀 찾아볼 수 없지만, 의인화된 동시가 있다는 점에서 동시도 판타지의 가능성을 보인다고 할 수 있다.

> 바람은 손두 없는데
> 누나 방 창문을 흔들고,
> 성탄찬송 들리는 창문을 흔들고
>
> 바람은 발두 없는데
> 산토끼 집을 뒤지고
> 부엉이 집을 뒤지고

바람은 입두 없는데
호호
휘파람을 불고
나무가지에 불고

바람은 눈두 없는데
단숨에 바다를 건느고
지나(支那) 바다를 건느고

—강승한(康承翰), 「바람은 손두 없는데」 전문[13]

    1940년에 발표된 이런 동시들은 최근의 동시에서 얼마든지 찾아볼 수 있다. 동시에서 판타지는 의인화 기법에 국한되어 있지만, 그 의미를 확대하면 초현실주의 시에서 보이는 뛰어난 상상력을 동원하는 동시들도 가능할 것이다. 최근에 발표한 박방희의 「도토리 줍기」와 「공룡신발」, 이옥용의 「옥황상제의 질문」 같은 동시는 기발한 상상력이 돋보이는 동시라 할 수 있다. 이러한 상상력이야말로 판타지의 요소를 가진 동시들이 아닐까 한다. 판타지는 상상력을 기원으로 하고 있으며, 그 전달 방식은 은유의 방법을 쓴다. 동시가 아이들의 엉뚱한 발상에 시선을 둔다면, 얼마든지 판타지 요소를 원용한 동시가 창작될 수 있을 것이다.

---

13) 《아이생활》, 1940년 12월호, 8~9쪽.

## 4. 판타지의 본질

20세기 세계 어문학사 연구자인 블라디미르 프로프(V. Prop)는 『민담의 형태론』이라는 책에서 "민담과 설화가 풍부한 민족이 바로 문화 민족이다"라고 말했다. 우리는 어느 나라보다 풍부한 설화 문학을 가지고 있다. 익히 알고 있는 『삼국유사』는 역사기록을 설화에 의존하여 기록하고 있는데, 그 이야기는 현실적 요소보다 초현실적 요소가 더 많다. 특히 구비 전승되고 있는 민담에는 이러한 초현실적 요소가 풍부하게 살아 있다.

아동문학이 성인문학과 구분되는 요소 중 하나는 판타지이다. 그러나 유감스럽게도 우리 근대 아동문학은 판타지보다는 현실주의, 역사주의가 주류를 이루었다. 비록 동화에 판타지 요소를 담고 있다고 해도 의인동화, 우화 정도에 머물렀으며, 서구에서 말하는 정통 판타지는 1970년대 이후에나 나타나기 시작했다. 아동문학에서 판타지의 등장은 어린이의 상상력 속에 새로운 공간이 있다는 사실을 인정한 것이라 할 수 있다. 물론 70년대 이전에 판타지 동화가 전혀 없었던 것은 아니다. 이원수의 『숲 속 나라』와 같은 판타지 동화가 있었고, 『땅속 나라의 도둑귀신』과 같은 전통적 판타지 동화가 있었다. 그러나 그것이 하나의 경향으로 나타난 것은 아니었다. 옛이야기는 현실을 바탕으로 한 것과 판타지를 바탕으로 한 것이 있다. 초인적 존재가 등장하고, 도술을 부리는 사물이 등장하는 것은 전통적 판타지이다.[14] 전통적 판타지는 이러한 초인적 이야기에 기원을 두고 있

---

14) 이지호, 『옛 이야기와 어린이 문학』, 집문당, 2006, 157~223쪽.

다. 고전 문학 중에서 『구운몽』은 리얼리즘 소설이 아니라 전통적 판타지라 할 수 있다. 마찬가지로 사물에 인간의 영혼을 불어넣은 가전체 소설도 전통적 판타지의 하나라 할 수 있다. 인간의 감정이 사물에 비유되어 재창조된 것은 전통적 판타지의 영역에서 이해할 수 있을 것이다.

그렇다면 현대적 의미의 판타지는 무엇이며, 어디까지가 현대적 의미의 판타지라 할 수 있을까. 판타지는 현실세계의 자연 법칙이 전체이든지 부분이든지 일그러진 것을 말한다. 사물의 의인화는 현실이라 할 수 없을 것이다. 현실의 상황이 그대로 재현되는 꿈도 판타지의 영역에서 이해할 수 있을 것이다. 꿈과 현실은 다르지만, 그 꿈이 현실에서 일어날 수 있는 가능태라고 한다면, 그것은 판타지라 하더라도 현실을 바탕으로 한 판타지라 할 수 있다. 판타지가 완전히 현실과 동떨어진 초현실의 영역에서만 정의된다면, 현실과 유사한 꿈은 판타지라 할 수 없을 것이다. 그러나 1차적 세계가 현실이고, 2차적 세계가 꿈이라면 그 2차적 세계는 비록 현실이라 하더라도 초현실이라 할 수 있다. 현실과 현실의 연장선상에서 일어나는 일이라면 그것은 현실의 관점에서 이해해야 하겠지만, 현실과 꿈의 경계가 있다면 그것은 판타지라 해야 할 것이다.

현대적 판타지는 다소 엉뚱하면서도 낯선 세계를 새로운 세계로 창조하는 것이다. 그렇다고 무작정 엉뚱한 이야기를 서술하거나 서사의 구조를 무시하는 태도는 옳지 못하다. 톨킨의 말에 따르면 판타지는 1차 세계와 2차 세계로 나눌 수 있는데, 성공적인 판타지가 이루어지려면 2차 세계가 성공적으로 이루어져야 하며, 그 2차 세계는 '내적 리얼리티'를 가져야 한다고 말한다.[15] 비록 판타지라 하더라도 서사의 내적 구성 방식은 현실성을 바탕으로 하고 있어야 한다는 말이다. 현대적 판타지는 상상력과 상징을 근원으로 하고 있으며, 상상력과 상징을 통하여 추상의 세계를 구상의 세계로 바꾸는 서사 전개의 방식이라 할 수 있다. 그런 점에서 현대적 판타지는 인간의 소망을 실현하는 문학적 실천 방법이라 할 수 있는 것이다.

그렇다고 현대적 판타지의 기원을 밝히는 데 서구의 판타지를 그대로 수용해서는 안 될 것이다. 판타지의 기원을 황당하고 엉뚱한 이야기에서 찾으려는 관점에서 벗어나 우리의 전통 설화에서 그 기원을 찾는다면 더 풍성한 판타지의 세계를 만날 수 있을 것이다. 전통적 판타지와 현대적 판타지의 조화 속에서 인간의 소망과 꿈을 담아내는 진정한 판타지의 세계가 열릴 것이다. 판타지의 진정성이 실현되는 아동문학의 장(場)을 기대해본다.

---

15) 김이구,「팬터지를 사랑할 것인가」,『어린이 문학을 보는 시각』, 창비, 2005, 72쪽 재인용.

# 가족서사에서 사회서사로
### - 이옥수의 작품세계

## 1. 생활동화의 '다른 서사'

최근 수년간 우리 아동문학은 판타지 동화보다 생활동화가 대세를 이루고 있었던 것이 사실이다. 다행히 김진경의 『고양이 학교』, 공지희의 『영모가 사라졌다』와 같은 판타지 동화와 황선미의 『마당을 나온 암탉』과 같은 의인동화가 쏟아져 나옴으로써 아동문학은 새 판 짜기가 이루어지기도 했다. 김진경의 『고양이 학교』에 보인 국내외의 관심은 우리 판타지 동화의 위상을 보여주기에 충분했다. 사실 동화가 신화, 전설과 같은 옛이야기에서 출발한다는 점에서 판타지는 동화의 기본구도라 할 수 있다. 조앤 롤링의 『해리 포터』가 전 세계 어린이들에게 읽힌다는 것은 동화의 원류가 판타지에 있다는 것을 반증한다.

판타지 동화와 달리 아동문학의 새로운 경향으로 나타난 것이 이른바 생활동화이다. 이는 근대 이후 리얼리즘 미학이 문학의 주류로 등장하고 아동문학에도 그 영향을 끼치면서 나타난 장르이다. 생활동화는 아동의 현실과 밀착하여 그들의 심리, 생활을 반영하고 있다. 아동문학이 판타지라는 울타리를 벗어던지고 아이들의 생활이라는 현실적 공간으로 나온 셈이다. 이는 흥미성과 교훈성을 주는 아동문학에서 벗어나 시대의 아픔을 적시하고, 이 아픔을 함께 하는 아동문학으로 변화하였다는 것을 의미한다. 우리 아동문학의 경우 이러한 경향은 80년대부터 제기된 '일하는 아이들' 논쟁으로부터 비롯되었다. 80년대 이후 아동의 현실에 관심을 기울이기 시작한 생활동화는 그동안 많은 성과를 내고 있다. 생활동화는 학교와 가정, 마을 주변에서 일어나는 사소한 아이들의 일상을 그리고 있으며, 아이들의 심리를 꼼꼼하게 짚어내고 있다는 점에서 아이들의 세계와 소통하는 역할을 한다.

이옥수의 생활동화는 아이들의 세계를 그리는 데 머무르지 않고, 아이들의 주변 이야기에서 사회서사로 확대되고 있다. 이는 생활동화도 아이들의 사소한 주변 이야기에서 벗어나 최근의 사회적 사건에 관심을 가지는 방향으로 나아가고 있다는 것이다. 지구촌 시대, 글로벌 시대를 살아가는 아이들에게 주변이야기는 이미 식상한 이야기가 되고 있다. 그런 점에서 이옥수의 동화는 기존의 생활동화와는 '다른 서사'를 보여주고 있다고 할 수 있다.

## 2. 가족서사를 담은 동화

이 '다른 서사'의 조짐 중의 하나가 가족서사이다. 이 글에서 가족서사라는 말은 생활동화 중에서 가족의 이야기를 소재로 한 동화를 말한다. 이옥수의 동화 중에서 가족서사를 담은 동화로 단연 눈에 띄는 작품은 『아빠 업어줘』이다. 이 작품은 초등학교 1학년 은수 가족의 이야기이다. 어느 날 갑자기 중풍으로 쓰러진 아버지 때문에 은수네 가족은 슬픔에 빠지고, 학교 갈 때마다 업어달라고 조르던 은수는 아버지가 중풍에 걸리면서 업어달라는 말을 못하게 된다. 말도 어눌하고 걸음도 제대로 걷지 못하던 아버지가 지팡이를 버리고 혼자서 걸으며 은수를 다시 업을 수 있기까지는 가족들의 사랑과 주위의 관심이 있었다. 외삼촌과 외할아버지, 외할머니는 모두 은수 가족을 도와준다. 처음 은수가 다니던 읍내 학교의 아이들은 중풍이 든 아버지를 놀렸지만, 전학을 간 매암분교 아이들은 은수 아버지의 처지를 잘 이해해주고, 불편한 아버지를 도와가면서 함께 집까지 바래다준다.

이런 일련의 작은 사건들 속에서 작가는 가족이라는 울타리가 얼마나 소중한 것인지를 보여주고 있다. 중풍이 든 아버지를 이해하고 아버지가 자리를 털고 일어나기까지 모든 가족들은 힘을 합친다. 은수네 가족은 동화 속의 가족이 아니라 실제 우리들 주변에 흔히 볼 수 있는 가족이다. 가족이 해체되는 시대에 작가는 은수네 가족과 같은 사랑이 넘치는 가족의 울타리가 얼마나 소중한 것인지를 말하고 있다. 은수

아버지가 절망의 늪에서 벗어나 다시 걸을 수 있기까지는 가족의 배려와 사랑은 큰 힘이 되었다. 업어달라고 보채는 은수의 천진난만한 투정이 병든 아버지를 다시 일어서게 했으며, 살아야겠다는 희망을 갖게 했던 것이다.

이 동화는 농촌공동체에서 흔히 만날 수 있던 가족의 따뜻한 사랑이 풍성하게 살아나 있으며, 매암분교 아이들의 순수한 모습이 한 폭의 풍경으로 살아나고 있다. 발단 부분에 일어나는 사건이 전체 서사의 중심을 이룰 정도로, 뚜렷한 사건이 없으면서도 전체적으로 잔잔한 감동을 준다. 은수네 가족은 아버지의 중풍을 치료하기 위해 집을 팔고 떨어져 살게 된다. 이런 과정 속에서 가족의 소중함을 더욱 절실하게 느낀다. 은수 가족은 가족들의 사랑과 형제들의 우애로 그 위기의 상황을 슬기롭게 극복한다. 다만, 하나의 사건이 밋밋하게 이어지기 때문에 조금 지루하게 읽힐 수 있으며, 시골 아이들의 순수한 동심에 무게중심을 두다 보니 도시의 아이들이 상대적으로 나쁜 아이로 보일 수도 있다.

『똥 싼 할머니』도 예의 가족서사를 다루고 있다. 강원도에 살던 할머니는 할아버지가 돌아가시고 혼자 살게 되자 아들이 있는 서울로 오게 된다. 할머니와 함께 살게 된 새샘이네 가족은 사사건건 할머니와 부딪힌다. 아파트에 혼자 남아 있던 할머니는 치매 증세를 보이고, 이를 견디지 못한 어머니는 할머니를 화성에 있는 요양원으로 보낸다. 아버지를 기다리던 할머니는 요양원을 나오지만, 결국 길을 잃어버리고 만다. 실종 신고까지 해서 찾아낸 할머니는 골반 뼈가 부서진 상태로 발견된다. 이 사건으로 할머니는 다시 집으로 돌아온다. 집으로 돌아온 뒤 어머니는 할머니가 좋아하는 일을 주선하고, 또 할머니가 무료하지 않게 구청의 노인복지관 실버주간보호소에 보내기도 한다. 할머니는 이곳에서 잘 적응해나간다.

아파트 생활에 적응하지 못하는 노인들도 많고, 무료함을 견디지 못하는 노인들도 많다. 그 외로움을 견디지 못해서 어떤 노인은 자살이라는 극단의 방법을 선택하기도 하고, 어떤 노인은 치매에 걸려 정신을 놓아버리기도 한다. 이 동화는 이러한 노인들의 생활을 사실적으로 그리고 있다. 또한, 이 동화는 물건을 아끼려는 할머니와 이를 대수롭게 생각하지 않는 신세대 며느리의 갈등도 잘 나타내고 있으며, 병든 부모를 둘러싼 가족들의 심리적 갈등도 섬세하게 묘사하고 있다. 병든 할머니가 요양원에 갈 수밖에 없는 사정을 설득력 있게 전달하면서도, 다시 집으로 데려가는 부분에서는 가족 사랑의 진정성을 엿볼 수 있다. 할머니를 구청의 복지관으로 보내긴 하지만, 다시 할머니를 이해하는 가족들의 모습에서 진정한 가족의 의미가 무엇인지를 생각하게 한다.

다만 이 동화는 할머니의 행동이 지나치게 그려지는 부분이 있다는 것이 흠이다. 할머니가 아버지를 지나치게 편애하는 부분과 부엌에서 설거지를 하는 아들을 못마땅하게 생각하는 부분은 설득력이 없어 보인다. 또한, 아파트에만 있어서 심심할 것 같아 할머니를 경로당에 데려가는데, 그곳에서 할머니는 쓸데없는 간섭을 함으로써 그날 바로 쫓겨난다. 시골에서만 살았던 할머니의 행동이라고는 하지만, 할머니의 성격에 문제가 있는 것이 아닌가 하는 의문이 남는다.

『내 친구는 천사 병동에 있다』는 백혈병에 걸린 초등학교 4학년 서지혜 가족의 이야기다. 넘어지기만 하면 멍이 잘 드는 지혜는 멍 때문에 병원에 찾는데, 뜻밖에도 백혈병 진단을 받는다. 그때부터 지혜는

1년 반 동안 백혈병 치료를 하고 다시 학교로 돌아간다. 그러나 아이들은 지혜를 피하고, 아이들과도 거리가 멀어진다. 지혜는 학교에 다니면서도 주기적으로 병원에 가야 하고, 소독도 철저히 해야 하며, 건강도 수시로 체크해야 한다. 처음에는 학교생활에 잘 적응하지 못했지만 한솔이의 도움과 학교 친구들의 도움으로 지혜는 서서히 마음의 문을 연다. 결국 지혜는 처음부터 사이가 좋지 않았던 채연이와도 화해를 한다. 크리스마스날 선생님과 반 아이들은 천사병동을 찾아온다. 그곳에 모인 아이들은 아직도 소아암 치료를 받고 있는 수빈이가 빨리 낫기를 기원한다.

이 책은 첫 페이지에 아주 작은 글씨로 '이 책의 인세는 이웃사랑 선교회에 기부된다'고 씌어 있다. 이 동화의 내용도 감동스럽지만, 작가의 따뜻한 마음도 감동을 준다. 이 동화는 백혈병에 걸린 아이들을 마치 전염병 환자인 것처럼 생각하는 우리 사회의 잘못된 관행을 비판하고 있다. 암으로 투병 중인 지혜 때문에 정신적 충격을 받은 동생 지은이의 고통, 엄마와 아빠의 심리적 고통까지도 잘 드러내고 있다. 이 동화는 작가의 동화 세계가 어떤 곳으로 향하고 있는지를 단적으로 보여주는 작품이다. 이 동화에서 작가는 버려진 아이들, 혹은 병으로 고통을 받는 아이들에 대한 따뜻한 사랑을 보여준다. 한 아이의 생명이 소중하듯이 그 아이를 둘러싼 가족도 중요하다. 이와 같이 이옥수의 동화는 아이들의 고통을 함께 하려는 따뜻한 가족의 사랑이 녹녹하게 녹아 있다.

이 세 편의 동화를 살펴볼 때, 이옥수의 동화는 가족이 서사의 중심을 이루고 있음을 확인할 수 있다. 물론 학교와 병원이라는 가족 이외의 구성원이 나오기는 하지만, 서사의 중심을 끌고 가는 것은 가족이다. 그런데 이 가족들은 그 구성원들끼리 갈등을 하거나 해체된 것이 아니라, 사랑과 화해로 이어지고 있다. 『아빠 업어줘』에서 중풍이 든 아버지가 끝까지 은수를 업어주려고 하는 데서 아버지의 사랑을 확인하기도 하고, 『똥 싼 할머니』에서 새샘이가 어릴 때 돌보아준 할머니를 떠올리면서 할머니의 깊은 사랑을 확인하기도 한다. 『내 친구는 천사 병동에 있다』에서 지혜는 동생이 쓴 일기장과 아빠의 말을 통해서 그동안 자신 때문에 힘들었던 가족들의 심정을 이해하기도 한다. 이처럼 이옥수의 동화는 가족서사를 통해서 잃어가고 있는 가족들의 소중한 사랑을 일깨우고 있다. 가족서사는 아동이 가장 많이 접하는 공간이 가족이고, 이 가족이라는 울타리를 통해서 세상을 본다는 점에서 생활동화의 중요한 소재라 할 수 있다. 이옥수 동화는 핵가족 시대를 살아가는 현대인들에게 가족의 소중함을 일깨운다는 점에서 가족서사를 담은 생활동화의 전범(典範)을 보인다.

### 3. 사회서사를 담은 동화

가족서사가 확대된 것이 사회서사이다. 사회서사는 사회의 문제의식을 소재로 한 동화를 말한다. 사회가 가족이라는 말보다 확대된 개념이라고 한다면, 사회서사는 생활동화의 소재가 더 넓은 범위로 확대된 서사라 할 수 있을 것이다. 사실 『푸른 사다리』는 가족서사와 사회서사가 뒤섞여 있다. 그러나 이 글에서는 사회서사를 담은 동화로 다루고자 한다. 왜냐하면 이 동화에 윤제를 중심으로 한 가족의 이야기와 꽃마을의 철거를 둘러싼 빈민촌의 처지가 맞물려 있긴 하지만, 그 무게 중심은 윤제의 방황과 탈선에 놓여 있기 때문이다. 물론 이 동화가 사회서사 쪽으로 기울어 있다고 해서 가족의 사랑을 다루고 있지 않은 것은 아니다. 오히려 윤제가 도둑질을 하다가 파출소에 붙들려 갈 때나 소년원에 들어가 있는 동안 어머니가 윤제에 기울인 관심은 자식에 대한 사랑을 확인하기에 충분하다.

이 동화에 나오는 비닐하우스 동네는 '온종일 조용하다가 저녁이 되면 시끌벅적' 하고, '하루 종일 뛰어놀아 땟물이 흐르는 아이들에게 악을 써 대는 어른들의 메마른 고함 소리, 두들겨패는 소리, 맞고 우는 소리가 뒤섞여'(19쪽) 있는 곳이다. 이곳에 사는 대부분의 아이들은 가난한 생활 때문에 탈선의 위기에 놓인 아이들이다. 윤제의 아버지는 다섯 살 때 엄마가 죽고 계모 밑에서 설움을 받다가 도망을 쳐서 광산 인부로 있었다. 그러던 어느 날 엄마는 계를 붓던 계주가 도망을 치는 바람에 돈을 모두 날려버리고 이 동네로 흘러들어온다. 옆집 지희네는 지희 아버지가 골수암을 앓고 있으며, 털보 아저씨는 고물을 주워 팔고 있다. 대현이네는 아버지가 술만 마시면 정신이 돌아서 싸움을 한다. 태욱이와 혜미는 배다른 남매이고, 기철이, 용호도 결손 가정의 아이들이다. 이와 같이 이 동화에 나오는 대부분의 아이들은 이미 탈선과 방황이 예정되어 있는 아이들이다. 혁제와 혜미같이 특별한 경우가 있긴 하지만, 언제든지 범죄를 저지를 수 있는 상황에 놓인 '위험한 아이'들이다.

이 동화가 가족서사의 범주를 벗어나 있다는 것은 이러한 사회 여건을 중심에 두고 있기 때문이다. 이 작품은 '서초동 법원 단지 앞 꽃마을 비닐하우스'를 배경으로 윤제의 탈선과 방황이라는 서사와 꽃마을의 철거라는 서사가 맞물리면서 우리 사회의 문제점을 적나라하게 파

헤치고 있다. 강원도 탄광촌에 살던 윤제 가족은 서울로 이사를 왔지만, 아버지는 인간시장에 나가서 하루 일자리를 찾아서 일을 하고, 엄마는 새벽에는 빌딩 청소를 하고 낮에는 식당일을 하면서 겨우 생계를 유지해간다. 윤제는 비닐하우스에 산다는 사실이 부끄러워 학교에 가지 않고 동네의 새대가리파라는 폭력배 조직과 어울린다. 윤제는 결국 용호의 꾐에 빠져 도둑질을 한다. 태욱이도 용호의 일당이지만, 태욱이는 윤제만큼은 그 무리에 끼지 않도록 하려고 노력한다. 그런데도 윤제는 자신도 모르는 사이에 이들과 어울리게 되고, 그들의 범죄 행위에 깊이 개입하게 된다. 결국 이 일로 소년원까지 들어간다. 그러나 윤제는 자기가 좋아하는 혜미와 태욱이의 우정을 통해서 새로운 아이로 거듭난다.

윤제의 탈선은 비닐하우스에 살고 있는 가난한 아이들의 처지에서 비롯한 것이지만, 그 근원에는 결국 학교와 사회의 무관심이 놓여 있다. 복부인의 땅 투기 장소로 바뀌는 꽃마을의 처지를 그리고 있으면서 그 바탕에는 사회의 문제의식에 저항하는 작가의식이 투영되어 있다. 이 동화는 조세희의 『난장이가 쏘아올린 작은 공』과 같은 철거민의 비애를 다루고 있지만, 이 동화의 주인공들은 절망에 빠지지 않는다. 그것은 윤제가 소년원에 들어갔다 나오면서 '자유'의 의미와 사랑의 진정성을 깨닫는 과정에서 충분히 알 수 있다. 이 동화의 제목이기도 한 '푸른 사다리'는 새로운 세상을 향해 나아가려는 혁제, 윤제, 태욱, 혜미의 의지를 말한다. 이옥수의 동화에 보이는 사회서사는 비극의 세계관에 빠져 있는 것이 아니라, 희망과 행복의 메시지를 전한다는 점에서 근대의 서사담론과는 차별성을 보인다.

이는 『내 사랑, 사북』에서도 어김없이 드러난다. 이 작품은 중학교 3

학년 여학생 수하를 주인공으로 한 사회서사이다. 어린 수하가 겪어야 했던 것은 사회적으로 엄청난 파장을 불러일으킨 1980년 사북노동항쟁이었다. 이 동화는 수하를 둘러싼 여러 인물을 통해서 사북탄광 노조원들이 일으킨 노동파업을 진압하는 과정에 일어난 폭력사태를 고발하고 있다.

사북탄광촌에서 일하는 노동자들은 열악한 노동조건을 개선하기 위해서 노력하지만, 그들의 노력에는 아랑곳없이 광업주의 전횡은 더욱 심해진다. 광부가 폐병에 걸렸음에도 불구하고 진폐 판정을 내리지도 않고, 탄광촌의 생활필수품 가게를 독점해서 비싼 값으로 팔아 이득을 챙기며, 심지어 사택의 곳곳에 '땅개'라는 '암행 독찰대'를 보내서 광부들의 동정을 살피기도 한다. 돈을 벌기 위해 모여든 광부들의 생활이란 말 그대로 비참하기 이를 데 없었다. 광부들이 갱도 사고로 죽으면 산기슭 아무 데나 화장을 했다. 그들은 '보통 지하 1천 미터가 넘는 지하 수갱에서 석탄 캐는 일'을 했다. '1년 365일 중에서 갑반, 을반을 빼면 3분의 1이 병반이지만, 아빠가 병반을 나가는 모습을 본 건 다섯 손가락 안에 꼽을 정도로'(11쪽) 열악한 노동환경에 놓여 있었다. 이러한 노동 환경을 개선하려는 광부들이 파업을 일으킨 것이 사북노동항쟁이었다.

이 작품은 사북노동항쟁을 다루고 있지만 또 다른 서사의 축에는 김수하의 첫사랑이 놓여 있다. 수하는 탄광에 일하러 온 정욱이 오빠를 좋아한다. 정욱이 오빠는 탄광 노동자들의 생활을 직접 체험하면서 사북노동항쟁의 선봉에 선다. 수하의 첫사랑이 눈처럼 깨끗하다면, 탄광촌의 생활은 어둡고 칙칙하다. 이 작품은 전체적으로 노동항쟁이라는 무거운 주제를 다루고 있지만, 이것은 수하의 아름다운 첫사랑과 병치

되면서 아름답고 순수한 분위기로 바뀐다. 탄광촌의 비극적 생활이 새로운 희망으로 바뀌고 있는 것이다.

이 작품의 미덕은 광업주에게 노동착취를 당하고 있던 광부들이 새로운 노동의식에 눈을 뜨고, 이를 통해서 사회변혁의 주체로 나선다는 것이다. 그동안 어용노조와 광업주에게 착취를 당하던 광부들은 새로운 세상에서 그들의 꿈을 실현하려는 실천적 행동을 보인다. 작가는 이들의 분노에 초점을 맞추면서 수하의 순박한 첫사랑을 배치시키고 있다. 이러한 서사구조 때문에 이 작품은 다소 무거운 노동문제를 아름다운 희망으로 돌려놓고 있는 것이다.

또한, 이 작품은 탄광촌의 생활을 사실적으로 그리고 있다는 점도 돋보인다. 탄광촌에서 사용하는 용어, 지역사투리, 미신 등이 살아 있는 언어로 재현되고 있다. 여자가 출근하는 남자의 길을 가로질러 가면 재수가 없다는 간단한 미신에서부터 아다무끼(후산부), 동발(갱목), 노보리(굴 속의 오르막)와 같은 광부들의 용어에 이르기까지 탄광촌의 생활이 사실적으로 묘사되어 있다. 뿐만 아니라 우물방송, 빨래를 하는 순서, 광부의 노래와 같은 사소한 생활상까지도 정확하게 그리고 있다.

『푸른 사다리』와 『내 사랑, 사북』은 도시빈민층과 탄광촌을 배경으로 하고 있다는 점에서 이 작가의 공간 지리학을 엿볼 수 있다. 이옥수가 관심을 가지는 것은 도시의 소외된 사람들이나 탄광촌의 광부와 같은 막다른 골목에 서 있는 사람들이다. 이 작가는 가진 자보다는 가지지 못한 자들의 편에 서 있다. 이들의 삶에서 진정한 행복과 사랑을 발견한다. 이것은 자본주의 사회의 구조적 모순을 넘어서 더불어 살아가는 세상을 꿈꾸는 작가의 염원이라 할 수 있다. 『푸른 사다리』에서 윤제가 탈선과 방황을 거듭하면서도 따뜻한 가족의 품으로 돌아와 새로운 세상을 꿈꾸듯이 『내 사랑, 사북』에서 수하는 탄광촌의 어두운 생활 속에서 정욱 오빠와의 애틋한 사랑을 가슴에 품고 새로운 세상을 꿈꾼다. 이들 작품에서 작가는 아이들에게 척박한 현실 속에서도 언제나 희망을 품고 살아야 한다는 것을 말하고 있다.

### 4. 생활동화의 새로운 지평

단행본으로 묶인 이옥수의 동화들을 읽으면서 우리는 이옥수 동화의 미덕을 발견할 수 있다. 이옥수 동화의 장점은 아이들의 눈높이에 맞추어진 어법, 현장을 사실적으로 드러내기 위해 지역사투리를 살리는 것, 적확한 묘사기법, 인물의 구체성, 아이들의 심리를 잘 포착하는 것 등을 들 수 있다. 『똥 싼 할머니』에서 할머니의 말법은 지역사투리를 잘 살린 예이고, 『내 사랑, 사북』에서 탄광촌의 모습을 사실적으로 표현한 것은 적확한 묘사기법을 잘 살린 예이다.

이러한 기본적인 장점 말고도 더 많은 미덕을 들 수 있다. 우선, 이옥수의 동화는 동심천사주의라는 근대의 담론을 과감하게 벗어던지고 아이들의 현실을 있는 그대로 그리는 생활동화의 새로운 지평을 열어가고 있다는 점이다. 요즘 아이들은 가난한 현실 때문에 힘들어하기도 하고, 난치병으로 고통을 받기도 한다. 이옥수의 동화는 현실에서 어려움을 겪고 있는 아이들의 이야기에 초점을 맞추고 있다. 가족을 소재로 한 동화는 행복한 가정이 아니라 불우한 환경에 놓인 가족들이고, 사회를 소재로 한 동화는 주로 소외되거나 빈곤한 처지에 있는 아이들이다. 이옥수의 동화는 낮은 곳에서 살아가는 아이들의 이야기이고, 어두운 길목에서 서성이는 아이들의 이야기이다.

또한, 이옥수의 동화의 미덕은 현실을 감싸는 따뜻한 사랑이 있다는 점이다. 이옥수의 동화는 현실과 과감하게 맞서고 있으면서도 그 현실에 칼날을 곤두세우지 않는다. 무엇보다도 그 어두운 현실을 부드럽게 끌어안고 있다. 다른 생활동화가 아이들의 눈높이에 맞추어 그들의 세계를 드러내는 것이라면, 이옥수의 동화는 사랑의 눈으로 아이들의 세계를 끌어안고 있는 것이다. 이옥수의 동화가 가족서사에서 사회서사로 확장되고 있지만, 그 바탕에는 따뜻한 사랑이 넘쳐난다. 그것은 어른들의 마음이 아니라 아이들의 마음으로 세상을 보기 때문이다. 이옥수의 동화는 생활동화의 새로운 지평을 열어나갈 것이다.

# 낮고 소외된 곳을 향한 사랑
- 강숙인의 작품세계

## 1. 동화의 근원과 사랑의 변증법

강숙인의 동화는 크게 두 가지 지평을 형성하고 있다. 그중 하나는 창작동화이고, 다른 하나는 역사동화이다. 창작동화는 생활동화, 의인동화, 판타지에 이르기까지 다양한 양상을 보이고, 역사동화는 주로 고대사를 중심 소재로 하고 있다. 1979년 소년중앙문학상으로 등단한 강숙인은 등단 후 창작동화에 주력했는데, 최근에는 창작동화에서 역사동화로 그 지평을 확장하고 있다. 그 변화의 시기가 언제부터인지는 정확하게 구분할 수 없지만, 역사에 대한 관심을 가지면서 쓰기 시작한 『마지막 왕자』 때부터라고 보는 것이 타당할 듯하다.[1) 창작동화에서 역사동화로 전환하면서 강숙인의 동화세계는 새로운 변화를 꾀하고 있다. 그 변화 양상은 두 가지 측면에서 중요한 의미가 있다. 그중 하나는 창작동화에서 보여준 작가의 상상력이 시대와 공간을 뛰어넘어 좀 더 넓은 영역으로 확장하게 되었다는 것이고, 다른 하나는 창작동화에서 보여준 섬세한 서정성이 역사 속의 구체적 인물들로 재현되었다는 것이다. 따라서 강숙인의 역사동화는 동화의 영역을 새롭게 열어가는 하나의 분기점이 된다고 할 수 있다.

강숙인의 창작동화는 다양한 양상을 띠고 있다. 판타지 동화로는 첫 장편인 『눈새』[2)와 장편동화 『뢰제의 나라』가 있다. 생활동화로는 『날아라 독수리야』, 『아주 특별한 선물』, 『일곱 가지 작은 사랑이야기』가 있다. 이 세 권의 동화집에는 모두 서른 편의 단편이 실려 있는데, 이 중에서 의인동화가 12편이고, 나머지는 현실주의 동화이다. 이들 창작

---

1) "결국 96년 여름에 나는 마의태자 이야기를 쓰기 시작했습니다. 이야기를 쓰면서 때로는 마음이 아프기도 했지만 내내 행복했습니다."(『마의태자』, 「지은이의 말」). 강숙인의 첫 역사동화를 기준으로 동화 세계의 변화 양상을 나눈다면, 2000년을 기점으로 창작동화 시기와 역사동화 시기로 나눌 수 있을 것이다. 창작동화 시기는 『눈새』, 『일곱 가지 작은 사랑이야기』, 『날아라, 독수리야』, 『아주 특별한 선물』을 발표하던 때이고, 역사동화 시기는 『마지막 왕자』를 발표한 때부터라고 할 수 있다.
2) 1991년 5월 1일 계몽사 출간. 이 작품은 1983년 제2회 계몽아동문학상을 수상한 작품이다. 이를 개작한 것이 『눈나라에서 온 왕자』(푸른책들, 1999. 12. 15)이다. 발표 당시의 작품이 원본일 터인데 여기서는 단행본으로 묶인 1991년 판을 텍스트로 한다.

동화에서 알 수 있는 것은, 판타지 동화는 장편으로 되어 있고 생활동화는 단편으로 되어 있다는 것이다. 이를 가볍게 볼 수도 있지만, 작가의 관심이 어디에 치중되어 있는지를 살피기 위해서는 결코 간과해서는 안 되는 일이기도 하다. 판타지는 상상력을 바탕으로 하고 생활동화는 묘사를 바탕으로 한다. 강숙인의 생활동화가 대부분 단편이고 판타지 동화가 장편이라는 사실은, 일상생활을 소재로 한 동화에는 서사의 폭이 한정되어 있다는 것을 말하고, 판타지 동화는 서사의 폭이 넓다는 것을 말한다. 이는 역사동화에서 상상력의 개입이 쉬운 고대사의 영역을 선택하는 것과 결코 무관하지 않을 것이다.

강숙인의 역사동화는 주로 고대사의 영역에 머물고 있는데 작가의 말에 따르면, "고대로 갈수록 자료가 적지만 상상할 수 있는 여지가 많기 때문"이라고 한다.[3] 지금까지 발표한 역사동화는 고조선의 건국신화를 다루고 있는 『하늘의 아들 왕검』[4], 고구려의 3대 무휼 대왕(대무신왕)의 아들 호동왕자의 야망을 다룬 『아 호동왕자』[5], 신라 선덕여왕 시대의 지귀설화를 소재로 한 『지귀 선덕여왕을 꿈꾸다』, 태종무열왕 시대의 화랑 바도루의 일대기를 다룬 『화랑 바도루의 모험』[6], 신라의 마지막 왕자 마의태자를 주인공으로 한 『마지막 왕자』, 마의태자의 아들 김준을 주인공으로 한 『초원의 별』이 있다.

---

3) 특집 좌담, 「역사동화 어떻게 쓰고 읽을 것인가」, 《동화 읽는 가족》, 2005년 가을호(26권), 108쪽.

4) 2002년 4월 1일 베틀북 출간. 이 작품을 개작한 것이 『하늘의 아들 단군』(푸른책들, 2007. 10. 20)이다.

5) 2000년 4월 10일 푸른책들 발간. 이 작품은 푸른도서관 시리즈 11권 『아 호동왕자』(푸른책들, 2005. 11. 30)로 다시 발행되었다.

6) 2001년 6월 25일 길벗어린이 발간. 이 작품을 개작한 것이 『화랑 바도루』(푸른책들, 2005. 2. 25)이다.

여섯 권의 역사동화를 놓고 볼 때 강숙인의 역사동화는 고조선, 고구려, 신라, 신라와 같은 고대사의 영역을 다루고 있다는 사실을 확인할 수 있다. 작가가 밝히고 있듯이, 고대사 영역은 역사적 사료가 풍부하지 않기 때문에 작가의 상상력을 마음껏 펼칠 수 있다는 장점이 있다. 역사동화의 전환은 "무턱대고 역사를 좋아한다는 개인적인 취향에서 역사동화를 쓰게 되었든지,"[7] 아니면 새로운 작품의 모색을 위한 동기였든지 간에 아동문학의 소재주의를 극복하는 동기가 되었다고 할 수 있다.

작품의 변화 과정이 작품 소재의 변화 과정일 수는 있지만, 작품을 드러내는 작가 정신의 변화를 의미하는 것은 아니다. 강숙인의 동화 세계에 나타난 작가 정신은 낮고 소외된 것들에 대한 따뜻한 사랑이다. 강숙인의 동화에는 사람을 사랑하는 순애보와 같은 순수한 사랑도 있지만, 우리 사회의 그늘진 곳에 대한 대타적인 사랑도 있다. 생활동화에서 보여준 사물, 자연, 사람에 대한 사랑은 역사동화에서 역사적 인물에 대한 사랑으로 이어지고 있다. 역사동화에서 다루고 있는 인물들은 역사 속에서 사라진 비운의 인물들이 많다. 그것은 작가의 개인적 체험에 바탕을 둔 작가 정신의 발로(發露)라 할 수도 있으며, 역사를 보는 따뜻한 시선 때문이라고도 할 수 있다. 이는 강숙인의 동화 세계가 생활동화에서 역사동화로 변화했지만, 대상을 바라보는 시선은 변하지 않았다는 것을 의미한다.

---

7) 특집 좌담, 「역사동화 어떻게 쓰고 읽을 것인가」, 《동화 읽는 가족》, 2005년 가을호(26권), 99쪽.

## 2. 우리 시대 소외된 곳을 향한 사랑

　창작동화 중에서 『눈새』는 우리 시대 소외된 곳을 향한 사랑을 잘 보여준다. 판타지 동화 『눈새』의 주인공 '눈새'의 여정을 따라가 보자.[8] '눈새'는 4차원의 세계인 눈나라 왕자이다. '눈새'는 3차원과 4차원의 경계가 흐려지는 시간에 지구로 온다. '눈새'는 그날부터 지구의 여러 사람들과 만난다. 처음 만나는 사람은 산골에 외롭게 살아가는 할머니이다. 그 할머니는 '눈새'를 만난 다음날 죽는다. 그 할머니 곁을 떠나 길을 걷다가 우연히 사장님을 만난다. 사장님은 가족들끼리 재산 다툼 때문에 힘들어하다가 '눈새'를 만나면서 삶의 활력을 얻게 된다. 그러나 재산 때문에 가족끼리 다투던 사장님은 쓰러지고, 그 틈을 타서 사장님 가족들은 '눈새'를 어느 항구에 버린다. 그곳에서 '눈새'는 단칸방에 세 들어 사는 경호네 가족의 도움을 받는다. 어렵게 사는 경호네 가족과 헤어져 서울로 오는 길에 영후 형을 만난다. 영후 형도 가족들끼리 사이가 좋지 않다. 미국으로 가는 영후 형을 보내기 위해 공항까지 갔던 '눈새'는 그곳에서 길을 잃게 되고 결국 고아원으로 가게 된다. 어느 날 고아원을 찾아온 현민이 아버지는 '눈새'를 양자로 삼으려 한다. 현민이 아버지는 '눈새'가 죽은 아들 현민이 역할을 해주었으면 좋겠다고 하지만, '눈새'는 눈나라로 돌아가야 한다고 말한다. 그렇게 갈등은 겪던 '눈새'는 마침내 눈나라로 돌아가는 날이

---

[8] 이 글은 개작하기 전의 작품을 텍스트로 삼는다. 작품의 개작은 작가의 원래 의도가 바뀔 수 있으며 작의성이 들어갈 수도 있다. 강숙인의 경우는, 단편동화는 어떤지는 모르겠지만 장편동화와 역사동화는 개작한 작품이 많다. 작품의 개작이 작가의 입장으로나 독자의 입장으로나 크게 환영할 만한 일은 아니지만, 그만큼 한 작품에 대한 고민이 많았다는 점은 인정해야 할 것이다.

되었는데 방향을 잘못 알아서 결국 지구에 남게 된다.

이 동화에서 '눈새'가 지구에서 만나는 인물들을 유심히 살필 필요가 있다. 그 인물들은 외로운 할머니, 재산 다툼을 하는 사장님 가족, 단칸방에서 살아가는 가난한 경호네 가족, 가족들끼리 화합하지 못하는 영후 형 가족, 고아원의 아이들, 아들을 잃고 외롭게 살아가는 현민이 아버지이다. 이들은 모두 우리 시대의 소외된 사람들이거나 화합하지 못하는 이웃들이다. '눈새'는 이런 사람들을 만나고, 그 사람들에게 희망과 꿈을 안겨준다.

> 눈나라에는 학교가 없다. 눈나라의 아이들은 숲이나 바닷가에서 뛰놀면서 그 속에서 스스로 무언가를 배우고 모르는 것이 있으면 어른에게 묻거나 책을 보고 깨우친다. 눈나라에서는 멀리 갈 필요도 없고 굳이 가고 싶은 때는 빛보다 빠른 속도로 공간을 옮겨 가면 되기 때문에 차가 없다. 눈나라의 바닷가를 맨발로 달리는 일, 돛단배를 타고 먼 바다로 나가는 일, 바알간 등불이 꽃처럼 피어나는 눈나라의 포근한 밤, 언제나 마음과 마음으로 이야기하고 사랑하며 살아가는 눈나라 사람들.(『눈새』 164쪽)

> 그 누구도 미워하지 않고, 거짓을 말하지도 않고, 누군가를 때리기보다는 차라리 맞으며, 꿈을 잊고 사는 사람들에게 꿈을 되새기게 해 주면서 살아야 할 것이다.(『눈새』 221쪽)

『눈새』에서 강숙인은 눈나라와 같은 세상을 꿈꾸고 있다. 눈나라에는 학교도 없고, 자연과 더불어 살면서 자연스럽게 학습을 익히는 것뿐이다. 또한, 눈나라에는 차도 없고 공간의 이동도 자유로우며, 마음과 마음으로 소통하고 서로 사랑하며 살아가는 세상이다. '눈새'는 비록 약하지만 다른 사람을 괴롭히지 않고, 때리기보다는 맞는 것으로 다른 사람들에게 약한 자를 사랑하는 법을 가르쳐준다. '눈새'에서 작가는 삶의 진정한 의미가 어떤 고난 속에서도 희망을 잃지 않는 것이라고 말한다. 이것은 '눈새'가 모든 사람들에게 바라는 희망이자 작가의 희망이기도 하다. 작가는 '눈새'를 통해서 낮고 소외된 곳에 살고 있는 사람들에게 희망을 주고, 사람들이 그 희망을 쫓으면서 살아가기를 진정으로 원한다. 그런 세상이야말로 강숙인의 동화가 추구하는 세계인 것이다. 이 때문에 강숙인의 동화에는 늘 희망이 샘솟고 있다.

권 선생님은 세상이 망할 거라고 했지만, 다함이는 이제 알고 있었다. 세상이 아무리 어지러워져도, 변함없이 밝게 빛나는 천랑성처럼 희망은 늘 있다는 것을.(『뢰제의 나라』 283쪽)

『뢰제의 나라』는 선도(仙道)의 옥추보경(玉樞寶鏡) 선도의 구천응원뢰성보화천존(九天應元雷聲普化天尊)을 바탕으로 쓴 판타지 동화이다. 주인공 다함이는 다섯 살 때 아빠를 잃고, 아홉 살 때 엄마마저 잃고 마는 불우한 아이다. 그러나 다함이는 항상 희망을 안고 살아간다. 할머니와 할아버지와 함께 살아가는 다함이는 교통사고로 하늘나라 문턱까지 간다. 그 하늘나라에서 다함이는 천랑과 운백과 함께 네 계절을 관장하는 신을 몰아내고 하늘의 신인 뢰제를 제자리에 돌려놓는다. 이 모험을 통해서 다함이는 세상에는 항상 희망이 있다는 것을 깨닫게 된다.

갇힌 공간을 벗어나 자유를 꿈꾸는 작가의 희망은 동화집 『날아라 독수리야』에 실린 여덟 편의 단편에도 잘 나타나 있다. 버들치와 독수리를 자연으로 돌려보내고, 솔나리가 그 자리에서 피어나기를 희망하는 것은 자연과 자유를 꿈꾸는 작가의 희망이라 할 수 있다. 하찮은 질경이도 그 존재 가치가 있고, 금 간 도자기도 유용하게 쓰인다는 것은 이 세상에 버릴 것은 아무것도 없다는 대자연의 질서를 말하고 있는 것이다. 자연에 돌아가는 것, 버려진 것과 소외된 것들에 대한 경외와 사랑은 강숙인의 동화가 지향하는 세계관이라고 할 수 있다.

소외된 이웃들에 대한 사랑은 동화집 『아주 특별한 선물』에 실린 단편에도 잘 나타나 있다. 「아주 특별한 선물」에서 옷 수선 가게를 하는 예솔이네, 「우리들의 봄」에서 사업부도로 위기를 맞은 여름이네, 「엄마와 무궁화」에서 습기 찬 곳에서 살아가는 연지네, 「작은 트럭 이야기」에서 형편이 어려워 아빠와 떨어져 살아야 하는 석이네. 이들은 우리 사회에서 소외된 이웃들이다. 잘 사는 이웃의 이야기를 소재로 하더라도 그 시선은 늘 외롭고 소외된 이웃들을 향해 열려 있다. 강숙인의 동화가 지향하는 세계는 가난하고 소외된 사람들과 더불어 살아가는 건강하고 밝은 세상이다. 낮고 소외된 것들에 대한 사랑은 특별하다. 그것은 자신을 희생하면서 타인을 사랑하는 것이다. 진정한 사랑은 자신을 죽이면서도 다른 사람에게 희망을 주는 것이다. 그것은 '눈새'가 자신의 희생을 감수하면서 지구에 있는 사람들에게 희망을 주려는 것과 같은 것이다. 진정한 사랑은 자신을 희생하면서 남을 사랑할 수 있는 데서 우러나는 것이다. 강숙인의 동화는 이러한 희생과 사랑을 지향하고 있다.

눈사람은 이제 아무것도 두렵지 않았어요. 은이에게 제 마음을 알릴 수만 있다면, 그래서 은이의 병이 하루빨리 나을 수만 있다면 지금 당장 녹아 사라진다 해도 아무것도 안타까울 게 없을 것 같았지요.(「눈사람의 사랑」, 『일곱 가지 작은 사랑이야기』 73쪽)

강숙인이 말하는 진정한 사랑의 의미는 자신의 몸이 녹아서 사라지더라도 다른 사람이 살아날 수 있다면, 그 사람을 위해 기꺼이 희생할 수 있는 순교자와 같은 사랑이다. 이처럼 강숙인의 동화에서 사랑은 순수하고 근원을 지향하며 인간의 본성에서 우러난 것이다. 강숙인의 동화에서 말하는 진정한 사랑은 상대방에 대한 구속이 아니라 서로 자유로운 의지로 살아가는 것이다. 마주보고 살아가는 것이 아니라 같은 방향을 향해 바라보는 것이다. 혼자 사는 것이 아니라 더불어 살아가는 것이다. 별에게 기도를 드리듯이 자신을 낮추면서 살아가는 것이다. 서로 위로하고 격려하면서 상대방에게 자유를 주면서 같은 곳을 향해 묵묵히 걸어가는 것이 사랑의 본질이다.

이러한 사랑의 변증법을 잘 보여주는 동화가 「나무와 산새의 사랑」이다. 산새는 나무에 머물기도 하고 떠나기도 한다. 그러나 나무는 그 산새를 자기 곁에 두고 싶어 한다. 마침내 이러한 나무의 소망이 이루어진다. 나무는 나무꾼에게 잘려서 새장이 되고, 새장이 된 나무는 마침내 산새를 가두어두게 된다. 나무는 자유를 잃어버리게 되자 먹이도 먹지 않고 시무룩해 있는 산새를 불쌍하게 여기게 된다. 나무는 다시 산새가 멀리 날아갔으면 좋겠다고 생각하게 된다. 새장 주인 석이는 산새를 은실이에게 주려고 했지만, 은실이는 이미 떠나고 없다. 산새가 필요 없어지자 석이는 산새를 날려 보낸다. 새장이 된 나무는 버려지고 산새는 다시 멀리 날아간다. 자유로워진 산새는 새장이 되었던 나뭇가지를 주워서 둥지를 만든다. 둥지가 된 나무는 산새와 평생 떨어지지 않고 살게 된다. 강숙인의 동화에서 보여주는 사랑의 변증법은 자신을 희생하면서 산새를 가두고 결국 그 산새의 둥지가 되는 나무와 산새의 관계라 할 수 있다. 강숙인이 말하는 진정한 사랑은 구속이 아니라 자유이며 서로가 서로에게 필요한 존재로서 서로 의지하면서 사는 것이다. 동화「나무와 산새의 사랑」은 이러한 사랑을 상징적으로 보여준다.

동화(童話)는 아이들의 이야기이지만, 세상 사람들이 추구해야 할 원형의 세계를 보여준다. 그 원형의 세계는 시기와 질투, 분쟁과 다툼이 없는 세계이고, 혼자만 잘 사는 세계가 아니라 더불어 잘 사는 세계이다. 동심의 세계는 그런 세계를 향해 항상 열려 있다. 강숙인의 창작동화는 일그러지지 않은 본연의 세계, 그러한 원형의 세계를 추구하고 있다. 그 세계를 만들어가기 위해 필요한 것은 낮고 소외된 곳에서 살아가는 사람들에 대한 사랑이라는 것이다.

### 3. 역사 속에서 소외된 곳을 향한 사랑

창작동화에서 보여준 소외된 곳에 대한 사랑은 역사를 보는 관점에서도 동일하게 나타난다. 역사는 기록을 바탕으로 그 사실을 해석하는 인문과학이다. 역사는 사관의 주관에 따라 기술했건 객관의 잣대에 따라 기술했건, 과거에 일어난 일들의 총체적 기록이다. 역사가 과거의 기록을 중시하기 때문에 소설, 동화라는 장르 규정에 '역사'라는 말이 붙을 경우 그것은 사실(史實)과 사실(事實)을 전제로 하지 않을 수 없다. 역사동화가 비록 작가의 상상력에 따라 과거의 삶을 재현한다 하더라도 역사의 기록자체를 왜곡하거나 사실과 다르게 전달해서는 안 된다. 역사소설이 역사기록의 사실성을 바탕으로 하듯이, 역사동화도 역사기록의 사실성에 충실해야 한다. 이는 문학이라는 장르에 역사라는 말이 붙을 경우 마땅히 전제가 되어야 하는 진술이다. 역사동화는 역사의 기록에 충실하면서, 당대 인물과 삶의 방식을 투영할 때는 작가의 상상력이 마음껏 펼쳐져야 한다. 역사동화는 역사의 기록이 아니라 문학의 영역이기 때문이다. 따라서 역사동화는 작가의 상상력과 역사기록 사이의 팽팽한 긴장관계가 무엇보다 중요하다.

역사동화는 역사의 기록을 중심으로 해서 아이들의 눈높이로 쓴 동화를 말한다. 강숙인은 역사의 사실성과 상상력 사이의 탄탄한 긴장관계를 유지하면서 과거의 역사를 재현해내고 있다. 그것은 창작동화에서 역사동화로 발걸음을 옮기면서 한층 성숙한 동화작가의 역량을 발휘하고 있다는 사실에서 확인할 수 있다. 특히 강숙인의 역사동화는 역사 속에 소외된 인물을 역사동화의 주인공으로 끌어올림으로써 근대적 역사동화의 세계관을 반영하고 있다.

『마지막 왕자』는 신라의 마지막 왕자 마의태자 일(鎰)의 일대기를 그린 작품이다. 동생 선의 시선에 비친 큰형은 마지막 왕자가 아닌, 나라를 부흥시킬 원대한 꿈을 가진 왕자로 묘사되고 있다. 이 작품은 강숙인의 첫 번째 역사동화인데, 신라 말의 시대정신과 부합하면서 개인의 고뇌를 반영하려는 작가의 의도를 잘 살리고 있다.[9]

---

9) "시대마다 분명히 다른 정신이 있고, 그 정신에 따라 그 사람의 행동 양식이 나오니까요. 우리와 다른 환경에서 살았지만 함께 공감할 수 있는 인간의 정신과 심성을 통해 교감을 나누고, 우리가 공감할 수 없는 부분에 대해서는 '이런 세계관도 있을 수 있구나' 하면서 정신세계의 폭을 넓힐 수 있지 않을까요." (특집 좌담, 「역사동화 어떻게 쓰고 읽을 것인가」, 《동화 읽는 가족》, 2005년 가을호, 108쪽).

큰형은 신라를 저버리지 않았으므로 언제까지나 신라의 태자
일 것이다. 신라를 위해, 그 사랑을 위해 큰형이 누릴 수 있는 세
상의 모든 좋은 것들을 미련 없이 버렸으므로, 큰형은 영원히 신
라의 태자일 것이다.(『마지막 왕자』 184쪽)

　마의태자는 망해가는 나라를 부흥시키기 위해 스스로 기파랑과 같은 화랑이 되려고 한 인물이었다. 그러나 마의태자는 한 시대의 운명을 극복하지 못하고 나라를 버리고 떠난다. 그는 신라를 저버리지 않고, 신라를 위해 세상의 부귀영화를 미련 없이 버린 인물이었다. 모든 것을 버림으로써 그는 영원히 살아 있는 신라의 마지막 왕자의 길을 선택한 것이다. 큰 것을 버리면 영원히 남지만, 그것을 버리지 못하면 역사의 오명으로 남는 것이다. 이 작품에서 작가는 마의태자를 통해서 버리는 것, 즉 희생이야말로 진정한 사랑이라는 것을 보여주고 있다.
　『아 호동왕자』는 고구려의 3대왕 대무신왕의 차비소생 호동과 낙랑공주 예희의 비극적 사랑을 다루고 있다. 이 역사동화도 진정한 사랑이 무엇인지를 일깨우고 있다. 호동과 낙랑공주는 고구려와 낙랑의 전쟁에 희생되는 인물이다. 낙랑공주 예희는 호동왕자가 진심으로 자신을 사랑하지 않는다는 사실 때문에 괴로워하고 그 때문에 비극의 주인공이 된다.

　　"그래, 호동 왕자. 난 그대를 위해서라면 북도 찢을 수 있고, 내
　나라도 배반할 수 있고, 내 목숨까지도 내어 줄 수 있어. 하지만
　이건 순서가 틀렸어. 그대는 말을 잘못한 거야. 북을 찢지 않으면

데려가지 않겠다고 그렇게 흥정하듯 사람을 보내는 게 아니었어."(『아, 호동왕자』 123쪽)

낙랑공주는 호동이 아버지로부터 받은 명령에 따라 마지못해 그렇게 결정한 사실을 모르고, 스스로 이렇게 결단을 내리고 호동에게 버림을 받았다고 자책한다. 낙랑공주는 호동과의 약속을 지키기 위해 북을 찢고 자신은 자결하고 만다. 낙랑을 물리치는 데 공을 세운 호동이지만 정작 자신은 태자로 책봉되지 못하고, 왕비의 간계로 왕비 소생인 우가 태자로 책봉되면서 궁에서 쫓겨난다. 나중에 낙랑공주가 자신을 희생하면서까지 호동을 사랑했다는 사실을 알게 되지만 이미 때는 늦었다. 두 사람의 사랑은 이루어지지 못하고, 결국 비극적 사랑의 주인공이 되고 마는 것이다. 낙랑공주 예희의 사랑이 나라도 배반하고 사랑하는 사람을 위해 희생할 수도 있는 순수한 사랑이었다면, 호동왕자의 사랑은 권력의 욕망에서 비롯된 사랑이었다. 강숙인은 이 역사동화를 통해서 진정한 사랑은 순수한 마음에 있으며, 사랑하는 사람을 위해 희생할 수 있는 것이라고 말하고 있다.

『화랑 바도루의 모험 1, 2』는 화랑 바도루의 일대기를 형상화한 역사동화이다. 화랑 바도루는 백제 의자왕 시대의 격변기에 신라의 첩자로 백제에 들어갔던 인물이다. 바도루는 한비성의 성주 아들이다. 백제의 공격으로 한비성은 백제군에게 점령당한다. 바도루는 아버지가 남긴 단검과 흰 말을 타고 그곳을 탈출해서 신라로 돌아온다. 신라로 온 바도루는 아버지와 친한 김충현 장군의 도움으로 부모를 잃은 슬픔을 극복하고, 마침내 화랑이 된다. 김충현의 아들 경천과 가깝게 지내고, 경천의 여동생 오례혜와 혼인을 약속하게 된다. 그때 바도루는 백제의 첩자로 들어간다. 백제의 첩자로 지내는 도중에 패거리들에게 몰려 목숨을 잃을 위기에 놓이게 되지만, 백제의 달해와 송화(백제의 오례혜)의 도움으로 살아난다. 바도루는 그동안 알고 있는 백제의 정보를 알려주기 위해서 아선을 찾아간다. 그러나 아선은 바도루에게 쌓였던 시기와 질투의 감정 때문에 오히려 바도루를 백제의 첩자로 몰아세운다. 아선은 바도루에게 눈을 지지는 형벌을 내리고, 바도루는 목숨만 부지한 채 다시 백제로 돌아간다. 바도루는 신라와 백제 어디에서도 머물지 못하고 떠도는 신세가 되었다는 사실을 알게 된다. 바도루는 신라가 황산벌 전투에서 이기고 사비성으로 오고 있다는 말을 듣고 친구 경천을 만나러 가지만 그것도 뜻대로 되지 않는다. 바도루는 온갖 어려움을 겪고 살아남지만 자신의 신세를 비관하고 낙화암에서 뛰어내린다. 뒤늦게 바도루의 소식을 듣게 된 경천은 수소문한 끝에 절벽에 떨어진 바도루를 찾아낸다.[10] 경천의 도움으로 다시 살아난 바도루는 무사히 신라로 돌아온다. 이러한 과정에서 바도루는 자신을 죽음까지 몰고 간 아선에 대한 증오가 있을 터인데도 다시 아선을 만나고, 그 아선을 용서하는 미덕을 보인다.

"너 같으면 그렇게 하겠지. 하지만 넌 어떤 경우에도 너 같이 살지는 않아. 그게 내 자존심이니까. 지난 일은 문제 삼지 않겠

---

10) 개작한 뒤에는 바도루가 사비성 절벽에 떨어져서 죽은 것으로 되어 있다. 개작한 후의 줄거리가 더 비극적이다. 이에 대해 작가는 "이번에 『화랑 바도루』를 개작하면서 그가 낙화암 절벽 끝에 쓰러져 정신을 잃는 대신, 절벽 아래 강물로 뛰어내리게 했다. 당연히 작품의 결말은 첫 번째와는 판이하게 달라졌다. 그 결말이 가슴 아프기는 했지만, 그것으로 내가 말하고 싶었던 장수의 이미지는 좀 더 뚜렷하게 살아난 것 같았다."(『화랑 바도루』, 푸른책들, 2005, 작가의 말).

다. 난 이미 널 용서했어. 하지만 이제 두 번 다시 네게 당하지는 않아. 내가 정당하게 싸움을 건다면 그건 언제든지 받아 주겠다. 그 말을 하고 싶어서 널 보자고 한 거야."(『화랑 바도루의 모험 2』 209쪽)

강숙인의 역사동화에 나오는 주인공들은 근대 역사동화에서 보여주는 비극적 세계관을 드러내는 인물들이 많다. 그러나 그 인물들은 비극적 운명을 극복하고 자신을 미워한 사람들까지도 용서하고 사랑한다. 강숙인의 역사동화는 역사 속에서 밀려난 비극적 인물들을 다루고 있지만, 그 비극의 주인공들은 운명을 극복하고 당당히 역사의 주체로 부각된다. 그것은 용서와 사랑이라는 인간 본성이 바탕에 놓여 있기 때문에 가능한 역사 인식이라 할 수 있다.

『초원의 별』[11])도 이러한 역사 인식의 범주에서 이해할 수 있는 역사동화이다. 이 작품은 『마지막 왕자』의 후속편이다. 이 역사동화는 역사 속에 사라진 마의태자의 아들 김준(金俊)이 여진 부락에 들어가서 금나라의 시조가 되었다는 금나라 건국 설화를 재구성한 것이다.

---

11) 이 작품은 《동화 읽는 가족》 2004년 10월호(통권 17호)부터 2005년 가을호(통권27호)까지 11회 연재했다. 연재 당시부터 주목을 받았던 역사소설을 단행본으로 묶었다.

새부(김준)는 양아버지 김시중의 도움으로 박평진 너르실 마을에 정착한다. 어릴 때부터 몸이 약했던 새부는 김시중의 극진한 간호로 몸을 회복하고, 건장한 청년으로 성장한다. 어느 날, 김시중은 그간의 사정을 말하고, 자신은 왕자마마를 보살핀 신하일 뿐이라고 밝힌다. 김시중은 새부에게 가죽 주머니에 든 이름, 김준(金俊)과 애신각라(愛新覺羅)라는 글귀를 확인시킨다. 새부는 김시중과 함께 고려 땅을 떠나 여진 부락으로 간다. 가는 도중 많은 어려움을 겪는다. 여진 부락의 나단부에 정착하면서 월리부와의 전쟁을 막은 공로로 나단부의 추장이 된다. 새로운 추장이 된 새부는 부락의 이름을 고치자는 십장들의 의견을 받아들여 부락 이름을 왕자의 여진 말인 완옌의 한자어 표기 완안부(完顔部)로 한다. 거란족이 세운 요나라의 수탈에 맞선 여진족들은 완안부 추장 우야소를 연맹장으로 하여 하나의 여진으로 통합한다. 우야소의 아우 아구다(阿骨打)가 요나라와 전쟁을 선포하고 아스허 남쪽 회령에서 나라를 세운다. 국호를 시조의 성을 따와 대금(大金)이라 칭한다. 그리고 황실의 별호를 애신각라로 한다.

  가슴이 뜨거워졌다. 삶이 아름답고 눈물겨웠다. 살아 있다는 것이 기뻤다. 이제 어떤 일도 너끈히 받아들일 수 있을 것 같았다. 삶의 기쁨이나 영광뿐 아니라 고통까지도 사랑할 수 있을 것 같았다. 자신의 삶에 닥쳐 오는 모든 일을 선선히 껴안으면서 이렇게 말할 수 있을 것 같았다.(『초원의 별』 324쪽)

새부가 완안부 추장이 되고 난 뒤 밤하늘의 별들을 보면서 다짐하는 장면이다. 새부는 신산(辛酸)의 고통을 겪고 난 뒤에 비로소 사랑의 참된 의미를 깨닫는 것이다. 새부는 고려에서 여진까지 오면서 삶의 고통까지도 사랑하게 된다. 새부가 월리부 추옝과 협상하는 과정에서 독이 든 술잔을 마시면서까지 자신의 신념을 굽히지 않았던 것은 이러한 사랑의 힘 때문일 것이다. 아린이 새부가 죽음을 앞두고도 자신에게 돌아올 것이라고 확신할 수 있었던 것은 인간의 본성에 자리 잡고 있는 근원에 대한 사랑 때문이다.

금나라의 건국과 신라의 멸망 과정을 연결하면서 신라의 왕손이 새로운 나라를 건국한다는 설정은 우리 역사를 새롭게 보는 안목이라 할 수 있다. 새부는 범부에서 스스로 왕자의 자질을 기르고, 사랑하는 아린을 지키며, 십장들의 의견을 받들어 추장이 된다. 저자는 역사 속으로 사라진 마의태자를 새로운 역사의 주인공으로 끌어들이고 있다. 새부는 고려에서는 핍박받고 소외된 인물이었지만, 더 넓은 여진 땅에서는 별처럼 빛나는 존재가 되어 새로운 나라를 건국하는 인물로 바뀐다. 역사 속에 사라진 비극적 인물로부터 새로운 역사의 희망을 발견하는 것이다. 역사는 특정한 영웅이 만들어내는 것이 아니라, 역사 속에 살았던 인물들 중에서 자연스럽게 누군가가 새로운 역사의 주인공이 되는 것이다. 새부는 망한 왕조의 후손이라는 비극적 운명을 타고 났지만, 그 비극적 운명을 극복하고 역사의 주체로 떠오른다. 그것은 자신을 사랑하고 신념을 사랑하는 사람만이 할 수 있는 일이다. 이와 같이 강숙인의 역사동화는 역사에서 소외된 인물을 역사의 주체로 인식하고, 그 인물을 역사의 주인공으로 부각시킨다. 이 때문에 강숙인의 역사동화는 끊임없이 생동하고 발전하는 희망의 메시지를 전해준다.

『하늘의 아들 단군』은 단군의 건국 정신을 새롭게 해석하고 있다.

그것은 인간에 대한 사랑과 용서의 미덕이다. 해마루는 한 부족의 족장이 되기 위해 사람을 용서하는 법을 배운다. 친구 부루는 해마루의 정혼녀 비오리를 지키려다가 금미르에게 죽는다. 해마루는 부루를 죽인 금미르에게 복수의 칼을 갈지만, 흰머리산을 찾아 떠나는 먼 여정에서 그를 용서하는 너그러운 마음을 갖게 된다. 해마루는 금미르가 호랑이에게 습격당하는 장면을 목격하면서 위기에 빠진 금미르를 구하기 위해 호랑이에게 달려든다. 이 과정에서 해마루는 그 무의식 상황에서 용서란 것이 무엇인지를 깨닫게 된다. 사람을 용서할 줄 아는 것은 참으로 인간을 사랑하는 것이다. 해마루는 금미르를 용서하면서 진정 인간을 사랑하는 것이 무엇인지를 알게 된다. 해마루가 왕검이 될 수 있었던 것은 그런 인간에 대한 사랑과 용서의 미덕이 있었기 때문이다. 단군은 하늘의 계시만으로 나라를 세우는 것이 아니라, 사람살이 속에서 일어나는 힘들고 어려운 과정을 겪고 난 뒤에 비로소 나라를 세우는 것이다. 강숙인이 단군 신화에서 말하고 있는 것은 단군이 꿈꾸었던 인간 본연의 용서와 사랑이다.

강숙인의 역사동화는 역사 속에서 소외된 인물들을 그리고 있으면서도 그 인물들이 역사의 주체가 되고 있다. 신라의 마지막 왕자 마의태자. 그는 꿈을 갖고 있었으며, 그 꿈을 실현하기 위해 많은 고통을 겪었다. 그는 망해가는 왕조의 비극을 안고 태어난 운명이었다. 그것은 자신이 선택한 것이 아니라 자신에게 주어진 것이었다. 자신이 선택할 수 없었던 길이기에 더욱 받아들일 수 없었다. 그러나 그는 운명에 순응하면서 대망의 꿈을 자신의 아들에게 물려주었다. 그 꿈이 여진부락의 추장이 된 새부로 이어지고 있다. 역사는 머물러 있는 것이 아니라, 유동하면서 발전한다. 강숙인의 역사동화는 영웅의 일대기에서 범부의 일대기로 옮겨오고 있으며, 더 나아가 역사를 생동하는 실체로 보고 있다. 강숙인의 역사동화에서 우리 역사는 작가의 상상력에 따라 끊임없이 생동하고 있다. 이는 강숙인이 가진 역사를 보는 새로운 안목 때문이다. 끊임없이 과거와 현재가 소통할 때, 역사동화는 새로운 지평이 열릴 것이다. 이것은 역사동화 작가들이 가져야 할 기본 덕목이다. 강숙인은 생동하는 우리 역사의 한 장면을 비극적 인물에 대한 사랑에서 발견하고 있다.

### 4. 강숙인 동화의 진정성

강숙인의 동화세계는 낮고 소외된 사물, 자연, 사람들에 대한 사랑에서 출발하고 있다. 또한, 강숙인의 동화세계가 다다르는 종착지도 사랑이다. 그 사랑은 순수하고 순결하다. 죽음과도 바꿀 수 있을 만큼 뜨겁고, 사랑하는 사람을 위해 자신을 헌신할 만큼 순수하다. 강숙인의 동화는 종교인이나 가질 법한 청순한 사랑의 본질을 추구하고 있다. 강숙인은 우리 시대에 살아가고 있는 사람들 중에서도 낮고 소외된 사람들, 남들이 쓰고 나서 쉽게 버리는 물건들, 이런 하찮은 일상과 사물들에 끝없는 사랑을 보낸다.

동화가 동심처럼 맑은 서정의 세계를 추구한다고 한다면, 강숙인의 동화세계는 사랑이라는 인간의 본성에 충실하면서 진정성이 우러난 서정의 세계를 보여준다고 할 수 있다. 여담이지만, 강숙인 작가는 한쪽 다리가 불편하다. 남들이 보기에 힘겹게 느껴지겠지만, 작가 스스로는 결코 약한 모습을 보이지 않는다. 강숙인의 동화를 꼼꼼히 들여다보면 그 까닭을 금방 알 수 있다. 강숙인의 동화에는 창작동화든 역사동화든 대상에 대한 끝없는 사랑이 넘친다. 그 사랑의 힘은 병든 사람을 치유하고, 자신의 아픔도 스스로 이겨낸다. 자신의 아픔을 아픔이라 생각하지 않고 타인을 사랑하는 마음이 더 강할 때, 자신의 아픔은 더 이상 아픔이 아닌 것이다. 다른 사람이 자신보다 더 아플 것이라는 측은한 마음이 앞서는 것이다. 타인에 대한 배려, 대상을 겸허하게 바라보는 마음, 자신을 낮추는 행위, 이 모든 것은 이러한 대타적 사랑에서 나오는 것이다. 불교에서 말하는 자비(慈悲), 기독교에서 말하는 사랑, 유교에서 말하는 인(仁)은 모두 대타적 사랑의 정신에서 발현되는 것이다. 낙랑공주가 죽음까지도 두려워하지 않았던 것은 호동에 대한 사랑이 있었기 때문이었고, 마의태자가 나라를 버리고 떠날 수 있었던 것도 이 사랑의 힘이 있었기 때문이었다. 강숙인은 동화를 통해서 사람을 사랑하는 것이 무엇인지를 온몸으로 보여주고 있는 것이다.

  강숙인의 동화세계는 사물, 자연, 사람에 대한 사랑을 어떻게 실천할 것인지를 잘 보여주고 있다. 그것은 세상에 대한 희망을 버리지 않는 것이다. 어떤 시련과 고통이 닥치더라도 사랑을 위해서는 자신을 헌신할 마음의 준비가 되어 있는 것이다. 강숙인의 동화세계는 사랑의 변증법 속에서 새롭게 거듭날 것이다.

# 관계를 풀어가는 독특한 방식

– 문영숙의 작품세계

## 1. 서사 장르와 인물의 관계

서사 장르는 등장인물들이 서로 일정한 관계를 맺으면서 일어나는 사건을 다룬 장르이다. 그 관계는 보통 갈등과 화해의 국면을 거치면서 전개된다. 서사 장르에서 등장인물의 관계가 중요한 것은 서사의 구성 방식이 등장인물의 관계가 어떤 양상으로 발전하느냐에 따라 그 내용이 달라지기 때문이다. 서사 장르는 등장인물이 서로 유기적 관계를 이루면서 일어나는 사건들이 인과적으로 결합된 것이라 할 수 있다. 그 등장인물의 관계는 때로는 서로 갈등의 국면을 치달리고 더러는 화해의 국면으로 나아가기도 한다. 어떤 서사 장르든지 인물의 관계를 자세히 살펴보면 그 작가가 지향하는 세계가 어떤 것인지를 간취할 수 있게 된다.

문영숙의 동화는 서사적 전개 방식이 대개 행복한 결말로 이루어져 있는데, 이는 일반적으로 동화가 지향하는 방식과 유사하다. 그런데 문영숙의 동화는 이러한 일반적인 방식을 택하고 있으면서도 등장인물의 관계를 풀어내는 방식은 독특하다. 문영숙의 동화에 등장하는 인물들은 가족 사이에 일어나는 사소한 일이든지 친구 사이에 일어나는 갈등이든지 더 나아가 권력과 욕망에 대한 갈등이든지 간에 그 갈등을 내면으로 받아들이면서 새로운 관계로 발전한다. 그 관계는 한때는 악연으로 맺어졌지만 그 악연을 끊어내기 위해 그 인물을 용서하기도 하고, 서로 미워하는 관계를 넘어서 화해하는 관계로 나아가기도 한다. 등장인물의 갈등 구조를 풀어가는 독특한 방식은 문영숙의 동화가 지향하는 하나의 세계관이라 할 수 있다.

## 2. 현실 속의 관계를 풀어가는 방식

문영숙의 동화에 등장하는 인물들의 관계는 갈등을 풀어가는 방식에 있어서 뚜렷한 특징을 보인다. 그것은 용서와 포용의 태도라 할 수 있다. 서사 장르는 대개 갈등을 해결하는 방식에 있어서 비극적 결말과 행복한 결말 중의 하나를 선택하게 되는데, 문영숙의 동화는 이들

결말 방식 중에서 항상 행복한 결말 방식을 선택함으로써 갈등 구조를 긍정적으로 풀어낸다. 이러한 결말 처리 방식은 작가 스스로가 치매에 걸린 시부모를 7년간 간병할 수 있었던 자애로운 마음으로부터 나오는 것이겠지만, 작가의 체험을 떠나서 등장인물에게 보이는 포용의 태도는 문영숙의 동화에 흐르는 기저 윤리가 된다고 할 수 있다.

동화 작가로서 가능성을 보인 『나야 나, 보리』는 보리의 일생을 인간의 삶과 연결한 작품이다. 보리는 도시의 공원으로 옮겨지면서 불행한 운명을 안고 살게 된다. 도시에 온 보리는 자라면서 많은 사람을 만나고 그들의 삶에 새로운 희망을 준다. 다 자란 보리를 노을회관 할머니들이 수확하고, 새솔천사원에서 온 아이들과 함께 보리개떡을 만들어 먹는다. 보리 씨앗은 새솔천사원 원장이 가져온 작은 화분에 옮겨져서 새로운 싹으로 자란다. '보리는 희망'이라는 작가의 말과 같이 보리는 인간과 새로운 관계를 형성하면서 인간의 삶에 희망을 주는 것이다.

> 이삭이 나오기까지 몸의 아픔도 참아내야 하고, 꿋꿋하게 서서 거센 바람도 이겨내야 하니까요. 이삭이 여물어 새로운 보리 씨앗이 될 때까지 넘어야 할 보릿고개 말이에요.(63쪽)

다리를 다친 소녀가 어머니와 공원의 오르막 고개를 오르고, 어머니에게 보릿고개 이야기를 듣고 난 뒤에 하는 말이다. 다리를 다친 소녀는, 지금은 어렵고 고통스러운 나날이지만 언젠가는 희망의 날이 올 것이라고 믿는다. 보리를 통해서 작가는 세상에 대한 긍정적인 시선과 희망의 메시지를 전하고 있는 것이다. 이러한 긍정적인 시선은 문영숙

동화가 지향하는 근본 세계이다.

　이 동화는 보리라는 상징적 존재를 통해서 자연의 소중함을 일깨우고, 보리와 인간의 관계를 통해서 새로운 세계를 발견하려는 작가의 의도를 잘 살리고 있다. 특히 이 동화는 보리의 일생에서 발견할 수 있는 여러 가지 사건을 끌어들임으로써 탄탄한 서사 구조를 형성하고 있다. 3월에는 보리밟기를 통해서 성장의 고통을 말하고 있으며, 4월에는 청보리철과 맥랑이 무엇인지를 가르쳐주고, 5월에는 보릿고개의 사연을 들려주며, 6월에는 알곡 털기의 재미를 느끼게 하고, 수확기에는 '꿔다놓은 보릿자루'라는 옛날부터 전하는 이야기까지 들려준다. 이러한 보리의 일생을 통해서 보리가 인간과 어떤 관계를 이루고 있는지를 잘 보여주고 있다.

　『아기가 된 할아버지』는 치매 노인을 돌보는 가족의 이야기다. 이 동화는 치매에 걸린 시부모를 모신 경험을 바탕으로 쓴 동화이기 때문에 어느 동화보다도 사실성이 잘 살아나 있다. 대부분의 사람들이 치매 노인에 대해 이상한 눈으로 바라보지만, 이 동화에 나오는 찬우는 치매에 걸린 할아버지를 마치 아기처럼 대함으로써 독자들이 치매를 다른 시선으로 바라보게 한다. 치매에 걸린 할아버지 때문에 엄마는 거짓으로 가출하고 그동안 할아버지의 치매 증세를 대수롭지 않게 생각하던 아버지도 할아버지의 치매 증세가 심각하다는 사실을 알게 된다. 이런 과정을 거치면서 찬우 가족은 가족이 얼마나 소중한 존재인지를 스스로 깨닫게 된다. 그동안 몰랐던 증조할아버지의 억울한 죽음을 알게 되면서, 할아버지가 진정 원하는 것이 무엇인지를 알게 된다.

　이 동화는 증조할아버지, 할아버지, 아버지, 어머니, 찬우로 이어지는 가족과 세대 간의 따뜻한 사랑이 돋보인다. 이 동화에서 독자들은 일제강점기 증조할아버지의 징에 대한 애착과 그것을 자랑스럽게 생각하는 할아버지, 그리고 그 원한을 달래려는 가족들을 통해서 진정한 사랑의 의미가 무엇인지를 발견할 수 있을 것이다. 치매에 걸린 할아버지를 모시고 요양원으로 가는 길에 물에 잠긴 고두실 마을로 데려가는데, 그곳에서 할아버지의 정신은 정상으로 돌아오고, 다시 집으로 돌아오게 된다. 이 과정에서 찬우 가족은 비록 할아버지가 치매에 걸려 정신이 오락가락하기는 하지만, 마음의 근원에는 가족에 대한 사랑이 있다는 것을 깨닫게 된다. 그것을 깨닫는 순간 할아버지의 치매를 더 이상 치매가 아니라 어린 아기의 행동으로 바라보게 되는 것이다. 할아버지를 바라보는 다른 시선은 할아버지에 대한 새로운 사랑으로 발전한다. 이 동화는 가족의 사랑이 해체되는 현대 사회에 가족의 존재를 일깨우는 데 귀감이 될 만한 작품이다.

그럼에도 불구하고 이 동화는 몇 군데 의문이 가는 점이 있다. 치매에 걸린 할아버지를 돌보는 초등학교 5학년 찬우의 행동이 지나쳐 보일 때가 있고(53쪽), 찬우가 할아버지의 혼을 위로하고(130쪽), 화장을 끝마치고 난 뒤에 유골을 찬찬히 살펴보는 장면(124쪽)과 같이 서술자를 찬우로 설정함으로써 다소 어색해진 부분도 있다.

2004년 제2회 푸른문학상 〈새로운 작가상〉 우수상 「엄마의 날개」도 가족들의 사랑을 주제로 한 동화이다. 시내는 초등학교 6학년이다. 엄마가 집에만 있는 것이 싫었던 시내는 일하는 엄마 모습이 보고 싶다고 한다. 드디어 엄마는 일자리를 찾고, 시내는 그 덕분에 학원에도 다닐 수 있게 된다. 그러던 어느 날, 시내는 친구 민지네 집에 놀러 갔다가 엄마가 그 집에서 파출부를 하고 있다는 사실을 알게 된다.

시내는 엄마의 허리를 꼭 끌어안았다. 엄마의 품이 따뜻했다. 시내는 가만히 손을 들어 엄마의 등을 만져 보았다. 아직 돋아나지 않은 움츠린 작은 날개가 시내의 손끝에 만져졌다.(제2회 푸른문학상 동화집 『날아라, 마법의 양탄자』 101쪽)

시내는 직업에는 귀천이 없으며 누구에게 꼭 필요한 사람이면 만족한다는 엄마의 마음을 이해한다. 비록 민지 앞에서는 부끄러워서 아줌마라고 불렀지만, 엄마의 말을 들으면서 새로운 관계에 대해 눈뜨게 되는 것이다. 그래서 시내는 엄마를 끌어안고 엄마의 등에 돋아나지 않은 작은 날개를 생각하게 되는 것이다. 시내는 어떤 일이든지 필요한 사람이 있다는 사실을 알게 된다. 그것은 인간관계를 바라보는 새로운 시선이라 할 수 있다.

문영숙 외 3인 동화집 『일어나』에 실린 「일어나」는 공부 잘하는 태식이와 인라인을 잘 타는 민우의 관계 속에서 일어나는 이야기다. 민우가 태식이와 인라인 시합을 하다가 오토바이에 부딪혀서 사고를 당한다. 이 사고로 태식이는 다리를 다치고 민우는 일주일 동안 의식불명 상태로 있다가 서서히 깨어난다. 이 작품은 소재가 참신하고 서사를 꾸려가는 방식이 탁월하다. 의식이 없는 상태에서 일어나는 일들이 의식이 깨어나면서 사고가 난 기억을 떠올리는 식으로 구성되어 있다. 사건을 거꾸로 거슬러 올라가면서 태식이와 민우의 관계도 되짚어보게 한다. 처음에 민우는 태식이와 비교하는 엄마도 밉고 태식이도 미워하지만, 의식이 깨어나면서 태식이가 민우를 시극 성성으로 돌보고 있다는 사실을 알게 되고, 그 과정에서 민우는 태식이를 넘어뜨리려고 하다가 자신이 더 심하게 다친 일에 대해 반성한다. 관계의 성찰을 통해서 자신을 돌아보는 계기를 마련한 것이다. 이 동화는 아이들의 눈높이를 잘 이해한 좋은 동화이면서 동시에 친구 관계가 무엇인지를 다시 한 번 생각하게 하는 동화이다.

### 3. 역사 속의 관계를 풀어가는 방식

『무덤속의 그림』은 망혜와 무연이라는 인물을 통해서 당대의 인간관계를 풀어가는 역사동화로서, 고구려 초기에 있었던 순장제를 둘러싼 인물들 간의 갈등과 화해를 다루고 있다. 선비족의 침입이 잦았던 고구려 초기의 역사를 다루다 보니, 그 사료가 풍부하지 않음에도 불구하고 여러 가지 기록을 바탕으로 당대의 현실을 재현해내고 있다.

특히, 동맹제를 하는 모습(48쪽), 순장의 모습(86쪽), 사신도를 그리는 장면(255쪽) 등이 매우 사실적으로 묘사되어 있다. 환인에 있는 오녀산성 앞을 흐르는 강, 깎아지른 절벽 등은 비록 작가의 상상력에서 나온 것이지만 그 현장을 다녀온 것처럼 생생하게 그려져 있다. 그러나 선비족 모용황이 환도산성으로 쳐내려오는 부분은 고증이 필요하다고 본다. 환도산성은 국내성과 가까이 있으며, 국내성을 공략하기 위한 주공격의 대상이 되는 성이라기보다는 국내성이 함락되거나 백성들이 전쟁을 피하는 농성(籠城) 역할을 하는 성이다.

이 동화에 나오는 등장인물의 중심에는 악연관계가 놓여 있으며, 그 악연을 풀려는 노력과 반향이 미묘한 갈등구조를 이루고 있다. 공비추와 공탁으로 이어지는 악의 축은 무두지, 집사장, 무연으로 이어지는 선의 축과 끊임없는 대립 관계를 이루고 있다. 공비추는 자신의 딸을 왕의 첩으로 보내지만, 왕은 요절하고 결국 딸은 순장될 위기에 처한다. 집사장과 공비추의 모의로 순장될 딸을 빼돌리고, 그 딸은 산속에 숨어 살게 된다. 선왕의 제삿날 메뚜기 떼의 습격을 받는 불길한 일이 일어나고, 결국 선비족이 선왕의 유골을 빼앗아가는 수모를 당하게 된다. 그 사건이 빌미가 되어 공비추는 무두지 장군을 궁지에 몰아넣으며, 결국 공비추의 계획대로 무두지 장군은 선왕의 능에 순장된다.

순장을 앞둔 무두지 장군의 아내는 만삭 상태였는데, 무두지 장군은 그 아이만을 살려야겠다는 생각으로 집사장에게 살릴 수 있는 계책을 만들어달라고 부탁한다. 집사장은 순장하기 직전에 태어난 아이를 데리고 장백산에 들어간다. 그 아이가 무연이다. 무연은 스승과 열다섯 해를 보내고, 화공이 되어서 국내성으로 돌아온다. 공비추의 아들 공탁도 화공이 되었지만, 무연만 한 화공이 되지 못한다. 무연과 공탁은 연소랑을 사이에 두고, 연적 관계가 된다. 이 과정에서 서서히 공비추와 무두지의 관계가 밝혀지고, 무연은 스승인 집사장으로부터 자신의 아버지가 어떤 분이고 어떤 사연으로 죽게 되었는지를 알게 된다. 무술까지 익힌 무연은 아버지를 꼭 빼닮아서 공비추의 간담을 서늘하게 하고, 공비추는 끊임없이 무연을 죽이려는 계략을 꾸미지만, 번번이 실패하고 만다. 악연의 고리를 끊어내기 위해 무연이 공탁을 찾아가서 사건의 전모를 밝히지만, 공탁은 반성을 하지 않고 끝까지 무연을 죽이려고 한다. 이때 진인처사(공비추의 딸)가 나타나 무연에게 용서를 빈다. 무연은 무덤 속의 사신도를 그린다. 그 그림은 악연에 얽힌 모든 사람을 용서하는 관용을 상징하고, 또한 앞으로 펼쳐질 고구려의 기상과 후대의 번영을 상징한다.

앞으로 무슨 일이 닥치더라도 힘으로 해결하려 들지 말아라. 언젠가도 말했지. 칼로 일어선 자는 칼로 망하고, 힘을 쓰는 자는 반드시 힘에 지는 것이 세상 이치란다. 그 공탁이라는 자 말이다. 그 자에게 원수를 갚겠다는 생각은 아예 하지도 말아라.(199쪽)

이 동화의 전편에 흐르는 관계의 철학은 여기에 있다. 원수를 원수로 갚지 않고, 칼로 일어서지 않는 것이다. 힘으로 상대를 제압하는 것만큼 어리석은 일이 없으며, 원수를 원수로 갚으면 또 다른 원수를 만들어낸다는 것이 관계의 철학이다. 세상에서 가장 용서하기 힘든 것이 부모를 죽인 원수일 터인데, 무연은 이러한 원수를 갚지 말라는 스승의 말에 따라 마침내 공탁을 용서하게 된다.

『궁녀 학이』에서 나오는 인물의 관계도 용서와 화해에 초점이 맞추어져 있다. 이 동화도 궁 안에서 일어나는 일상을 잘 형상화하고 있다. 한 해를 보내는 섣달 그믐날 궁궐에서 열리던 연종제의 풍습(82쪽), 궁녀들이 잘못을 저질렀을 때 가해지는 자자형이라는 형벌(146쪽), 신랑이 없는 상태로 치르는 궁녀들의 혼례(154쪽)와 같은 조선 시대 말기의 풍습이 자세하게 형상화되어 있다.

이 동화도 선과 악의 축이 서로 맞물려 있다. 최 상궁과 만석이로 이어지는 선의 축과 말녀와 감찰상궁으로 이어지는 악의 축이 그것이다. 말녀는 학이에게 자자형의 형벌을 받게 하지만, 자신은 결국 그것 때문에 마음의 가책을 느끼게 된다. 말녀와의 관계는 시대적 풍랑 속에 파묻히고 말지만, 학이가 맺은 만석과 최 상궁의 관계는 또 다른 삶의 희망을 갖게 만든다. 학이는 을미사변 때 목숨을 잃게 된 위기의 상황에서 만석이와 학이 어머니의 기지로 궁을 빠져나올 수 있었다. 궁에서 나온 학이는 거짓 장례식을 치르고 왕의 여인에서 한 가정의 여인으로 돌아오게 된다.

한 시대의 아픔을 겪고 새로운 삶을 살게 되는 것은 관계의 재발견이라고 할 수 있다. 개인의 고통과 시대의 고통을 한꺼번에 견디어낸 궁녀 학이는 당대의 비극적 운명을 극복하고 새로운 관계를 열어가는 대표적 사례가 되지 않을까 한다.

### 4. 동심과 포용의 자세

필자가 자주 올라가는 쇠미산에는 금용암이라는 작은 암자가 있다. 그 암자는 초읍 고갯마루가 훤히 보이는 산중턱에 자리 잡고 있다. 그 암자 대웅전 앞에는 커다란 느티나무 한 그루가 있다. 족히 백 살은 됨직한 늙은 느티나무이다. 그 늙은 느티나무가 너무 신령스러워서 가끔 그 암자를 찾아가곤 한다. 그곳에 이르면 맨 먼저 나무 앞에서 경건하게 기도한다. 그토록 오랫동안 한곳에 뿌리를 내리고 살아온 나무의 겸허함에 기도하고, 그곳에 깃들어 사는 생명들을 포용하는 나무의 너그러움에 기도한다. 그 나무는 수많은 생명들과 관계를 맺으면서 자신을 가꾸어가고 있어서 더욱 숭고하게 보인다.

어느 날 햇살이 따뜻한 아침이었다. 그 늙은 느티나무의 밑둥치 쪽에 작은 벌들이 날아오르는 것이 보였다. 벌들이 나무 밑둥치 쪽에 나 있는 구멍에 보금자리를 잡은 것이다. 그 구멍으로부터 벌들이 연신 날아오르고 있었다. 늙은 느티나무는 벌뿐만 아니라 자신의 주위에 사는 수많은 생명들과 관계를 맺으면서 그들을 포용하면서 살아가고 있었던 것이다.

이 늙은 느티나무의 포용력과 같이 문영숙의 동화에는 생명과 사람들에 대한 포용의 태도가 넘치고 있다. 그것은 타인을 사랑하는 마음 바탕이 저변에 깔려 있다는 말이기도 하다. 치매 할아버지를 이해하고 그 할아버지의 영혼을 달래려는 찬우의 마음과 같이 순수한 동심이 곳곳에 살아 있다. 가족에 대해서는 숭고한 희생이 자리 잡고 있으며, 역사에 대해서는 자신을 희생함으로써 그 일을 끝맺음하려는 무두지 장군과 같은 정신이 살아 있다. 그 질긴 악연의 고리를 끊어내기 위해 공탁을 용서하는 무연의 마음에서 문영숙 동화의 참된 의미를 발견할 수 있을 것이다.

인물과의 관계에서 가장 중요한 문제는 악의 축에 있는 등장인물을 어떻게 용서할 것인가라는 문제이다. 용서는 많은 인내와 용기를 필요로 한다. 좋은 관계를 유지한다는 것은 나를 희생하는 것이다. 그런 희생이 없이는 좋은 관계를 유지하기 힘들다. 그런데 문영숙의 동화는 현실주의 동화에서나 역사 동화에서나 언제나 등장인물에 대한 용서와 포용의 태도가 바탕에 깔려 있다. 「엄마의 날개」에서 시내가 엄마를 이해할 수 있었던 것은 엄마가 가족을 위해 희생하는 마음이 있었다는 것을 알았기 때문이었고, 「일어나」에서 민우가 스스로를 반성하면서 태식이에게 미안하다고 말해야겠다고 생각하는 것은 태식이의 헌신적인 간호가 있었다는 것을 알았기 때문이다. 궁녀 학이는 그렇게 자신을 괴롭히고 심지어 자자형이라는 치명적인 상처를 남긴 말녀를 용서하게 되는데, 그것은 인내를 동반하는 일이었다.

문영숙의 동화가 지향하는 포용의 정신은 동화의 근본 바탕을 이루는 동심(童心)의 또 다른 이름이라 할 수 있을 것이다. 사람과 사람의 관계에서 다른 사람을 먼저 이해하고, 그 사람을 용서하고 자신을 반성하는 것이야말로 진정한 포용의 정신이라 할 수 있을 것이다. 그런 점에서 문영숙의 동화에 나타나는 포용의 정신은 이 시대 동화가 지향해야 할 또 다른 동심의 세계가 아닐까 한다.

# 아동문학의 새로운 '판'을 꿈꾸며

-2007년 아동문예지 겨울호 동화를 읽고

## 1. 경계해야 할 동화의 흐름

 겨울호에 실린 동화를 살펴보면, 의인동화, 생활동화, 판타지 동화뿐만 아니라, 의인동화와 생활동화의 결합, 생활동화와 판타지의 결합, 현실과 비현실의 경계 넘나들기 등 다양하고 새로운 방법들이 시도되고 있다.[1] 꽁꽁 얼어붙은 겨울 추위에도 아랑곳없이 동화는 풍성한 수확을 거둔 셈이다. 동화의 판도가 한 곳에 정체되어 있지 않고, 출렁거리고 있다는 말과도 같다. 그동안 동화의 주류 경향으로 자리잡았던 생활동화의 소재가 다양해지고 있으며, 장르의 혼합과 같은 새로운 방식이 나타나고 있다.
 옛이야기를 다시 쓰는 동화도 있지만, 현실에서 일어나는 잔잔한 감

---

1) 이 글에서 분석 대상으로 삼고 있는 아동문예지는 《창비어린이》, 웹진 《동화 읽는 가족》, 《시와 동화》, 《어린이와 문학 10, 11, 12월호》, 《아동문학평론》, 《아침햇살》, 《어린이문학》이다.

동을 담은 이야기들도 눈에 띈다. 그만큼 아이들의 이야기들도 다양하게 그려지고 있다는 것이다. 동화의 지평이 확대되는 것은 환영할 만한 일이면서도 우려되는 점도 없지 않다. 그것은 이야기의 다양한 변주로 인해 현실과 비현실의 경계를 놓쳐버리고, 판타지와 현실을 구분하지 못하게 될 수 있다는 점이다. 동화의 새로운 경향은 그 구체성을 상실할 수 있다. 특별한 소재를 구하려다 보니 보편성을 잃어버린 동화가 나올 수도 있다. 엉뚱하고도 기발한 생각들은 의인동화와 판타지 동화의 바탕을 이룬다. 판타지는 아이들에게 무한한 상상의 공간을 열어주고, 그 상상의 공간에서 아이들의 꿈도 넓혀준다. 그러나 이러한 의인동화와 판타지 동화가 경계해야 할 것은 작가 마음대로 상상하고, 그 상상의 세계 속으로 아이들도 따라올 것이라고 가볍게 생각할 수도 있다는 것이다. 초등학교 저학년 정도만 되어도 산타클로스의 존재를 믿지 않는 아이들이다. 그런 아이들을 대상으로 한 동화에서는 현실을 좀 더 철저히 관찰할 필요가 있을 것이다.

### 2. 생활동화의 특별한 소재들

생활동화는 여전히 아동문학의 대세를 이루고 있다. 생활동화는 아동문학의 주류 경향이라고 해도 무방할 것이다. 이번 호에도 역시 생활동화가 차지하는 비중이 훨씬 많았다. 이들 작품 중에서 단연 눈에 띄는 작품은 신여랑의 「화란이」(《어린이와 문학》 10월호)다. 이 작품은 청소년소설이기 때문에 아동문학의 범주에서 다룰 것이 아니라, 다른 지면에서 깊이 있는 논의를 해보아야 할 작품이다.[2] 화란이는 보통의 청소년이 아니고 특별한 비행청소년이다. 화란이를 따라다니는 주영이,

준오도 보통의 청소년과는 다른 청소년들이다. 이들은 원조교제, 술과 담배뿐만 아니라 본드도 하고 절도도 하는, 비행청소년의 극단에 있는 아이들이다. 그런데 이 작품을 읽는 내내 실제로 이런 비행청소년들이 얼마나 있을까 하는 의문이 생겼다. 「화란이」는 보통 청소년들의 이야기라기보다는 특별한 청소년들의 이야기이다. 이런 청소년들의 이야기를 보통의 청소년들이 읽는다면 어떤 반응을 보일까. 오히려 그들과 다른 공간에 있는 아이들의 세계 때문에 역효과를 불러일으킬지도 모른다. 「화란이」는 특별한 청소년들의 이야기를 담은 문제작이지만, 청소년들에게 해독을 주는 작품이기도 하다. 이 작품은 청소년들에게 생경하게 읽힐 수 있다.

이다혜의 「마니의 결혼」(《동화 읽는 가족》)은 초등학교 4학년 마니가 남자친구 성준이와 결혼한다는 이야기다. 엉뚱하면서도 재미있는 발상이 돋보이지만 현실성이 부족한 것이 흠이다. 박산향의 「나도 미안해」[3]는 민수와 창기의 싸움을 통해서 결손 가정의 아이가 겪는 아픔을 잘 형상화했다. 특이한 소재를 택하면서도 따뜻한 감성이 돋보이는 동화이다. 최은영의 「바느질 하는 아이」는 자기 때문에 할머니가 죽었다는 죄책감에 빠져 있는 승하와 그의 가족 이야기다. 평범한 가정에서 일어난 사소한 이야기지만 따뜻한 가족애가 살아 있다. 김민령의 「단아가 울어버린 까닭」은 사소한 친구관계로 울고 마는 여자아이들의 심리를 잘 반영한 동화다.

이환제의 「잔소리대장 우리 엄마」(《시와 동화》)는 초등학교 2학년 민

---

2) 다음 카페 어린이와 문학(http://cafe.daum.net/childmagazine)의 독자의 소리에는 이 작품에 대한 몇 편의 독후감이 올라와 있고, 오프라인에서도 논의가 있었던 듯하다.
3) 출전을 표시하지 않는 작품은 앞 작품이 실린 문예지와 동일하다.

주가 엄마의 잔소리에서 벗어나 자립해보려는 동화다. 초등학교 2학년 아이의 심리를 잘 반영한 동화다. 최정금의 「동전지갑」은 아이들의 생활을 잘 반영한 동화이면서도 끝부분이 다소 모호하게 처리되었다. 한정순의 「짝짝이 내 다리」는 한쪽 다리가 불편한 은주가 후원자인 불구자 아주머니 강정애를 만나면서 장애를 극복할 수 있는 용기를 가진다는 이야기다. 이 동화는 장애를 바라보는 작가의 시선이 무엇보다 돋보인다.

서정오의 「생일선물」(《어린이와 문학》 10월호)은 키가 작아서 땅꼬마라 불리는 초등학교 3학년 순이의 하루 일과를 일기체로 쓴 동화이다. 가난하지만 동생 영이와 행복하게 살아가는 아이들의 모습을 잘 보여준 동화이다. 임사라의 「용기와 또야」(11월호)는 자폐아 용기와 정신지체아 또야라는 여자아이가 놀이치료실에서 만나 서로를 치료하는 이야기다. 특별한 과정에 있는 아이들의 이야기라 특이하게 읽히고, 이야기의 전개 과정도 특별하다. 한정기의 「할아버지와 함께 팔씨름」(12월호)은 주인공으로 하여금 컴퓨터 게임에서 사람을 죽이는 일과 할아버지의 죽음을 나란히 놓으면서 할아버지의 사랑을 재삼 확인하게 한다. 가족에 대한 사랑이 돋보이는 작품이다. 김소연의 「호떡 두 개」(12월호)는 늘 사이가 좋지 않던 누나를 새롭게 보게 된다는 이야기이다. 평이한 일상을 소재로 한 작품이다.

이시구의 「할머니의 의자」(《아동문학평론》)는 할머니의 죽음을 통해서 스스로 반성하는 아이들의 모습을 잘 형상화한 작품이다. 주인공이 할머니의 죽음에 너무 민감하게 반응하면서 할머니의 어린 시절을 만나는데, 이 부분은 그리 설득력이 없어 보인다.

박상규의 「북녘에서 온 아이」(《어린이문학》)는 이산가족의 슬픔과 통일을 염원하는 어른들의 심정을 잘 드러낸 작품이다. 그런데 이 동화는 북한에 온 길동이가 남한에 머무는 동안 학교에 가는 부분, 학교의 모든 생활에 모범을 보이는 부분이 어색하게 보인다. 김대영의 「쌍둥이와 호빵씨」는 발상이 흥미롭다. 군데군데 매끄럽지 않은 부분이 보이고, 쌍둥이 선생에 쌍둥이 과외 학생, 이런 우연의 일치가 있을까라는 의문이 남는다.

　신혜순의 「할머니와 고양이」(《아침햇살》)는 고양이를 싫어하는 할머니가 집에 새끼를 낳은 고양이 가족을 내쫓은 일 때문에 고민하다가 결국 고양이를 다시 불러들인다는 이야기다. 마지막 부분에 집을 나간 삼촌이 고양이와 함께 들어오는 장면이 교차되는데, 이 부분에서 맥이 풀린다. 선자은의 「인형놀이」는 인형을 좋아하는 아름이가 학교에서 회장이 되자, 갑자기 아이들과 멀어지게 되고, 그 일 때문에 함께 학생 회장에 출마했던 송이와도 멀어지게 된다. 아름이는 서로 오해 때문에 그리 되었다는 것을 알지만, 송이와 다른 아이들과의 서먹한 관계는 계속 이어진다. 아름이는 루루와 앨리스라는 인형을 가지고 있지만, 그 인형마저도 나를 멀리한다. 관계는 마음으로부터 시작한다는 평범한 말을 하고 있지만, 그 의미를 파악하기란 그리 쉽지 않다. 아이들이 이해할 수 있도록 해야 할 것이다.

### 3. 새로움을 찾아가는 동화

　의인동화는 현실을 떠난 이야기이니 마음대로 상상하면서 쓰더라도 문제는 없을 터이다. 그렇다고 하더라도 의인 대상의 특징을 잘 살려야 한다. 동물을 의인화하는 경우에는 동물의 생태를 세심하게 관찰해야 하며, 사물을 의인화하는 경우에는 사물의 특징을 잘 드러내야 한다.

최금진의 「토끼에게」(《동화 읽는 가족》)는 토끼를 의인화하고 있는데, 올무를 끊어내려고 하는 토끼의 모습이 가련하게 보이지만, 사실은 어색하게 보인다. 올무의 입장에서 야생동물을 포획하는 인간의 잔인함을 고발하고 있다는 점은 호감이 가지만, 다른 방법으로 인간 세계의 비정함을 고발하는 방법이었으면 어떨까 싶다.

손수자의 「그리움집」(《시와 동화》)은 낡은 집의 입장에서 사람들이 집을 소중하게 생각하지 않는 점을 비판하고 있다. 낡은 집이 그리움의 집으로 바뀌는 것은 사람들의 감정이지 집의 감정은 아니다. 집을 의인화하고 있지만, 그 사물의 특징을 잘 살리지 못하고 있다. 오윤현의 「그림자가 날아다니는 밤」과 최효섭의 「그림자와 노는 아이」는 둘 다 그림자를 의인화하고 있다. 오윤현의 동화는 다리를 다친 해리가 바다를 여행하는 이야기이고, 최효섭의 동화는 부모가 맞벌이를 하는 바람에 심심해진 싱글이가 그림자와 함께 노는 이야기다. 오윤현의 동화는 상상력만 강조한 동화이고, 최효섭의 동화는 현실과 비현실의 경계가 모호하다는 점에서 문제의 소지가 있다.

양연주의 「위생적인 코긴 이야기」(《아침햇살》)는 더 심각한 문제가 있다. 기발하고 재미있는 이름들을 붙인 점은 인정하면서도 어딘지 어색해 보이고, 풀지(휴지)로 대변을 처리하는 코끼리의 행동도 설득력이 없다. 아무리 의인동화이지만 코끼리의 생태에 알맞은 행동이 나와야 하지 않을까. 끼리 의사는 코긴 시에서 병원을 차리고 위생적인 코긴 시를 만들려고 한다. 비위생적인 생활이 나쁜 병을 유발한다는 교훈을 주는 동화임에도 불구하고, 엉뚱한 방향으로 흐르고 말았다. 끝

부분의 애국가를 모방한 노래도 이상하다.

　생활동화와 판타지가 혼합된 동화도 여전히 많은 동화작가들이 관심을 가지는 부분이다. 현실과 연계한 판타지는 현실과 비현실을 오고 갈 수 있다는 점 때문에 세심한 주의가 필요하다. 처음부터 판타지의 세계를 그리고 있다면 현실은 염두에 두지 않아도 될 터이지만, 현실과 비현실의 경계를 오고 가는 판타지는 현실성이 있어야 할 것이다. 또한 비현실이라 하더라도 현실과 긴밀하게 관련이 되어 있어야 할 것이다.
　조영희의 「지난 밤 학교에서 생긴 일」(《동화 읽는 가족》)은 1등을 한 학생이 시험지를 훔쳐서 만점을 받으려는 이야기다. 발상도 설득력이 없지만, 무거운 짐을 들고 창문을 넘고, 악어가 나오고, 유관순과 수탉이 나오는 부분은 현실과 비현실의 경계를 모호하게 만든다.
　최유성의 「가장 무서운 기억」(《어린이와 문학》 11월호)은 친구와 동네 불량배를 만났던 아픈 기억의 일부를 지우는 이야기다. 현주는 그 기억을 지운 채 학교에 가지만 다른 아이들은 그 과거를 기억한다. 아이들이 받을 수 있는 상처를 새롭게 치유해보려는 작가의 의도는 충분히 짐작하면서도 사건 전개에 많은 무리가 따른다는 점을 지적하지 않을 수 없다.
　윤태규의 「아주 이상한 대회」(《창비어린이》)와 「민채의 대단한 겨울방학」(《어린이문학》)은 '이상한' 시리즈의 연작이다. 「아주 이상한 대회」는 미녀대회를 하는 사회를 풍자하고 있으며, 성형의 부작용을 비판하고 있다. 「민채의 대단한 겨울방학」은 고양이와 개 이름을 바꿔 불러보는 방학숙제 이야기다. 미녀대회는 아이들에게 직접 다가갈 만한 주제가 아니고, 이름을 바꿔 부르는 것은 재미는 있지만 엉뚱하게 보인다.

　이가을의「여샘리 풍경」(《아침햇살》)은 생녀 할머니가 아들에게 버림을 받고 여샘리 마을에 들어가서 사는 이야기이다. 부모와 살기 싫어하는 젊은이들이 노인복지기금을 많이 내고 부모를 위해 여샘리 입주증을 얻으면 여샘리에 들어와서 살 수 있게 된다. 노인들을 봉양하지 않으려는 사람들이 많은 미래에 일어날 수 있는 일들을 가상으로 그리고 있다. 비생이라는 양자를 들여서 함께 살다가 여생을 마치는 생녀 할머니를 통해서 우리 사회의 노인문제를 정면으로 비판하고 있다. 가상의 미래이기 때문에 어차피 현실성은 떨어지지만, 먹지도 못하고 나이도 들지 않은 비생이를 등장시킨 것은 한정된 시간 속에서 살고 있는 사람들과 대조되고 있다. 차보금의「어처구니없는 날」은 초등학교 1학년 나지우가 로봇 책을 읽다가 늦게 잠들고 다음날 지각을 하면서 일어난 에피소드이다. 학교 2층 계단으로 올라가다가 거울 속의 또 다른 나를 만난다. 그 아이와 얘기를 나누는 동안 어처구니없는 일들이 계속 일어난다. 신주선의「까치야 까치야」는 이빨을 가는 아이들의 이야기를 모티브로 한 이야기이다. 연이는 이빨을 물고 가는 까치를 따라 까치나라에 간다. 모든 이빨에는 추억이 있고 다시 자라는 이빨은 또 다른 추억을 만드는 것이라는 교훈을 준다. 임어진의「텔레비전이 꿀꺽」은 텔레비전을 좋아하던 아람이가 텔레비전 속으로 빨려 들어가는 이야기이다. 가족 모두가 텔레비전을 좋아하다 보니 가족들의 대화가 단절된다. 아람이는 텔레비전 속의 여러 곳을 다니면서 끔찍한 경험을 하고, 그러면서 텔레비전이 주는 위험성을 깨닫는다. 다소 진부한 것이 흠이다.

옛이야기를 새롭게 구성한 동화는 눈에 띈다. 그것은 전통의 계승이라는 점에서도 그렇지만, 교훈을 주는 계도주의 동화라는 한계점을 벗어나면서도 과거의 일이라는 다소 허구적인 상상력도 허용되기 때문에 유익하다고 생각한다. 옛이야기의 재구성은 동화의 새로운 가능성을 보이는 작업이라고 할 수 있다.

정민호의 「공주와 열쇠공」(《동화 읽는 가족》)은 현재 시점이지만, 사실은 옛이야기 방식을 끌어들이고 있다. 아프리카 공주의 결혼 이야기를 통해서 마음의 문을 여는 것이 소중하다는 교훈도 준다. 그런데 결혼을 목전에 둔 공주가 결혼 상대자를 만나면서 여러 번 거절한다든지, 한국의 열쇠공이 아프리카의 공주와 결혼한다는 설정은 설득력이 없다. 열쇠공이 자물쇠 여는 것을 배우는 동안 공주의 결혼이 성사되지 않는다는 것도 억지로 꾸민 흔적이 역력하다.

김소연의 「소금장수와 엽전 한 닢」(《시와 동화》)은 그런대로 참신하다. 이야기도 재미있지만, 과거의 이야기를 입으로 전하는 방식으로 되어 있어서, 전래동화처럼 꾸민 현대동화라는 점에서 호감이 간다. 이런 유형의 전래동화는 얼마든지 있을 수 있고, 또한 있다고 하더라도 이를 새롭게 해석한 것이라 할 수 있다. 옛이야기 방식을 쓴다는 것은 동화의 소재를 확장시켜주는 계기가 될 것이다. 다만, 전래동화로 혼동할 가능성이 있다는 것이 흠이다. 권선징악의 결말 방식을 취하는 것은 고전의 틀을 벗어나지 못하고 있다는 말이다.

서정오의 「탕 임금님의 교화하는 명령」(《어린이문학》)은 옛날 임금님들의 이야기를 모범으로 하여 요즘 세태를 풍자하고 있다. 옛이야기에 또 다른 상상력을 부여한 것은 호평할 수 있으나, 중국의 고대 임금을 끌어온 것이라든지, 탕 임금의 백성 교화 정책이 현대 정책에는 어떤 영향을 끼칠 수 있을지에 대해서는 의문이다. 문종현, 장규일, 이주영의 「태백산 참만이」는 백두산 산신령의 정기를 받고 살아가는 산사나이들의 기개를 그린 옛이야기다. 전설 방식을 택하고 있으며, 공동 창작이라는 점이 색다르다. 일제강점기 고통받았던 민중들을 모습을 통해서 우리 민족의 굳건한 기상을 배울 수 있다. 옛이야기를 거울로 삼아 아이들에게 용기와 기개를 가르치려는 목적의식이 삐딱하게 노출된 것이 흠이다.

### 3. 주목할 만한 동화들

최근 동화는 생활동화가 주류를 이루고, 판타지, 의인동화, 생활동화와 판타지의 혼합 현상이 간혹 나타나는 형국이다. 아동문학에 새로운 작가들이 많이 나오면서 동화도 그만큼 다양해지고 있다. 현실주의 동화가 여전히 강세를 보이고 있는 것은 아직도 리얼리즘 문학이 동화의 세계를 지배하고 있다는 반증이다. 아동문학은 아이들을 위한 문학이라는 측면에서 볼 때 생활동화가 많은 것은 지극히 당연한 현상이라고 본다. 그러나 생활동화도 끊임없이 새로운 소재를 발굴하고, 아이들의 눈높이로 아이들의 심리를 잘 반영하는 작품들이 나와야 할 것이다. 그런 점에서 신여랑의 「화란이」는 극단에서 소재를 구하고 있으며, 다른 작품들은 평이한 일상에서 소재를 구하고 있다. 극단에 있는 「화란이」와 현실에서 약간 벗어나 있는 「동전지갑」의 경계를 선택할 필요가 있을 것이다. 지나치게 현실을 과장할 필요도 없지만, 현실에서 아주 벗어나서도 안 된다. 이런 측면에서 박산향의 「나도 미안해」, 이환제의 「잔소리대장 우리 엄마」, 한정순의 「짝짝이 내 다리」, 서정오의

「생일선물」, 임사라의 「용기와 또야」는 주목할 만한 생활동화들이다.

의인동화는 그다지 뚜렷한 성과를 보이는 작품이 보이지 않지만, 최금진의 「토끼에게」 정도가 눈에 띈다. 생활동화와 판타지가 혼합된 동화는 작가들이 많은 관심을 가지고 있음에도 불구하고 뚜렷한 성과를 보이지 못하고 있다. 이는 현실과 판타지를 제대로 오고 가는 능력이 부족하기 때문일 것이다.

현실과 판타지가 혼합된 동화도 여전히 많은 동화작가들이 관심을 가지는 부분이다. 현실과 연계한 판타지는 현실과 비현실을 오고 갈 수 있다는 점 때문에 세심한 주의가 필요하다. 처음부터 판타지의 세계를 그리고 있다면 현실은 염두에 두지 않아도 될 테지만, 현실과 비현실의 경계를 오고 가는 판타지는 현실이 설득력이 있어야 할 것이다. 또한 비현실이라 하더라도 현실과 긴밀하게 관련이 되어 있어야 한다. 이들 작품 중에서 그런대로 새로운 메시지를 던져주는 작품으로 최유성의 「가장 무서운 기억」과 이가을의 「여생리 풍경」을 꼽을 수 있다. 옛이야기를 새롭게 짠 동화는 지속적으로 관심을 가져도 좋을 것 같다. 전통의 계승과 조상의 슬기를 전한다는 측면에서도 의미 있는 작업일 것이다. 정민호의 「공주와 열쇠공」보다는 김소연의 「소금장수와 엽전 한 닢」이 참신하게 읽힌다.

이번에 발표된 동화들을 읽으면서 섣부르지만 아동문학의 새로운 가능성을 예견할 수 있었다. 생활동화는 새로운 소재를 발견하기 위해 노력해야 할 것이고, 의인동화와 판타지 동화는 현실과 비현실의 경계를 자유롭게 오고 가는 좀 더 능숙한 기교가 필요할 것이다. 동화는 아이들의 세계를 그리는 것이라는 원론에 충실할 때, 아동문학의 새로운 판이 그려질 것이다.

# 전환기, 아동문학 비평은 어디로 갈 것인가
— 원종찬 평론집 『동화와 어린이』와 김이구 평론집 『어린이문학을 보는 시각』

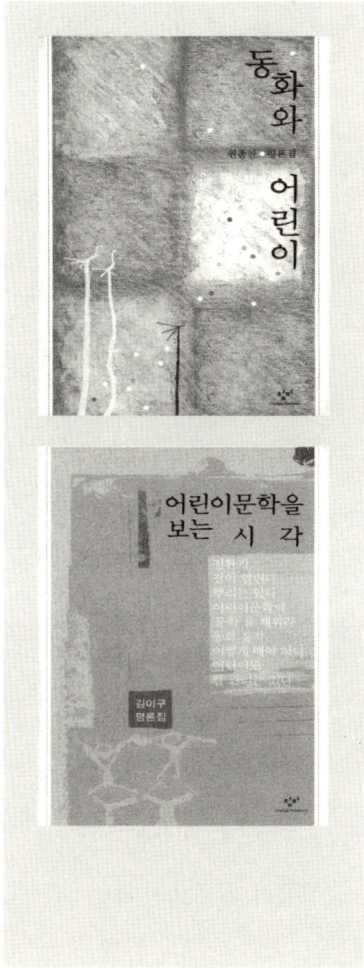

## 1. 아동문학에 비평은 있는가

아동문학에 비평은 있는가. 이는 김이구 평론집에서 소제목으로 쓰인 말이다. 이 물음은 아동문학 비평에 대한 자성의 소리이기도 하고, 창작보다 상대적으로 열세인 아동문학 비평에 각성을 촉구하는 말이기도 하다.

누구나 인정하듯이, 이오덕의

『시정신과 유희정신』 이후 아동문학 비평에 이렇다 할 만한 성과가 없었던 것은 사실이다. 그런데 이재복의 『우리 동화 바로 읽기』와 원종찬의 『아동문학과 비평정신』 같은 평론집이 나오면서 아동문학 비평은 활기를 띠기 시작했다.

이제 아동문학 비평은 새로운 전환기를 맞고 있다. 이론 비평의 영역뿐만 아니라 실제 비평의 영역에서도 활기찬 작품 분석이 이루어지고 있다. 아동문학이 창작과 비평의 균제를 이루면서 바람직한 방향으로 가닥을 잡아가고 있는 것이다. 그동안 아동문학 비평은 이 두 마리의 토끼를 잡기 위해 꾸준히 노력해왔다. 지나친 속단인지 모르겠지만, 나는 현재의 아동문학 비평이 이 몫을 충분히 소화해내고 있다고 말하고 싶다.

이 글에서 다룰 원종찬과 김이구의 평론집은 이 노력의 연장선상에 있다. 이제 이들 평론집의 성과를 토대로 아동문학 비평은 새로운 지평을 열어나가야 할 것이다.

## 2. 지금, 이 자리의 아동문학

원종찬의 첫 번째 평론집이 근대아동문학 연구와 비평이라고 한다면, 두 번째 평론집 『동화와 어린이』는 '지금 이 자리'에 놓인 아동문학 연구와 비평이다. 아동문학의 관심 영역이 '근대'에서 '현대'로 돌아온 셈이다.

시기적으로는 현대로 돌아왔지만, 원종찬의 시각은 여전히 이오덕 비평의 바탕인 현실주의를 견지한다. 공상동화의 새로운 가능성을 인정하면서도 현실주의 동화 쪽에 손을 들어준다는 점도 그렇고, 동화

분석에서 대부분의 작가들이 현실주의 동화작가들이라는 점도 그렇다. 다양한 측면에서 외국 작품을 들여다보고는 있지만, 그 가운데 현실을 사실적으로 드러낸 작품들을 많이 다루고 있는 점에서도 그렇다. 원종찬의 두 번째 평론집은 아동문학의 다양한 발전 양상을 전망하고 있으면서도 첫 번째 평론집에서 보여준 현실주의 아동문학의 틀을 유지하고 있다.

이 평론집에서 원종찬은 전환기 아동문학은 어떠해야 하는가라는 문제에 매달려 있다. 이에 대해 그는 '아동문학은 현실주의 동화가 주류를 이루되, 공상동화와 판타지가 아동문학의 새로운 지평으로 떠오를 것'이라고 말한다. 그는 근대 아동문학의 주류가 방정환-마해송-이주홍-이원수-현덕-권태응으로 이어지고, 이오덕-권정생의 현실주의 아동문학이 주류라는 점을 내세운다.

카프아동문학 운동이 속류사회학으로 떨어지고, 카프 이후는 동심천사주의와 감상주의에 물들어 있으니 이를 극복할 수 있는 방법은 현실주의 아동문학뿐이라는 것이다. 동화든 동시든 우리 아동문학의 방향은 동심천사주의를 극복하고 현실주의를 밑거름으로 그 세계를 끌어올리는 데 있다고 한다. 이 평론집은 현실주의 아동문학의 굳건한 틀을 재삼 확인할 수 있어서 믿음이 간다.

그러나 이 장점은 반대로 편협한 현실주의 시각에 갇힌 것은 아닐까 하는 의문을 품게 한다. 이 책에서 저자가 다루고 있는 대부분의 작가들이 현실주의 작가들이고, 저자는 이를 기준으로 아동문학의 현주소를 파악하고 있다. 그는 비록 이오덕의 공상동화에 대한 비판을 반리얼리즘이 아니라 비리얼리즘이라는 말로써 판타지 동화의 가능성을 인정하고 있지만, 이 책의 3, 4, 5부에서 실제 비평으로 다룬 동화는 주로 현실에 바탕을 둔 동화들이다. 저자가 말하고 있듯이, 이오덕 비평이 '일하는 아이들'의 이야기가 필요한 시대였다면, 지금 아동문학은 일과 놀이를 통한 '복안(複眼)의 지혜'(39쪽)가 필요한 시대이다. 그렇다면 저자는 이 책을 통해 이오덕의 '일하는 아이들'을 넘어서는 동화나 동시들에서 그 가능성을 타진해야 하는 것이 아닐까. 그는 이오덕이 비판한 넌센스, 판타지 등의 새로운 가능성을 말하면서도 여전히 이오덕의 '일하는 아이들' 편에서 현실주의 동화에 손을 들어주고 있는 셈이다.

다음은 장르 분류의 문제이다. 동화 장르는 체계적이고 합리적인 준거에 따라 분류되어야 한다. 아직 아동문학의 장르 개념이 분명하지 않은 탓도 있지만, 이 책도 지금까지의 장르 분류에서 크게 벗어나지 못하고 있다. 저자의 아동문학 장르 분류는 이원수, 이오덕의 장르 분류에서 비롯하는데, 이들의 분류에서 한 걸음 더 나아가 '공상동화/사실동화/소년소설/판타지'로 세분한다. 그런데 이 장르 분류에서 현실과 초현실을 기준으로 한 공상동화/사실동화의 구분은 타당하겠지만, 소년소설이라는 명칭에는 문제가 있다. 소년소설이라는 명칭은 근대 아동문학에서 사용한 후 그대로 쓰이고는 있지만, 이러한 장르 분류는 준거로 삼은 나이가 객관적 기준을 갖지 못하게 때문에, 유아소설, 유년소설, 청소년소설 등의 명칭으로는 사용할 수 있을지 모르지만 이를 동화의 장르 개념으로 분류할 수는 없을 것이다.(101쪽) 아동문학 장르는 동화와 동시를 큰 범주로 하고, 다시 작은 범주로 나누어야 할 것이다. 아동문학의 장르 문제는 좀 더 체계적인 준거를 통해서 정립해야 하며, 섣부르게 분류해서는 혼란을 가져올 수 있다.

### 3. 아동문학의 새로운 시각

『어린이 문학을 보는 시각』은 김이구의 첫 번째 평론집이다. 이 평론집에서 나는 아동문학의 깊은 시각을 만날 수 있었다. 아동문학 비평의 갈피를 잡아야 할 시점에서 이 평론집은 마치 묵은 된장처럼 구수하고 웅숭깊은 맛을 낸다. 그동안 저자가 아동문학에 관심을 가진 세월의 깊이만큼 아동문학을 바라보는 시각도 날카롭다.

무엇보다 개인적으로 이 평론집을 즐겁게 읽었다. 평론집이라면 무엇이든 읽을 때마다 딱딱하고 힘들다는 느낌을 받는데, 이 평론집을 읽으면서 즐거웠던 것은 무엇 때문일까. 이는 아동문학 비평의 부재라는 달갑지 않은 말을 들으면서 마음 편히 있을 수 없었던 우울한 기억들을 떨어낼 수 있을 만큼 이 평론집은 아동문학 비평의 쟁점을 넘어서 새로운 전망을 충실히 담아내고 있기 때문이다.

이 평론집은 아동문학 비평의 풍성한 결실만큼이나 몇 가지 뚜렷한 성과를 보여준다. 이 평론집은 다른 부분에서도 만족할 만한 성취를 보이고 있지만, 무엇보다 기존의 장르 경계에 갇히지 않은 과학소설의 가능성을 제시하고 있다는 점이 돋보인다. 저자는 현실주의 동화, 동심천사주의, 감상주의 동화의 한계를 넘어서 역사소설, 생태주의 계열의 동식물 서사, 여러 장르의 혼합을 보여주는 양상들에 주목해야 한다고 주장한다.

제1부에 실린 대부분의 글들은 아동문학을 바라보는 새로운 시각으로 근대 극복과 그 대안으로 과학소설의 가능성을 타진한 것들이다. 여기에서 저자는 아동문학의 전환기에 과학소설이라는 새로운 가능성을 제시한다. 김이구는 사이비 근대의식에 떨어질 위험성을 경계하

면서 과학소설에서 아동문학의 새로운 의미를 부여하고 있는데, 이는 그동안 아동문학 비평에서 다루지 않았던 과학 소설을 통해서 새로운 아동문학의 가능성을 이끌어낸 탁견이라 할 수 있다. 과연 과학소설이 지금 이 시대 아동문학의 새로운 대안이 될 것인지 안 될 것인지는 좀 더 두고 보아야 하겠지만, 전환기 아동문학의 가능성을 과학소설의 영역에서 발견하려는 점은 높이 살 만하다.

이 평론집이 기대고 있는 아동문학의 방향은 현실주의 동화에 있지만, 그 전경(前景)에는 근대아동문학을 어떻게 극복할 것인가에 있다. 「근대아동문학의 황홀한 만남」(1999), 「시의 길 노래의 길」(2001), 「우리 동시와 근대의식」에서 끊임없이 근대의식이 부재하는 동화의 문제점을 재론한다. 근대의식의 부재는 근대 극복의 문제와 함께 우리 아동문학의 핵심적인 논의이며, 이는 장르의 문제, 내용의 문제, 새로운 대안까지도 포함하고 있다.

김이구는 이 문제에 대해서 반성과 성찰의 자세를 견지하면서 그 해답을 찾아간다. 비록 단평이지만, 「소외와 부재 현상의 극복」(1979)이라는 평문은 그가 오랫동안 아동문학에 관심을 갖고 문제의 핵심에 접근해왔다는 사실을 입증한다.

아동문학의 체계적인 이론의 정립, 아동문학 창작의 방향, 아동문학 연구에 이르기까지 비평이 감당해야 할 몫은 엄청나다. 아동문학의 양적 팽창으로 이어지는 하나의 문화 현상을 두고 비평은 다양한 작품을 섭렵해야 하며, 더불어 아동문학의 새로운 방향까지도 제시해야 한다.

이 평론집은 이오덕이 말하는 '일하는 아이들'에서 그가 제시한 '아이가 된 아이들'로서 동심천사주의와 교훈주의를 극복하고 있다. 이를 이오덕 비평의 극복이라는 성급한 결론을 내리는 데는 다소 주저

되는 점도 없진 않지만, 어떻든 아동문학의 새로운 패러다임을 제시하는 평론집이라는 점에서 도드라져 보인다.

이 평론집의 또 다른 성과는 아동문학 연구의 방법(「아는 만큼 말하자」)과 창작의 방법론(「글쓰기의 기초와 상황의 진실성」)까지 모색하는 시선이다. 여러 작품을 다루어서 아동문학의 실제 비평의 영역을 확대한 점, 글쓰기의 기초인 적절한 호흡의 단락 나누기, 독특한 비평 문체도 중요한 미덕이다. 허투루 개념 설정을 하면서 혼란을 불러일으킬 수 있는 부분(「시의 길 노래의 길」)을 꼼꼼히 짚어내고 있는 점도 놓칠 수 없다.

그러나 여전히 지나칠 수 없는 문제는 이오덕 비평의 핵심인 현실주의 동화에 무게중심을 두고 있다는 것이다. 의인동화, 판타지, 공상동화, 추리동화, 역사소설 등에서 다양한 지평을 섭수하는 창작을 높이 사고 있으면서도 그의 평론집은 현실주의 동화 비평이 주류를 이루고 있는 것이다.

# 아이들과 함께 만들어가는 희망의 세상
-제5회 푸른문학상 동화집 『지구를 떠나며』

## 1. 최근 동화의 흐름

동화가 아이들의 현실에서 제재를 구하고 그 현실의 문제를 풀어가는 방향으로 나아간 것은 불과 얼마 전의 일이지만, 작품의 양적 측면에서 볼 때 현실주의 동화는 눈에 띌 정도로 많아졌다. 최근 몇 년간 '푸른문학상' 〈새로운 작가상〉 부문 응모작들을 읽으며 많은 동화작가들이 아이들의 현실에서 제재를 구하고 아이들의 눈높이로 세상을 보려고 한다는 사실을 알 수 있었다. 현실주의 동화들은 아이들의 심리, 놀이, 관심영역, 말법 등을 섬세하게 다루고 있는데, 이는 최근 동화에서 볼 수 있는 보편적인 징후들이다.

제5회 '푸른문학상' 〈새로운 작가상〉 수상작 6편과 역대 수상 작가들의 초대작 3편을 꼼꼼히 읽어보아도 현실주의 동화가 대세를 이루고 있음을 알 수 있다. 소설이 어른들의 세계를 표현하는 반면, 기본적으로 아이들을 대상으로 하는 동화는 아이들의 세계 속에 있다. 아이들은 부모와 가정, 학교라는 울타리를 벗어나지 못하며, 공간적으로도 동네를 벗어나기가 쉽지 않다. 이런 상황에서 아이들의 세계는 어른들에게 직·간접적으로 영향을 받을 수밖에 없고, 이 때문에 어른들의 세계와 아이들의 세계는 쉽게 충돌한다. 이 충돌은 세대 간의 격차와 시대 간의 차이 때문에 생기는 현상이라 할 수 있다.

이 책에 실린 작품은 각기 독특한 방법으로 아이들의 세계에 접근하고 있다. 요즘 아이들은 어른들의 세계만큼 다양한 세상을 만나고, 그렇기 때문에 세상을 열어가는 방법도 다양하다. 아이들의 문제는 아이들의 문제가 아니라 어른들의 문제다. 어른들이 만든 세상을 거울로 삼아 아이들은 자란다. 아이들이 마음껏 날개를 펴고 하고 싶은 일을 할 때, 건강하고 밝은 세상이 올 것이다.

## 2. 어른들과 함께 하는 세상, 아이들의 희망

이혜다의 「책 읽어주는 아줌마」는 텔레비전이나 컴퓨터에 빠져 있는 아이들이 책 읽는 재미를 발견하게 되는 이야기다. 어른들이 바빠서 책을 읽어주지 않기 때문에 아이들은 텔레비전이나 컴퓨터에 빠져든다. 어른들이 재미있는 이야기책을 읽어주면 아이들도 책 읽는 재미에 빠지지 않을까? 아이들에게 무조건 텔레비전이나 컴퓨터를 하지 말라고 말할 것이 아니라, 어른들이 아이들과 함께 책을 읽어보면 어떨까? 어른들이 아이들과 함께 책을 읽으면 아이들은 책과 한층 가까워질 것이다.

기범이는 밤마다 아랫집 아줌마가 읽어주는 '나모의 모험'에 푹 빠진다. 바쁜 엄마 아빠 대신 아랫집 아줌마의 이야기를 들으며, 기범이는 이야기의 재미를 발견한다. 기범이는 밤마다 텔레비전을 끄고 아랫집 아줌마가 책 읽어주는 소리에 귀를 기울이고, 또 자신이 들은 이야기를 학교 친구들에게 들려준다. 샤리아르 왕에게 재미있는 이야기를 들려주며 사람을 죽이는 나쁜 버릇을 고치는 샤흐라자드처럼, 아랫집 아줌마는 재미있는 이야기로 텔레비전만 보던 기범이를 이야기의 세계로 끌어들인다. 아이들이 책을 읽지 않는다고 하소연하는 어른들이 많다. 그것은 요즘 아이들이 책을 읽지 않는 것이 아니라 책 읽어주는 어른이 없기 때문이다. 어른들이 바쁜 일상을 접고 아이들에게 책을 읽어주면 아이들도 자연스럽게 책 읽는 습관을 가질 것이다. 이 동화는 아이들과 함께 읽어야 할 어른을 위한 동화이다.

최금진의 「지구를 떠나며」는 불우한 환경에 놓인 사촌 형제의 이야기다. 철수와 명수는 '나쁜 녀석들'이라고 불리는 악동들로 사촌지간이면서 같은 학교 3학년 같은 반이다. 화자(명수)가 큰집이고, 철수는 작은집이다. 명수 엄마는 이혼한 뒤 떨어져 살고, 작은엄마는 철수가 세 살 때 돌아가셨다. 불우한 가정의 아이들이다. 둘은 마을회관에 버려진 냉장고를 동체 삼고, 동장이 보내준 선풍기를 프로펠러 삼아 비행기를 만든다. 우스꽝스러워 보이는 비행기이지만 그 아이들에게는 하늘을 나는 꿈을 심어주는 비행기이다.

비행기를 타고 하늘로 올라가기 전에 이들은 부모에게 편지를 쓴다. 술을 많이 먹는 아버지에게 당부하는 말, 멀리 떨어져 사는 엄마에게 하고 싶은 말, 그동안 여러 사람을 괴롭혔던 일을 반성하는 편지를 쓴다.

아이들은 자정(自淨) 능력이 있다. 자신의 잘못을 반성할 줄 알고, 부모를 걱정하고, 어려운 환경을 스스로 이겨내려고 하는 희망도 있다. 이 동화를 읽으면 어른들의 비뚤어진 생활이 아이들을 벼랑 끝으로 몰고 있다는 생각이 든다.

안점옥의 「바보 문식이」의 주인공 문식이도 결손 가정의 정신지체 아이다. 문식이 엄마는 집을 나가고, 그 때문에 문식이 아버지는 음독 자살을 한다. 할머니와 단둘이 남은 문식이는 병원의 어느 할머니의 관심으로 머리 감는 법, 쓰레기 치우는 법 등을 배운다. 다른 아이들이 바보라고 놀리지만 문식이는 걷지 못하는 할머니를 위해 휠체어를 밀어주는 착한 아이다.

문식이는 누구보다도 맑은 영혼을 갖고 있다. 어떤 부분에서는 능력이 떨어질지 모르지만, 병든 사람이나 힘없는 사람을 도울 줄 아는 아이다. 할머니의 휠체어를 밀어주며 그 일에 재미를 느끼고, 할머니의 사랑을 받으며 문식이는 비로소 아버지를 잃은 슬픔을 잊는다. 할머니의 칭찬으로 잘 못하던 일도 해낼 수 있게 된다. 문식이는 주변 사람들의 따뜻한 배려가 있으면 어떤 아이보다도 건강하고 씩씩하게 사랄 수 있다. 아이들은 어른들의 관심과 사랑을 먹고 자란다. 지체장애아라고 함부로 내팽개치지 말고 모두 소중한 아이들임을 기억해야 한다. 지능은 떨어지지만 어떤 아이보다도 맑은 영혼을 가진 문식이를 더 이상 바보로 만드는 사회가 되어서는 안 될 것이다. 문식이를 바보로 만드는 것은 어른들의 책임이다.

김일옥의 「할머니의 남자 친구」는 할아버지 할머니의 평범한 이야기를 다루었는데도 독특한 재미가 있다. 어느 날 할머니에게 남자 친구가 생기면서 영민이네 집은 혼란을 겪는다. 할머니의 남자 친구는 기타를 치고, 인라인스케이트를 타며, 록밴드 단원 모집에 지원하는 신세대 할아버지다. 할아버지는 영민이를 오토바이에 태워주며 영민이의 반팔 티셔츠 소매와 바지 밑단을 자르고 올을 풀어버리는 해프닝을 벌이기도 한다. 이런 괴팍한 행동으로 가족들을 놀라게 하던 할머니의 남자 친구는 '전국노래자랑'에 출연해 할머니에게 사랑을 고백한다.

이 작품은 괴짜 할아버지도 재미있지만, 무엇보다 영민이의 말법이 흥미롭다. 작가는 1인칭 주인공 영민이의 눈높이로 세상을 보고, 영민이의 심리와 시선으로 가족의 일상을 전달한다. 이와 같이 이 동화는 아이들의 심리를 포착하고, 그 행동을 잘 묘사하고 있는 점이 돋보인다. 공부하기 싫어하고 놀기 좋아하는 아이들의 마음, 자기가 하고 싶은 것을 마음껏 하고 싶은 아이들의 마음을 작가는 잘 읽어내고 있다.

정민호의 「달리기」도 아이들의 심리를 잘 읽어낸 동화이다. 마라톤 선수가 되고 싶은 아이들이 있는가 하면, 단거리 선수가 되고 싶은 아이들도 있다. 어느 쪽을 좋아하느냐는 아이들의 마음에 달렸다. 주인공 '나'는 전국 어린이 마라톤 대회에서 연속으로 우승한 마라톤 신동이지만 100미터 달리기 선수가 되고 싶어 하고, 준호는 학교에서 가장 잘 뛰는 단거리 선수지만 마라톤 선수가 되고 싶어 한다. 아이들은 잘하는 것과 좋아하는 것이 다른 경우가 많다. '나'와 준호도 그런 경우다. 100미터 달리기 선수를 포기해 육상부에서 쫓겨난 준호는 혼자 힘으로 마라톤 대회에 참가한다.

어른들의 기준으로 아이들의 미래를 결정하는 것은 올바른 일이 아니다. 아이들은 제각각 하고 싶은 일이 있다. 그 일을 할 때 즐거울 것이다. 아이들이 신나는 일을 할 수 있게 돕는 것이 바로 어른들이 해야 할 몫은 아닐까? 그런데 이 시대의 아이들은 지나치게 공부에 주눅이 들어 자기가 하고 싶은 일을 제대로 하지 못하는 경우가 너무 많다. 단거리 선수든 마라톤 선수든 아이들이 마음껏 즐겁게 하는 것이 중요하다. 그런 세상이야말로 신나는 세상이 아닐까?

그런가 하면 최유정의 「친구」는 감동이 넘치는 동화이다. 아이들은 사춘기 시절 많은 변화를 겪지만 그때마다 좋은 친구들이 있어 그 어려움을 이겨낸다. 대개의 아이들은 부모의 도움보다는 또래 아이들로부터 사춘기 시절의 고민을 해결한다. 정애는 아버지가 없다. 공사장에서 허리를 다친 아버지가 자장면 배달을 하다가 교통사고를 당해 돌아가셨기 때문이다. 엄마와 단둘이 반지하에 세 들어 사는 정애는 아버지 생각이 날 때마다 물건을 훔치는 버릇이 생긴다. 외로운 정애는 자신에게 따뜻하게 대해주는 보영이를 진정한 친구로 생각한다. 어느 날, 정애는 보영이가 선생님이 정애와 친하게 지내라는 말을 듣고 가까이 지내려 했다는 사실을 알게 된다.

이 작품은 사춘기 소녀들의 심리가 섬세하게 묘사되어 있고, 또래 아이들이 진정으로 원하는 친구가 어떤 친구인지를 잘 보여주고 있다. 정말 못된 마음으로 도둑질을 하는 아이들은 드물다. 그러나 그것이 습관이 되면 도둑질이 잘못이라는 사실을 잊어버린다. 사춘기에 있는 아이들은 폭풍이 몰아치는 것과 같이 격동한다. 그 시절을 함께 잘 보낼 수 있는 친구가 진정한 친구일 것이다.

초대작 세 편도 독특하게 읽힌다. 정은숙의 「짬뽕, 미키마우스, 그리고……」는 별거 중인 아버지와 엄마의 이야기, 한비와 서영이를 놓고 고민하는 도빈이의 이야기가 얽혀 있다. 아버지는 다른 여자가 생겨 엄마와 이혼한다. 이 상황은 불행한 가족의 구도인데, 도빈이는 그 현실을 담담하게 받아들인다. 이혼한 부모의 심정을 너그럽게 이해하는 도빈이의 마음이 새롭게 읽힌다. 이혼하는 부부가 해마다 늘어나는 시대에 아이들은 언제까지 이혼을 가족의 불행으로만 받아들여야 할 것인가? 도빈이는 자기가 한비와 사귀다가 서영이를 좋아하듯이, 아버지도 좋아하는 대상이 엄마에서 새엄마로 바뀌었다고 생각한다. 도빈이는 한비와 헤어지면서 나름의 방식으로 아버지를 이해한다. 이혼한 가정이 결손 가정이라고 생각하는 통념을 벗어나게 하는 이 동화는 현대 사회를 살아갈 아이들에게 현실에 적응하는 방법을 일깨워준다.

특히 이 단편동화는 동화집 『우리 동네는 시끄럽다』의 작가다운 글솜씨와 톡톡 튀는 발상이 돋보인다. 도빈이의 심리, 한비의 말, 적절한 비유들이 잘 조화되어 있고, 또 이혼한 엄마와 아버지를 이해하고 삶을 스스로 열어가는 아이들의 마음이 따뜻하게 다가온다.

윤소영의 「복실이」는 버림받은 개를 의인화한 동화이다. 동물을 장난감 정도로 생각하다가 병이 들거나 귀찮으면 버리는 인간의 매정함이 잘 드러나 있다. 몸이 약해 주인에게 버림받은 복실이는 농장 할머니의 보살핌으로 건강해진다. 그리고 옆집 개 돌콩이와 결혼해 새끼를 밴다. 새끼를 낳다가 두 마리나 잃은 적이 있는 복실이는 할머니가 만들어준 보금자리를 마다하고, 스스로 땅을 파서 새끼를 낳는다.

이 작품은 사람들에게 버림받은 복실이가 자연으로 돌아와서 건강한 개로 자란다는 이야기다. 이야기는 단순하지만 이 작품이 전하는 메시지는 강렬하다. 사람들은 애완견이라는 이름을 붙여 개를 키운다. 그러나 개의 입장에서 볼 때는, 아파트에 갇혀 살이 찌고 퇴행성관절염을 앓게 되는 일이기도 하다. 심지어 시끄럽다고 성대 수술을 받기도 하니 말이다. 이 동화는, 동물들은 자연으로 돌아가 마음껏 뛰어놀며 건강하게 자라야 한다고 말한다. 사람들이 진정 동물을 사랑한다면 자연 그대로 돌려놓아야 한다. 그리고 동물을 버리는 사람과 동물을 사랑하는 사람을 동시에 보여줌으로써 동물을 진정으로 사랑하는 것이 무엇인지 일깨우고 있다.

박지숙의 「아버지와 함께 가는 길」은 조선후기의 천재 화가 김홍도의 말년을 다루고 있다. 김홍도는 아들 연록에게 글공부를 하라고 다그치지만, 연록은 아버지가 간 화가의 길을 따르려 한다. 아버지가 마다하는 그 길을 가는 것이 천직이라고 생각하고 아버지의 제자가 된다.

짧은 글이지만, 〈추성부도(秋聲賦圖)〉에 얽힌 김홍도의 정신과 그 정신에서 살아나는 예술혼을 잘 형상화하고 있다. 또 아버지가 가는 길이 얼마나 힘든 길인지를 알고 그 길에서 진정한 예술 정신을 배우려는 아들 연록의 의지가 풋풋하게 살아난다.

아이들이 좋아하는 것과 아이들이 가야 할 길은 제각각 주어져 있다. 김홍도의 아들 연록이는 다른 사람들의 말대로 글공부를 해서 과거에 급제하는 것을 삶의 목표로 삼지 않고, 천재 화가 김홍도의 세사가 되는 것을 목표로 삼는다. 그림을 그리는 것을 좋아하기 때문이다. 아이들이 꿈을 이루는 과정은 과거나 지금이나 변함이 없다. 그러기에 과거 역사 속의 인물이라 하더라도 그 인물의 훌륭한 삶은 현재의 아이들에게 거울이 된다. 김홍도 부자의 예술혼은 요즘 아이들에게도 좋은 본보기가 될 것이다.

### 3. 희망이 넘치는 세상

이 동화집의 동화들은 각기 다른 제재를 택하고 있지만 아이들의 모습을 다양하게 담아내고 있다. 어른들의 가치관이 바뀌고, 가족이라는 개념이 바뀌고 있는 이 시대에는 아이들도 변하고 있다. 도시 아이들은 휴대전화, 텔레비전, 컴퓨터에 익숙하다. 그런 아이들에게는 책읽기와 공부가 억압하는 요소로 작용한다. 어른들의 생각이 아이들을 구속하고, 어른들의 삶은 아이들의 생활 방식에 직접 영향을 끼친다. 최근 동화들에 이혼한 아이들이나 불우한 아이들의 이야기가 많은 것은 우리 사회의 병리 현상을 그대로 반영하는 것이다.

이 동화집에 수록된 작품들은 어른들의 삶을 거울로 삼아 아이들이 성장한다는 평범한 진리를 일깨운다. 어른들의 잘못된 생활은 아이들에게 영향을 주고 마음을 병들게 한다. 아이들이 건강하게 자라기 위해서는 어른들이 모범을 보여야 한다. 결손 가정이 늘고, 이혼하는 부모가 많아지고 있는 이 시대에 과연 아이들은 어떤 생각을 하고 있을까?

그러면서도 이 동화집은 아이들이 약한 존재만은 아니라는 것을 보여준다. 아이들은 스스로 자신들의 문제를 풀어가고, 자신들이 꿈꾸는 세상을 실현하기 위해 노력한다. 이 책을 읽으면서 우리는 그런 아이들이 품은 희망을 만날 수 있다. 어른들과 아이들이 함께 읽고 더불어 희망이 넘치는 세상을 만들어갔으면 좋겠다.

# 아동문학 발전을 위한 제안

## 1. 아동문학 자료공유에 대하여

　이주홍문학관은 부산·경남지역을 대표하는 아동문학관이다. 필자가 이주홍 선생을 처음 알았던 것은 카프의 핵심인물 권환을 연구할 무렵이었다. 그때 한 제보자가 권환과 이주홍이 가끔 편지를 주고받았다는 말을 해주었다. 이주홍의 생전 기록을 알아보기도 하고, 해방 후 권환과 어떤 친분관계가 있었는지를 조사하기 위해 이주홍 생가를 찾아갔다. 그런데 아쉽게도 그곳에 권환과 주고받은 편지가 남아 있지는 않았다. 비록 권환의 편지는 찾을 수 없었지만, 이주홍 생가의 2층 서재를 구경하다가 우연히 귀중한 책 한 권을 발견했다. 조선문학가동맹에서 발간한 『건설기의 조선문학』(이 책은 1945년 제1회 조선문학자대회 회의록이다)이었다. 책의 속지에는 세로로 '조선문학가동맹 아동문학분과'라는 서명까지 씌어 있었다. 해방기의 척박한 인쇄 사정을 고려해볼 때 그 수량이 한정된 책이었을 터인데, 거기에다 서명까지 된 귀중본이었다. 원본 텍스트의 가치에서 볼 때도 이 책의 소중함은 더 이상 말할 것도 없다. 이 책을 국내에 맨 처음 소개한 분은 인하대 최원식 교수인데, 단행본으로 다시 발간한 『건설기의 조선문학』(온누리, 1988)은 해방기 한국문학 연구에 많은 도움을 주었다. 그런데 이 책의 원본을 이주홍 서가에서 발견한 것이었다.

그 후에도 여러 차례 이주홍 생가를 방문하여 1930년대 발간한 아동문학 잡지《별나라》(1935년 폐간),《신소년》(1934년 폐간) 등에서 권환의 소년소설과 수필을 찾아낼 수 있었다. 그 사이에 이주홍 생가는 몇 차례 변화를 겪었다. 이주홍아동문학상 운영위원회가 해체되면서 사단법인 이주홍문학재단으로 바뀌었고, 현재의 위치에 이주홍문학관을 설립하기에 이르렀다.

이제 이주홍문학관은 아동문학 연구자를 위한 자료제공의 공간뿐만 아니라, 학술세미나와 문학토론회를 할 수 있는 공간으로 거듭난 것이다. 이는 부산 지역민들의 입장에서도 환영할 만한 일이고, 아동문학인의 입장에서도 축하할 만한 일이다. 새롭게 개관한 이주홍문학관의 1층은 문학토론과 강연을 할 수 있는 공간이고, 2층은 이주홍의 문학 활동을 살필 수 있는 전시공간이다.

그런데 어찌된 노릇인지 새로 개관한 이주홍문학관은 자료 열람이 더 어려워지고 말았다. 지난번에 열람했던《별나라》를 다시 한 번 찾아보기 위해 이주홍문학관을 방문했는데, 자료 대출을 해줄 수 없다는 것이었다. 그래서 자료의 대교 작업만이라도 하기 위해 영인본을 열람했으면 좋겠다고 말했는데, 무슨 이유인지 그것마저도 다른 사람이 보관 중이라고 했다. 문학관이 이곳으로 옮겨온 지 얼마 되지 않았고, 자료정리가 제대로 되지 않아서 그럴 거라고 생각했다. 또한, 이주홍문학관이 이제 사단법인 이주홍문학재단으로 바뀌면서 사람들도 많이 찾고 있으니 자료의 무분별한 이용을 막기 위해서일 것이라 생각했다.

아무튼 이주홍문학관이 공공기관으로 그 기능을 제대로 수행하려면 귀중본의 원본은 그대로 두더라도 영인본은 관내에서 열람하고 복사할 수 있도록 해야 할 것이다. 지금 이주홍문학관은 시민을 위한 공공기능을 제대로 담당하지 못하고, 사람들에게 보여주기 위한 개인 문학전시관으로 바뀌고 말았다는 인상을 지울 수 없다.

그런데 이는 나 혼자만의 경험이 아니었다. 서울에 거주하는 어느 아동문학가 한 분이 박사학위논문을 준비하던 중 이주홍문학관에 관련 자료가 있다는 말을 듣고 이곳을 방문하였다고 한다. 그러나 그 자료는 이주홍문학관에 있었음에도 불구하고 열람은 할 수 없었다고 한다. 부산의 아동문학인과 담당자에게 부탁을 하고 서울에 돌아갔는데 기다리던 자료는 끝내 입수할 수 없었다는 것이다. 나중에 전화로 그 까닭을 물었더니 자료를 관리하는 분이 자료를 내놓지 않아서 복사하지 못한다고 말했다는 것이다.

부산에 있는 문인의 한 사람으로서 참으로 부끄러운 일이었다. 나중에 안 일이지만, 그동안 이주홍문학관을 운영하는 사람들 사이의 갈등 때문이라고 했다. 일부 운영진이 자료를 독점하기 위해 외부인의 대출과 열람을 막았다는 것이다. 이 무슨 어처구니없는 발상인지 모르겠다. 이주홍문학관을 문인들과 일반인들에게 개방하면서 자료는 공유하지 않겠다는 것이다. 물론 그 자료는 개인 소유이고, 당사자의 의도에 따라 공개하지 않을 수도 있을 것이다. 그렇다면 사단법인인 이주홍문학관도 일반인들에게 개방하지 말고 폐쇄하는 것이 옳지 않은가. 이주홍의 책이 아무리 개인 재산이라 하더라도 아동문학의 발전을 위해서 연구자들에게 자료를 개방해야 하는 것이 옳은 일 아닌가. 어떤 사정으로 이런 일이 일어났는지 자세한 내막은 모르겠지만, 이주홍문학관이 공공기관으로 거듭나기 위해서는 하루빨리 관련 자료를 공유하는 것이 바람직할 것이다.

### 2. 국립어린이청소년도서관 개관에 즈음하여

얼마 전 신문에서 아주 뜻 깊은 기사를 읽었다. 서울에 국립어린이청소년도서관(이하 어린이도서관)이 개관되었다는 소식이었다.

> 어린이와 청소년들의 책 마당 국립어린이청소년도서관(관장 이숙현)이 28일 문을 열었다. 서울 강남구 역삼동 옛 학위논문관 건물에 들어선 이 도서관은 지상 4층, 지하 2층(연면적 2,435평) 규모에 어린이 자료실과 외국 아동자료실, 멀티미디어실과 전시실, 청소년자료실, 연구자료실, 독서토론실, 세미나실, 강당과 휴게코너 등을 갖췄다. 장서 소장능력은 30만 권이며 이미 책 17만여 권과 DVD 등 비도서 4만 8,000여 점을 갖췄다.
> ―〈한국일보〉 2006년 6월 29일자 A28면

어린이도서관 개관 소식은 지금까지 어린이와 청소년 전문도서관을 갖지 못한 우리의 현실에 비추어 볼 때 가뭄에 단비를 만난 듯 반가운 일이었다. 무엇보다 더 반가운 일은 어린이도서관에 강소천, 박홍근, 윤석중 등의 아동문학가가 소장하고 있는 개인문고가 들어왔다는 것이다. 어떻든 어린이도서관이 생겼다는 사실은 축하해야 할 일이다.

그런데 어린이도서관을 개관한 후 그 내부사정을 꼼꼼히 살펴보니 무작정 반길 일만은 아니라는 생각이 들었다. 우선 규모면에서 볼 때, 전국에서 하나뿐인 어린이도서관이 고작 30만 권의 도서를 소장할 정도라는 것이다. 도서관이 무조건 규모만 크면 된다는 것이 아니라, 명색이 전국에 하나뿐인 어린이도서관이 고작 작은 도시의 시립도서관 정도에 지나지 않는다는 것이 문제다. 어쩌면 어린이도서관은 아동문학이 활성화되고 있는 시점에서 정부가 궁여지책으로 개관한 전시행정의 본보기가 아닐까라는 생각이 들었다. 그도 그럴 것이 옛 학위논문자료실을 옮기면서 그 공간을 활용하고 있다는 것이다. 새로 지어서 무작정 좋은 것도 아니지만, 정부가 주관하는 다른 건물은 잘도 지으면서 처음으로 만드는 어린이도서관은 리모델링하는 정도의 수준이라니.

다음은 도서관 소장 자료에 대한 문제이다. 어린이를 위한 전문도서관이고, 전국 규모라고 한다면, 30만 권의 소장 도서로도 부족할 터인데, 개관 후 소장 자료는 30만 권의 절반에 약간 웃도는 17만여 권뿐이었다〔개관(2006년 6월 28일)한 지 3년이 지난 2009년 6월 30일 현재 소장도서는 348,514권이다〕. 우리나라 전체 어린이와 청소년 인구 숫자에 빗대어도 소장 자료가 턱없이 부족하고, 여기에 아동문학을 하는 문인들의 숫자를 합치면 절대적으로 빈약한 수준이다.

우리나라 아동문학의 전통은 근대문학의 태동과 더불어 시작하여 벌써 100년의 세월이 다가오고 있다. 지금까지의 아동문학 자료들을 수집하더라도 소장 자료는 엄청날 터인데, 이번에 개관한 어린이도서관은 이런 자료들을 확보하지 못하고 있다. 도서관의 생명은 소장 자료를 원활하게 활용하는 공간인데, 이를 충족시키기에는 여러모로 부족한 점이 있다는 것이다. 어린이도서관을 개관하기 전에 먼저 국가차원에서 많은 자료를 확보해야 함은 물론이고, 대국민홍보를 통해서 개인이 소장하고 있는 귀중한 자료들도 한곳에 모아야 할 것이다. 소장자료가 부족하다는 것은 이 두 가지 일을 제대로 하지 않았던 결과인 셈이다. 귀중한 아동문학 자료를 소장한 분들은 사심을 버리고 어린이도서관에 자료를 기증해야 할 것이다. 이는 기증자에게 일정한 보상을 해주지 않는 정부의 책임이 크고, 기증문화를 제대로 인식하지 못하는 자료 소장가들의 책임도 있다.

이번에 개관한 어린이도서관은 모든 아동문학인들의 소망이 실현된 공간이라 할 수 있다. 여기에 개인의 욕심을 두고 접근한다든지, 자료의 기증에 대해서 지나치게 물질적 가치를 따진다든지, 복지부동하면서 기회를 엿본다든지 하는 것은 모처럼 마련한 아동문학인의 잔치마당에 찬물을 끼얹는 행위일 것이다. 어린이도서관 개관을 앞두고 자료기증에 대한 여러 가지 풍문은 사실의 진위를 떠나서 부끄러운 일이 아닐 수 없다.

아동문학가 윤석중 선생이 작고한 뒤 그 자료를 컨테이너 박스에 보관하고 있다는 기사를 읽은 적이 있다. 이들 자료는 사실 국가 차원에서 관리해야 할 터인데, 그동안 자료를 묵혀두고 있었던 것이다. 경남 창원에는 이원수문학관이 있는데, 2002년 2월에 신축한 '고향의봄도서관' 전시실 내에 이원수문학관을 만들려고 할 때, 일부 단체에서 이원수를 친일문인으로 몰아서 결국 무산된 적이 있다. 이런 시비야 많은 문인들에게 있을 수 있지만, 굳이 개인문학관으로 이름을 붙이지 않는다면 그런 시비는 없을 것이다. 그 공간이 바로 어린이도서관인 것이다. 어린이도서관은 특정 개인의 도서관이 아니고 공공 기능을 담당하는 도서관이기 때문이다. 이러한 공공기관의 중요성을 인식할 때 어린이도서관은 아동문학의 중심에서 그 몫을 다할 것이다.

앞으로 어린이도서관이 해야 할 일은 매우 많다. 우선 전국의 아동문학관과 연계하는 시스템을 마련해야 하고, 지역을 네트워크로 묶어서 자료를 공유할 수 있는 프로그램도 개발해야 한다. 이를 통해서 아동문학 연구자들이 어느 지역, 어느 곳에서나 자료를 열람할 수 있도록 해야 한다. 이는 국사편찬위원회가 추진하고 있는 고신문, 고문서의 마이크로필름 작업과 데이터베이스화 작업에서 좋은 본보기를 찾을 수 있을 것이다. 아동문학은 창작과 더불어 연구 작업도 매우 중요하다. 아동문학 연구의 출발점은 자료의 집대성에 있다 해도 지나친 말이 아니다. 자료의 공유를 위해서 아동문학인들은 다 함께 노력해야 할 것이다. 이를 바탕으로 어린이도서관은 국내 자료를 공유하는 공간을 넘어서 국제화 시대에 부합하는 새로운 자료 활용 방안을 모색해야 할 것이다.

제3부

# 아동문학 촌평

# 아이들의 세계를 다양하게 반영한 동화
– 박상재 글, 연주 그림 『어른들만 사는 나라』

박상재의 동화집은 아이들이 생각하고 체험하는 다양한 세계를 한꺼번에 만날 수 있어서 좋다. 아이들은 대개 엉뚱한 상상을 많이 하는데, 이 동화에서도 그런 아이들의 엉뚱한 상상이 담긴 이야기를 만날 수 있다. 산아제한 정책 때문에 결국 어른들만 사는 나라가 되고 말 것이라는 단순한 상상력은 아이다운 발상이다. 이 동화는 아이들에게 이러한 풍부한 상상의 세계를 열어준다. 동화는 아이들이 마음껏 상상할 수 있는 공간이 필요한데, 이 동화는 그런 공간을 활짝 열어준다. 사물과 동물을 의인화한 동화는 동화대로, 현실에서 일어나는 여러 가지 체험들은 그것대로 상상의 날개를 준비하고 있다. 이 동화집은 아이들이 체험하는 다양한 세계를 한꺼번에 상상할 수 있어서 좋다.

그런가 하면, 이 동화집은 작은 생활의 이야기를 소재로 하고 있으면서도 훈훈한 감동을 준다. 이 동화의 소재는 대부분 현실에서 일어나는 작은 일상의 이야기를 다루고 있지만, 이 이야기들은 깊은 감동을 준다. 우리 주위에서 쉽게 만날 수 있는 동물 이야기에서부터 주위의 친구들 이야기까지 모두 아이들이 쉽게 겪는 일들이다. 그런 다양한 이야기들을 재미있게 풀어낸다. 동화의 본질이 아이들에게 재미있게 풀어 쓰는 이야기라는 말은 이 동화를 읽으면 금방 알 수 있을 것이다. 그만큼 이 동화집은 동화의 본질에 충실하고 있는 것이다.

# 일그러진 가족, 아이들의 희망
- 최나미 글, 정문주 그림 『걱정쟁이 열세 살』

가족이 해체된 시대, 아이들의 희망은 무엇일까. 아이들은 세상에서 처음 만나는 가족과 어떤 이유에서든 하나여야 한다. 그렇지만 가족이라는 필연적 운명공동체가 선택적 공동체로 바뀌면서 가족은 해체의 위기를 맞고 말았다. 물질적 삶의 기반이 가족공동체보다도 개인주의를 조장하면서 어른이나 아이들의 삶의 양태가 급격하게 바뀌고 말았다. 요즘 부쩍 부모 없는 아이들, 편부와 편모만 있는 아이들이 늘어나고 있다. 아이들끼리도 그 사실을 숨기거나 묻지 않은 것이 통례로 되어 있다고 한다.

이렇게 일그러진 가족의 형태 속에서 아이들은 어떻게 삶을 헤쳐 나가야 할까. 결국 아이들은 그 상황을 받아들이고, 그들의 부모를 이해하면서 그들의 삶을 헤쳐 나갈 것이다. 아이들은 각각 다른 환경에 놓여 있지만, 그 환경을 스스로 체득해 나갈 것이다. 아이들은 아직 부족하고 모자라지만, 언젠가는 그들의 세계를 활짝 열어 나갈 것이다. 이 동화는 일그러진 가족 속에서도 희망을 안고 살아가는 아이들의 이야기이다.

학습지 교사인 어머니, 중학생 누나, 초등학교 6학년 정상우. 이 가족은 비정상적인 환경에 놓여 있다. 아버지는 어머니와 심하게 다툰 후 집을 나가고, 누나는 부모의 삶과는 관계없이 자기만의 세계를 꿈꾸면 산다. 그러나 걱정이 많은 상우는 그 상황을 너무도 태연하게 받아들이는 누나와 엄마를 도저히 이해하지 못한다. 어느 날 상우는 인터넷에서 만난 오폭별이란 아이디의 아이와 채팅을 하면서 새로운 삶의 의미를 찾는다. 가족의 구성이 해체된 시대에 가족의 소중함과 일그러진 가족 속에서 희망을 찾아가는 상우를 만나보자. 이 동화를 다 읽는 동안에 성큼 자란 내 모습을 확인할 수 있을 것이다.

## 그림으로 여는 신비로운 세상
- 바바라 레이드 지음, 나희덕 옮김 『터널 밖으로』

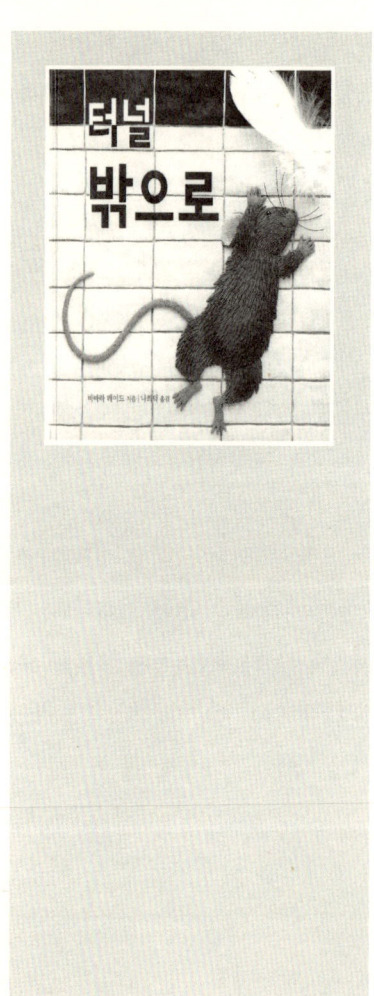

이 그림책은 유토(油土, 기름 흙)를 그림판에 붙여서 만들었는데, 아크릴 물감과 깃털 같은 재료를 써서 특별한 효과를 내었다. 이 독특한 회화기법에 스위트폴 지하철 플랫폼 아래 사는 닙이라는 생쥐의 이야기가 펼쳐진다. 이야기의 전개도 재미있지만, 무엇보다 그림이 주는 생동감을 놓칠 수 없다. 마치 살아 있는 쥐들의 모습을 보는 것 같은 착각을 일으키기도 하고, 사물을 꼭 닮게 붙여놓은 모양이 보는 이를 즐겁게 한다.

닙은 늘 늙은 쥐들이 말하는 터널 끝으로 가는 게 소망이다. 어느 날 지하철이 지나면서 내는 바람 때문에 닙이 소중하게 생각하던 깃털이 날아가 버린다. 닙은 깃털을 찾기 위해 터널 끝으로 떠날 결심을 한다. 슈가드롭 역에서 롤라라는 친구를 만나 함께 터널의 끝을 찾아간다. 우여곡절 끝에 터널 끝에 도착하는데, 그곳은 상상했던 것보다 훨씬 더 위험하고, 훨씬 더 아름다운 곳이다. 닙과 롤라는 그곳에서 아늑한 보금자리를 만든다.

이 책은 쥐의 생태와 모험을 통해서 아이들에게 새롭고 신비로운 세상을 열어가는 길을 가르쳐준다. 또한, 이 책은 그림책이 주는 묘미와 감동을 한꺼번에 만날 수 있어서 행복하다. 끝으로, 짧은 서사가 주는 깊은 여운은 이 그림책만이 갖고 있는 장점일 터이다.

# 차이의 가치를 인정하는 법
— 마띠유 드 로비에 외 지음, 김태희 옮김 『나는 나답게 너는 너답게』

아이들이 남과 다르다는 것은 기쁜 일이기도 하지만 한편으로는 불안한 일이기도 하다. 왜 다른지, 무엇 때문에 다른지를 알고 싶을 때 아이들은 끊임없이 질문을 할 것이다. 아이들이 차이를 인정하고 차이의 원인을 알아가는 것은 세상을 알아가는 과정이다. 이 책은 서너 살 아이들이 세상을 알아갈 때 부모가 어떻게 해야 하는

지를 잘 가르쳐주는 동화다.

두 개의 꼭지로 된 이 책은 차이의 중요성과 부모의 역할을 강조한다. 각기 다른 특색이 새로운 것을 만들어낸다는 것을 가르치는 일은 부모의 역할일 것이다. 사람들은 모두 생각과 습관이 다르고, 얼굴 생김새도 다르다. 이 다름을 인정하고 받아들일 줄 아는 아이야말로 자신을 가장 사랑하는 아이일 것이다.

이와 같은 차이를 인정할 줄 아는 아이들을 위해서 부모는 아이의 입장에서 말하는 '나 전달법'으로 대화를 해야 할 것이다. 가스똥이 아빠랑 수영장에 갔을 때 아빠에게 "옛날엔 수영하는 게 무서웠는데 이젠 하나도 안 무서워요"라고 말하자 아빠는 "대단한데, 가스똥! 그건 네가 용기를 내 수영을 배운 덕분이야. 너도 네가 자랑스럽지?"(36쪽)라고 말한다.

'나 전달법'은 아이들을 이해하고 사랑하는 데 바탕이 되는 대화법이다. 나 전달법은 명령과 복종의 관계에서 용기와 격려, 친숙함과 사랑을 심어주는 대화법이다. '너는 왜 그 모양이니?'에서 '엄마는 이렇게 생각한다'는 식으로 대화법이 바뀔 때 아이들은 한층 부모와 가까워질 것이다. 이 책에서 가스똥과 대화라는 엄마 아빠의 말과 같이 '나 전달법'으로 대화해보자. 아이들이 새로운 세상을 열어가면서 사람들을 사랑하게 될 것이다.

# 1등보다 소중한 사람들의 관계
- 엘렌 비날 지음, 김예령 옮김 『아주 소중한 2등』

엉뚱한 발상을 하는 아이는 문제아로 취급받는 세상과 엉뚱한 발상을 하는 아이에게 상을 주는 세상이 있다고 치자. 어떤 세상이 아이들에게 신나는 세상일까. 위대한 사람들은 대부분 엉뚱한 발상을 하는 아이들이 많은 세상에서 나온다. 이 책은 첫머리에 '새로운 것을 만드는 일은 남들과 다르게 생각하는 데서 시작한다'는 아인슈타인의 말을 인용하고 있는데, 이것은 아이들에게 다르게 생각하는 힘을 심어준다.

다르게 생각하기 대회를 만들어 색다른 생각을 한 아이들에게 상을 준다면, 온갖 기발한 생각들이 나올 것이다. 아이들의 생각은 퍼내도 계속 솟아나는 우물과 같아서 그 마당을 열어주면 얼마든지 좋은 생각들이 쏟아질 것이다. 디오 선생님은 아프리카에서는 무엇이든지 만들어 써야 한다면서 다르게 생각하기 대회를 하자고 제안한다. 다르게 생각하기 대회에서 늘 1등을 한 으제니는 전학 온 말랭카와 같은 조가 되어서 참가한다. 그러나 혼자서 참가했을 때는 늘 1등을 했는데, 말랭카와 같이 참가해서는 2등을 하고 만다. 으제니는 2등을 한 것이 못마땅했지만, 말랭카가 자신감 넘치게 웃고 있는 장면을 흥겹게 바라보면서 말랭카의 입장에서 생각해본다. 으제니는 다르게 생각하면 기분 나쁜 일도 기분 좋은 일로 바뀐다는 사실을 깨닫는다.

처음에는 으제니가 말랭카를 못마땅하게 생각했지만, 말랭카와 같은 조가 되어 다르게 생각한 것을 만들면서 좋은 친구라고 생각하게 되었던 것이다. 이는 그동안 으제니가 기발한 생각을 하면서 세상을 다르게 볼 수 있었기 때문이다. 물건 만드는 것을 다르게 볼 줄 아는 아이는 세상도 다르게 볼 줄 아는 힘도 생기는 모양이다. 이 책은 아이들이 다르게 생각하는 것이 얼마나 값진 것인지를 일깨워준다.

# 풍부한 상상력이 던지는 아이들의 세상
– 아나 마리아 슈아 지음, 조영실 옮김 『세상에서 나가는 문』

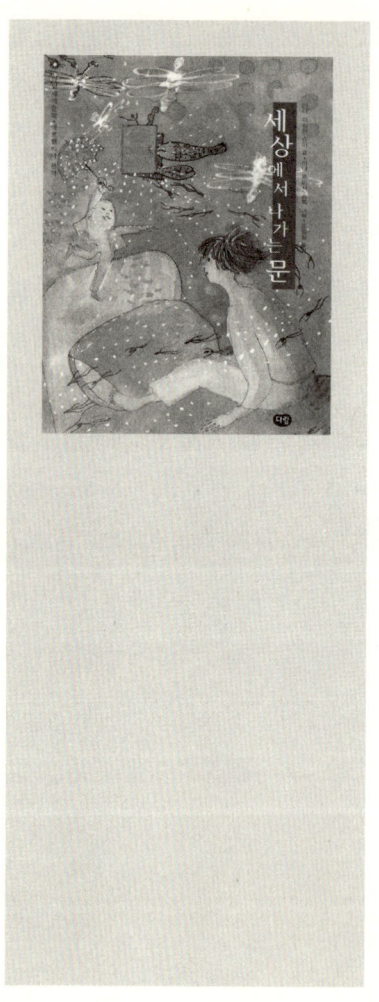

아이들의 상상력은 끝이 없다. 요즘도 우리 아이들은 밤만 되면 자기 방이 무서워서 문을 열어놓고 잔다. 창문이 열리든지 옷장 문이 열리지 않을까 하는 마음에 오들오들 떨기도 한다. 문 앞에 서 있으면 그 문에서 꼭 무엇인가 나올 것 같은 생각. 이런 생각은 어린 시절이면 누구나 체험하는 일인 모양이다. 보이지 않는 친구와 대화를 하기도 하고, 깃털을 날려 몸을 굴리면 여우로 변한다는 환상에 사로잡히고, 화장실에서는 낯선 귀신들이 나올 것 같은 무서운 생각을 하기도 한다.

 어린 시절이면 누구나 체험하는 이 상상은 민족과 인종을 초월하여 아이들의 상상 속에 존재하는 모양이다. 아르헨티나의 작가 마리아 슈아의 작품에도 우리나라 아이들이 체험했던 그 무서운 상상이 그대로 재현된다. 그러나 아이들은 이렇게 불안하고 무서웠던 생각들을 떨쳐 내면서 세상으로 나가는 성장의 문을 열어나갈 것이다. 더러는 죽음과도 만나고, 더러는 요정들과도 만나고, 더러는 호랑이 인간도 만날 것이다. 아이들이 만나는 다양한 상상의 세계는 새로운 세상을 열어 나가는 문일 것이다. 이 책은 성장기 아이들이 통과의례처럼 겪었던 불안하고 무서운 상상의 체험을 통해서 아이들에게 새로운 세상을 헤쳐 나가는 지혜와 용기를 줄 것이다.

# 재미있는 상상력, 그리고 맑음
- 유리 슐레비츠 지음, 양녕자 옮김 『월요일 아침에』

 이 그림책은 유아들이 읽으면 좋아할 책이다. 단조로운 언어로 반복되는 이야기는 글자를 깨치지 못한 아이들에게는 언어습득 효과가 있을 것이다.
 월요일 아침인데 날씨가 흐리다. 흐린 날 창가를 보고 있던 나는 문득 재미있는 상상을 한다. 창가에 구겨진 인형, 흐린 창가를 바라보며 나는 상상의 날개를 펼친

다. "월요일 아침에/ 왕이랑/ 왕비랑 어린 왕자가 나를 만나러 왔어"로 시작하는 이야기는 다음 날부터 한 사람씩 덧붙여진다. 똑같은 문장에 단어 하나가 더 들어가는 셈이다. 화요일은 기사, 수요일은 근위병, 목요일은 요리사, 금요일은 이발사, 토요일은 광대, 일요일은 강아지다. 내가 반복하는 말은 "그러나 나는 집에 없었어"라는 문장이다. 일주일 내내 나는 집에 없어서 방문객을 만나지 못하는데, 마침내 일요일에 그 모두를 만난다. 그런데 어린 왕자는 "인사나 하려고 잠깐 들렀어"라는 것이다. 참으로 뜻밖이면서도 재미있는 말이다.

끝부분의 그림에는, 책상 위에 카드가 놓여 있는데 창밖의 날씨는 화창하다. 비가 오는 날 아이들과 함께 이 그림책을 읽으면서 말놀이를 해보는 것도 재미있을 것이다. '왜 왕과 왕비와 어린 왕자가 나를 만나러 올까'라는 의문에서부터 '왜 나는 집에 없었을까'라는 호기심에 이르기까지 한 페이지 한 페이지가 아이들의 호기심을 자극한다. 그러다가 이 호기심은 전혀 예상치 못한 말로 끝난다. 흐린 날의 찌뿌듯한 기분이 화려한 왕과 왕비, 어린 왕자의 옷차림으로 바뀌고 마침내 흐린 날의 우울한 분위기는 반전되면서 맑은 날씨로 끝난다.

이 그림책은 아이들의 호기심과 상상력을 끝없이 자극한다. 이 그림책을 읽는 아이들은 그림과 언어를 동시에 익힐 것이다. 그러나 그림책의 일부분에 국한되지만(사실 중요한 부분일 수도 있다) 우리말 단어가 들어 있는 점이 눈에 거슬린다. 물론 내용을 우리말로 번역했으니 그림에 나오는 간판도 우리말로 바꾸는 것이 타당하지 않느냐고 할 수도 있겠다. 그러나 그림책의 경우 그림은 원본의 맛을 살리는 것이 좋다는 생각이다. 배경은 외국인데 우리말 간판이 있는 것이 전체 그림에 어울리지 않기 때문이다. 언어는 의사소통을 위해 번역이 필요하지만 그림은 바꿀 필요가 없다. 그림은 원본을 그대로 보더라도 전혀 어색하지 않다. 그림 속에 있는 '쌍둥이네 가구', '별나라 문방구', '희망 세탁소'와 같은 우리말을 없애야 할 것이다. 그래야 그림책의 참맛이 살아난다. 이 그림책을 보면서 원본 그림을 보고 싶다는 생각이 든 것은 이 때문이다.

# 일기 쓰기 싫어하는 아이들이 꼭 읽어야 할 책
― 스테파노 보르딜리오니 지음, 이승수 옮김 『일기장에게 쓴 편지』

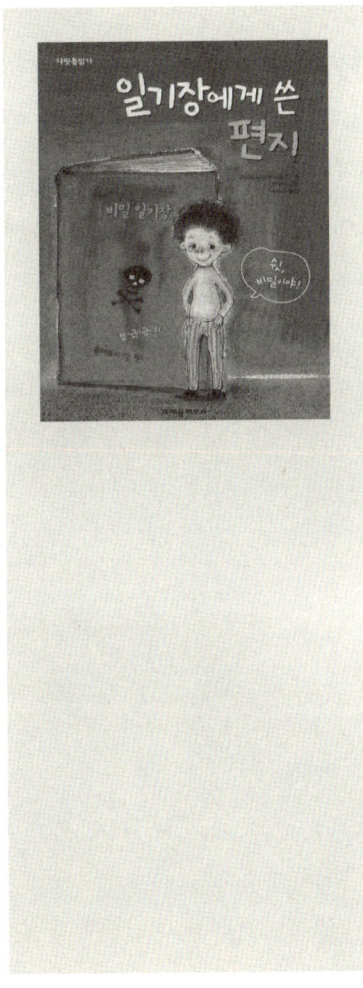

　일기 쓰기는 아이들이 가장 곤혹스러워하는 일이다. 어떻게 하면 아이들이 일기 쓰기에 싫증을 내지 않을까. 이는 세계 곳곳의 모든 어른이 고민하는 문제인 모양이다. 이 고민을 재미있게 풀어쓴 책이 있다면 얼마나 좋을까. 이 동화는 이 고민을 풀어보려는 책이다. 우선, 이 동화는 일기 쓰기를 싫어하는 아이들에게 일기 쓰기가 얼마나 재미있는 일인지를 가르쳐준다. 이 동화처럼 아이들이 일기장에게 편지를 쓴다면 일기 쓰기에 좀 더 가깝게 접근할 수 있을 것이다.

어른이 억압과 강요, 달콤한 말로 유혹하면서 일기 쓰기를 하라고 말하기 전에, 아이에게 이 동화책을 슬쩍 밀어놓아 보자. 어느 날, 아이는 엄마가 모르는 사이에 이 동화의 뒷부분에 남아 있는 채워지지 않은 일기장의 면면을 차곡차곡 채워갈지도 모른다. 아니면 엄마 몰래 스스로 일기장을 사서 비밀스럽게 일기장과 대화하는 아이가 되어 있을지도 모른다. 이 작가가 권하는 것처럼, 아이에게 한 달만 일기장과 대화를 하라고 해보자. 일기 쓰기 싫어하는 아이들을 위한 책. 이런 책이 있다는 사실만으로 즐거운 일 아닌가.

# 우리 소리와 어울린 아름다운 삶

— 이경재 글 『판소리와 놀자』

"우리 것은 좋은 것이여!"

한때 광고에서 흘러나왔던 메시지이다. 그런데 막상 "왜 우리 것이 좋은 것이지"라고 물으면 대답하기가 막막하다. 이럴 때 이 동화책을 읽어보라고 권하고 싶다. 이 동화책은 우리 것은 왜 좋은 것인지, 우리 소리는 얼마나 아름다운지, 우리 소리를 전승하는 사람들은 어떻게 살았는지, 판소리는 어떻게 이어갈 수 있었는지 따위를 생각하게 한다.

　이 동화는 소리 여행 과정에서 한층 성숙해가는 아이들의 이야기이다. 이 동화책을 읽다 보면 지리산의 산수가 아름답게 펼쳐져 있어서 정신까지 맑아지는 것 같다. 더불어 이 동화책을 통해서 아이들은 구수한 전라도 사투리를 배울 수 있고, 판소리 명창들의 일화를 만나면서 어떻게 사는 것이 아름다운 삶인지를 깨닫기도 할 것이다. 판소리의 웃음과 해학, 풍자의 멋을 자연스럽게 만날 수 있으니, 이는 덤으로 얻을 수 있는 수확이다.

　아이들은 소리 여행을 함께 떠나면서 어울려 살아가는 아름다운 세상을 만나는 행운을 얻을 것이다. 이 동화책을 덮으면서 판소리를 바라보는 성숙한 나를 만날 것이다. 어쩌면 나도 모르게 흥얼대고 있을지 모른다. "우리 것은 좋은 것이여!"라고.

# 톡톡 튀는 시어의 질감, 동심의 세계

— 김미희 동시집 『달님도 인터넷 해요』

아이들은 재미있는 발상을 많이 한다. 다소 엉뚱하다고 말할 수 있을 정도로 뜬금없는 말들을 많이 한다. 어떨 때는 전혀 엉뚱한 말 같은데도 자세히 생각해보면 맞는 말이기도 하다. 이런 아이들의 말법을 잘 구사하는 시인을 만나기란 쉽지 않다. 김미희의 동시집은 톡톡 튀는 언어의 질감이 아이들의 발상을 닮았다. "대서양,

인도양, 태평양'이라는 대양을 세 마리의 양(羊)에 빗댄다든지, 책 속의 주인공은 아무리 나이가 들어도 1학년이라는 발상은 동심이 아니면 상상하기 어려운 것이다.

동시의 요건이 아이들의 말법과 아이들의 생각을 그대로 전달하는 것이라면, 김미희의 동시는 그런 아이들의 말법을 그대로 전달하는 매력이 있다. 발상이 재미있기도 하지만, 시의 눈높이가 아이들의 그것에 맞추어져 있다. 이는 동심을 바탕으로 한 상상력의 발동이라 할 수 있으며, 이런 발상은 결국 아이들에 대한 세밀한 관찰과 아이들의 눈으로 세상을 투영하고 있는 작가의 시선 때문이라 할 수 있다.

재미있는 동시가 좋은 동시라는 등식은 성립할 수 없을지 모르겠지만, 아이들이 읽어서 재미있는 발상이라고 생각한다면 아이들의 마음을 제대로 읽은 동시라 하지 않을 수 없다. 그런 점에서 김미희의 동시는 돋보인다. 아이들은 어떤 생각을 할까. 이런 생각에 귀 기울이면 좋은 동시가 나올 것이다. 아이를 위장한 어른들의 동시가 아닌, 진솔한 아이들의 말법이 살아나는 동시가 좋은 동시일 텐데, 이 동시집은 그 진정성을 잘 보여주고 있다. 이 동시집은 아이들의 말에 귀를 기울이고, 그 말법을 존중하고 있다. 아이들의 눈높이로 세상을 보는 재미있는 동시집이다.

찾아보기

SF(Science Fiction) 소설 214
「가장 무서운 기억」 278, 282
강숙인 183, 240
강승한(康承翰) 223
『강아지똥』 21
강정님 181
「개구리 이마에도 뿔이 날까」 149
『거위, 맞다와 무답이』 177
『걱정쟁이 열 세 살』 127, 310
『건설기의 조선문학』 299, 300
『검은 고양이 네로』 96
「겨울 숲 속에서」 181
「고기를 잡으러」 180
『고양이 마을의 신나는 학교』 96
『고양이 소녀』 95
『고양이 제국사』 141
『고양이 학교』 96, 227-28
「공주와 열쇠공」 280, 282
공지희 96, 227
『교환 일기』 108
구로야나기 테츠코 134
『궁녀 학이』 268-70
권정생 21-26, 61, 285
「그리움집」 277
「그림자가 날아다니는 밤」 277
「그림자와 노는 아이」 277
『금단현상』 101
「금이 간 도자기」 183
김기림 189

김남중 176
김려령 164
김미희 327
김민령 274
김소연 275, 280, 282
김옥 27
김우경 96, 183
김원석 115
김이구 283
김일옥 284
김종철 152
김진경 96, 227, 228
김하늬 39
김희숙 127
「까치야 까치야」 279
「꽃이 진 자리」 103, 104

『나는 나답게 너는 너답게』 314
「나도 미안해」 274
「나를 싫어한 진돗개」 178
『나보다 작은 형』 14
나스 마사모토 188
『나야 나, 보리』 262
나오미 소세키 96
「나의 마니또」 103, 105
『나의 아름다운 늪』 39
「날아라 독수리야」 183
「날아라 독수리야」 183, 241, 246
『날아라, 마법의 양탄자』 265

『내 가슴에 해마가 산다』 266
『내 사랑, 사북』 227
「내 친구 왕만두」 18
『내 친구는 천사 병동에 있다』 231, 233
『너도 하늘말나리야』 102
노경실 183
「농부가 된 농부」 84-86
「누가 그랬지?」 177
『눈새』 240, 241, 244-47
『느티는 아프다』 147

「단아가 울어버린 까닭」 274
「단지부처」 84, 88
『달님도 인터넷 해요』 327
「달리기」 294
「달빛 아래 꿈처럼」 180
『대통령의 눈물』 115
「동전지갑」 275, 287
『동화와 어린이』 283, 284
『딱친구 강만기』 42
『땅속 나라의 도둑귀신』 224
「땡땡이, 줄줄이, 쌕쌕이」 18
『똥 싼 할머니』 230, 233, 238

『로빈슨크루소』 188
로즈메리 잭슨(Rosemary Jackson) 212
『뢰제의 나라』 241, 246
루이스 캐럴(Charles Lutwidge Dodgson) 214
「마니의 결혼」 274
『마당을 나온 암탉』 177, 227
마띠유 드 로비에 314
『마지막 왕자』 241, 242, 250, 251, 254
메리 셸리(Mary Shelley) 214
「못난이」 154
『무덤속의 그림』 266
「무지개다리를 타고 온 소년」 39, 54
문선이 42
문영숙 260
문종현 281
『미운 돌멩이』 183
「민채의 대단한 겨울방학」 278

「바느질 하는 아이」 274
「바다」 203, 207
『바다소』 128
「바닷가에서」 203, 206
「바닷가의 소년들」 203, 205
「바람과 허수아비」 183
「바람은 손두 없는데」 223
바바라 레이드 312
「바보 문식이」 293
박기범 177
박방희 223
박산향 274, 281
박상규 275

찾아보기 _ 331

박상재 308
박지숙 297
박지원 186
배봉기 62, 127
배혜경 82
백은영 141
「백한 탈출기」 179
「버들치는 내 친구」 183
「버럭 할배 입 속엔 악어가 산다」 148
「볏짚 쌓는 날」 154
「복실이」 296
부희령 95
「북녘에서 온 아이」 275
블라디미르 프로프(V. Prop) 224
「빙빙 돌아라, 별 풍차」 17

『사랑하게 되면 자유를 잃게 돼』 96
『새끼 개』 177
「생일선물」 275, 282
샤를 페로 95
서정오 275, 280, 281
선안나 96
선자은 276
『세상에서 나가는 문』 318
「소금장수와 엽전 한 닢」 280, 282
손수자 277
손호경 43
『수일이와 수일이』 96, 183
「수제비」 149

「순이와 제비」 202, 203
『숲 속 나라』 224
스테파노 보르딜리오니 323
『시정신과 유희정신』 282
신여랑 273, 281
신주선 279
신혜순 276
『실험가족』 62
「십이월의 친구」 183
「십자수」 103, 106

『아 호동왕자』 242, 251
『아기가 된 할아버지』 263
아나 마리아 슈아 318
『아동문학과 비평정신』 284
「아버지와 함께 가는 길」 297
「아빠 업어줘」 229, 233
「아빠의 빈손」 183
『아주 소중한 2등』 316
「아주 이상한 대회」 278
「아주 특별한 선물」 247
『아주 특별한 선물』 241, 247
안점옥 293
「애기바늘꽃」 183
「애기바늘꽃의 노래」 181
「양들의 패션쇼」 18
양연주 277
『어른들만 사는 나라』 308
『어린이문학을 보는 시각』 283

「어처구니없는 날」 279
『엄마는 파업 중』 127
「엄마와 무궁화」 247
「엄마의 날개」 264, 270
「엄마하고 수진이의 일곱 살」 61
엘렌 비냘 316
엘케 하이덴라이히 96
「여샘리 풍경」 279, 282
「연꽃목걸이」 84, 89
『영모가 사라졌다』 96, 227
오미경 108
오윤현 277
오장환 203, 207
『오즈의 마법사』 214
『오트란토의 성』 214
『완득이』 166
『요란 요란 푸른아파트』 164
『용과 함께』 121
「용기와 또야」 275, 282
『우리 동화 바로 읽기』 284
「우리 할머니 시집간대요」 149
『우리는 바다로』 188
「우리들의 봄」 247
『우포늪에는 공룡 똥구멍이 있다』 43
원종찬 84, 283
『월요일 아침에』 320
「위생적인 코긴 이야기」 277
유리 슐레비츠 320
유영진 29, 34, 38

『유진과 유진』 102
윤복진 203, 206
윤석중 203, 302, 304
윤소영 296
윤태규 278
「은미의 선물」 84, 90
이가을 279, 282
이경재 325
이금이 101, 102, 107
이다혜 274
『이상한 나라의 앨리스』 214
이시구 275
이영서 157
이오덕 283-89
이옥수 227
이용포 146
이원수 102, 202, 205, 216, 224, 285, 286, 304
이재복 284
이정철 121
이주영 281
이주홍 285, 299-302
이혜다 291
이환제 274, 281
「인형놀이」 276
『일곱 가지 작은 사랑이야기』 241, 248
『일기장에게 쓴 편지』 323
『일어나』 265
「임금님의 유언」 84, 86

찾아보기 _ 333

임사라 275, 282
임어진 279
임정진 14, 17

『자존심』 176
「작은 트럭 이야기」 247
「잔소리대장 우리 엄마」 274, 281
장규일 281
『장화 신은 고양이』 95
정민호 280, 282, 294294
정은숙 296
정지용 189
제레미 리프킨(Jeremy Rifkin) 177
조명숙 177
조앤 K. 롤링(Joanne Kathleen
  Rowling) 214, 228
조영희 278
『주몽의 알을 찾아라』 142
「지구를 떠나며」 292
「지구를 떠나며」 290
『지귀 선덕여왕을 꿈꾸다』 242
「지난 밤 학교에서 생긴 일」 278
「질경이 기름에 불 밝히면」 183
「집을 지켜라」 178
「짝짝이 내 다리」 275, 281
「짧은 귀를 가진 토끼」 84, 89
「짬뽕, 미키마우스, 그리고……」 296

차보금 278

차오원쉬엔 128
「착한 아이 사세요」 84, 92
『착한 아이 사세요』 82
『창가의 토토』 134
「책 읽어주는 아줌마」 291
『책과 노니는 집』 157
「철수는 철수다」 183
『초원의 별』 242, 254
「촌놈과 떡장수」 103, 104
최금진 277, 282, 292
최나미 127, 310
최성각 177
최영철 96
최영해 202, 203
최유성 278, 282
최유정 295
최은영 274
최정금 274
최효섭 276
『축구생각』 27
츠베탕 토도로프(Tzvetan Todorov)
  213
「친구」 294

캐서린 흄(Kathryn Hume) 213
코올리지(Samuel Coleridge) 211

「탕 임금님의 교화하는 명령」 280
「태백산 참만이」 281

『태진아 팬클럽 회장님』 146
『터널 밖으로』 312
「텔레비전이 꿀꺽」 279
「토끼에게」 277

『판소리와 놀자』 325
판타지 84, 106, 141, 170, 210-28, 240-46, 272, 273, 278, 281, 282, 285, 286, 289
『푸른 사다리』 233, 2347, 238
『프랑켄슈타인』 214
프랭크 바움(Lyman Frank Baum) 214

하나가타 미쓰루 121
『하늘의 아들 단군』 242, 256
한정순 275, 281
「할머니와 고양이」 276
「할머니와 솔나리」 183
「할머니의 남자 친구」 294
「할머니의 의자」 275
『해님목장의 송이』 181
「해에게서 소년에게」 189-94
「호떡 두 개」 275
호레이스 월폴(Horace Walpole) 214
「화가와 그림」 84
「희란이」 273, 274, 281
『화랑 바도루의 모험』 242, 252, 254
「환경미화원이 된 산타」 84, 87
환상(幻想) 210-12

황석우 98, 99
황선미 177, 227
「황소개구리들의 회의」 183
「황소개구리와 운동화」 183
「흙과 나무이야기」 84, 91
「희망이 있는 곳에」 154
「히수기 우리 딸」 84, 92